FUNCIÓN DE LA MORALIDAD

EN LA GLOBALIZACIÓN

La importancia de separarla de las

religiones y darle validez mundial

José Vargas

2009

ÍNDICE

Prólogo

La estructura de este trabajo es poco usual por lo que, aparte de la Introducción de 6 páginas que sigue, explicaré primero al lector o lectora en prospecto, en forma llana, las razones que tendría para hacerlo. Espero que a mi falta de elocuencia la supla en parte mi intenso deseo de compartir con el lector mis preocupaciones por el mundo presente y futuro, basadas en su pasado y de encontrar formas prácticas para resolver sus problemas.

La característica más visible y patente de nuestro mundo actual es que viene a ser el resultado de un rapidísimo avance, al que lo han impelido, durante más de un siglo, el conocimiento científico, la tecnología, la salubridad, la medicina y la "masificación" de las comunicaciones, todo lo cual lo hizo entrar a las eras del transporte motorizado, la electricidad, el teléfono, la televisión y las computadoras y le han permitido cuadruplicar su población y poner en contacto comercial, informativo y turístico a todos los pueblos.

Pero el problema es que estos avances se han combinado con choques entre las distintas ideologías y lealtades nacionales y religiosas, las cuales inciden en la normatividad de la conducta. Esos choques han llevado a pelear dos guerras mundiales que afectaron a toda la humanidad hasta trastornar su escala de valores morales, pues la primera guerra fue tan trágica que la dejó aturdida y propició luego el nacimiento y el auge de dos terribles totalitarismos, mismos que arrastraron a la humanidad a la segunda guerra, en la cual se alcanzaron niveles de crueldad, odio y encarnizamiento tan altos que todavía nos tienen pasmados y traumados.

Dice el dicho que "se sufre pero se aprende" y, en efecto, la humanidad aprendió, cuando menos, a no volver a pelearse en esa forma "total". Pero siguió avanzando a un paso todavía más acelerado, mientras se dividía entre dos doctrinas muy distintas, ambas creyendo tener la clave para un futuro feliz. Ambas ideologías también entraban en conflicto con las visiones religiosas tradicionales, de manera que el aspecto "material" del avance conjunto de la humanidad no se correspondía con acuerdos paralelos sobre la justicia de "las reglas del juego" de cada ideología, ni sobre la factibilidad y conveniencia de las metas hacia las que cada una apuntaba, además de las objeciones de las religiones tradicionales sobre muchos otros aspectos "espirituales".

Luego de una larga pugna, una de las dos ideologías, el comunismo soviético, se derrumbó y la otra, el capitalismo liberal, pareció destinada a prevalecer. Pero sucedió entonces que todos los defectos, brusquedades o injusticias de la ideología ganadora se hicieron más evidentes, pues quedó como única "responsable" por todos los problemas del mundo, el más notorio de los cuales es la enorme diferencia en niveles de vida de los distintos "mundos" en los que en el aspecto económico se puede dividir la humanidad.

Pero resulta que este problema económico y de justicia social, con ser tan grave, es sólo parte del problema total, el cual también incluye lo siguiente: 1) El control de armas de destrucción masiva, pues si bien una ideología se derrumbó, sus potencias integrantes no desaparecieron; también queda el problema del uso de fuerzas armadas internacionales cuando el caso lo requiera. 2) Luego, el control de los energéticos fósiles y sus emisiones de bióxido de carbono que provocan calentamiento global, más un cúmulo de otros efectos contaminantes y destructivos del ecosistema o medio ambiente planetario. 3) Por último, el comercio globalizado y los flujos de capitales para inversiones y préstamos y su contrapartida de migraciones de trabajadores, todo lo cual debe ser regulado.

¿Cómo va la humanidad en su conjunto, trabajando como un grupo organizado, resolver estos problemas? Todos tienen dos dimensiones que nos conviene separar: Una la podemos llamar "material", es decir su solución científica, técnica, organizativa, económica, etc., y la otra "espiritual", que sería la moralidad pública, que podemos llamar justicia. Si volvemos a examinar los problemas que catalogamos como "globales" podemos preguntarnos ¿Quién es el enemigo de la humanidad? La respuesta tiene que ser: la humanidad misma. Es decir que ya es un coloso tal, que su enorme poder destructivo y su tendencia hacia la discordia, cuando de defender intereses se trata, tienen que ser contrarrestados con su también grande poder constructivo y con su capacidad para la concordia, cuando comprende que ésta es más conveniente, aunque sea a largo plazo, para que su desarrollo sea armónico con su ambiente planetario y pacífico y hermanable entre sus pueblos y naciones.

Si damos por sentado que ya dominamos muchos de los conocimientos, técnicas y organizaciones necesarias para resolver la dimensión "material" de los problemas y que no hay obstáculos previsibles para dominar los que nos hagan falta, queda sólo el problema de lograr la concordia, y esa es la dimensión en la que carecemos de acuerdos generales, tanto en las metas a lograr como en "las reglas del juego" a seguir. ¿Por qué es esto así? Creo que la respuesta es: Porque las bases éticas de nuestra moralidad son limitadas y controvertidas.

¿Por qué tienen estos defectos las bases éticas de nuestra moralidad? Por dos razones principales: Primera, porque la moral que se fue grabando en nuestra herencia genética durante nuestra evolución homínida y que nos ayuda y guía a formar nuestra propia moral operativa, mediante la educación y la experiencia, fue "diseñada" para operar en grupos pequeños. Segunda, porque una vez que nuestros ancestros arribaron a la plena conciencia, tuvieron que entender su relación con los otros seres humanos y con el mundo por medio de una visión mágico-religiosa, la cual fue tan importante que englobó dentro de ella a la moral, aunque ésta tenía, hasta entonces, funciones sólo de disciplina social para la convivencia y el desarrollo del grupo.

Así que la componente genética de nuestra moralidad es muy "concéntrica" o limitada en cuanto a su alcance, y su normatividad quedó englobada dentro de las creencias y prácticas religiosas ¿Cómo corregir estas características que son "defectos" desde el punto de vista de nuestras necesidades actuales? Pues ampliando su alcance hasta que nos convenzamos que debe cubrir a toda la humanidad, mediante una educación adecuada, y separándola de las religiones mediante el convencimiento de que su englobamiento en ella fue una ocurrencia histórica, la cual podría ya no justificarse, si logramos encontrar, fuera de las religiones tradicionales, tanto unas nuevas bases éticas aceptables para normar nuestra moralidad, como las respuestas teleológicas al sentido o "propósito" de muestra existencia y la del mundo.

No veo tan difícil el convencernos de que la moralidad debe cubrir a toda la humanidad, porque las religiones mismas han predicado en ese sentido, aunque a veces incongruentemente con sus prácticas y peleando unas contra otras. Pero, en cambio, la independización de la moralidad de su actual englobamiento en las distintas religiones lo veo más difícil y sólo factible si nos convencemos de que realmente se trata de disciplinas sociales de muy distintos orígenes funcionales y muy distantes en el tiempo y circunstancias de cada una: La moralidad lleva con nuestros ancestros homínidos millones de años, mientras que la visión religiosa del mundo lleva apenas unos 50,000 años, pues apareció en forma concomitante con el arribo de nuestros ancestros a la plena conciencia.

Pero la pregunta ahora puede ser: De acuerdo en que son cosas con orígenes y funciones distintas, pero ¿Por qué separarlas si, aparentemente, han funcionado bien juntas? La respuesta es que no han funcionado bien desde hace mucho tiempo, pues, por ejemplo, cuando menos desde el siglo XIV ya empezó a haber problemas serios en la Cristiandad Occidental con el poder de los Pontífices y de la Iglesia: se les fue quitando la autoridad política a costa de muchas guerras y conflictos. Sin embargo, la poca autoridad que les quedó a las iglesias, la concentraron en seguir rigiendo las vidas privadas de los fieles y en aspectos muy importantes abusan de ella, por ejemplo en la terca oposición de la Iglesia Católica contra los métodos anticonceptivos, por la absurda razón de que son "artificiales", como si toda la medicina que diminuye los índices de mortalidad no lo fuera. Además, atacan la anticoncepción englobándola en la cortina de humo de su postura contra el aborto, en la cual están en relativamente mejor posición, pero es precisamente su errónea postura anticonceptiva la que provoca más situaciones en las que muchas mujeres quieren recurrir al aborto.

O sea que estamos en una época difícil que permite pocos errores y fallas y si dejamos, por tradición o costumbre, un poder decisorio tan enorme a un grupo de gentes sin responsabilidad democrática ante ningún electorado, basados sólo en su arbitraria interpretación de unos escritos tenidos por divinamente inspirados, estaremos desoyendo el "mandamiento" principal que ahora tiene la humanidad, que creo que es el de controlar sus propios números. Además, estaríamos privándonos de buscar en la realidad las bases éticas para una moralidad que asegure el futuro de nuestros descendientes.

Otro ejemplo de la obsolescencia de las religiones sería el de los islamitas, que si toman literalmente los dictados del Corán y de la Sharia, deberían vivir en teocracias intolerantes, completas con pena de muerte por lapidación a las adúlteras y corte de una mano a los ladrones.

¿Que la gente tiene pleno derecho a creer en lo que quiera? Claro, pero ninguno a imponérselo a otros, ni siquiera a los miembros de su propia familia, aunque tengan el derecho de educarlos en su fe religiosa.

Pero tampoco podemos descartar a las religiones como algo sin valor o sin importancia o que pronto desaparecerá, pues han acompañado a nuestra especie durante unos 50,000 años y todavía, para muchísima gente, responden a las preguntas existenciales básicas del propósito de nuestra existencia y la del mundo, que el laicismo ha sido omiso en tratar de responder.

Además, el involucramiento o maridaje de la moralidad en la religión está muy lejos de haber sido preponderantemente malo, pues entre las cosas buenas que resultaron podemos contar: 1) El reforzamiento de la obligatoriedad de la moral, al sacralizar sus normas; 2) Su extensión a grandes grupos humanos, por las nociones de hermandad de los humanos bajo la paternidad o maternidad de la divinidad y, 3) Sobre todo, la marcación de límites al arbitrio de los gobernantes humanos. Para añorar esta postura heterónoma de las religiones, baste recordar los funestos totalitarismos ateos del Comunismo y el Nazismo.

El involucramiento de la moralidad en las religiones también tuvo aspectos negativos, como el de rigidizar las normas morales, haciéndolas poco responsivas ante el cambio de circunstancias que iban confrontando a la sucesión de generaciones de los diversos grupos humanos, así como de la diferenciación de creencias y prácticas entre los grupos que se iban apartando unos de otros, hasta que llegaban a ser mutuamente inaceptables o hasta repelentes.

Pero estas afirmaciones que estoy haciendo tienen que tener un respaldo histórico para poder ser aceptadas, y esa es la razón de tener que ir haciendo laboriosamente esa constatación de las distintas tendencias que exhiben la moralidad y la religión, al someterlas a los avatares del acaecer histórico. Para hacer ese análisis lo más preciso y significativo posible, al final del Capítulo III describo mi "hipótesis de trabajo" en cuyo punto 5 se dice:

"Que al ir avanzando la historia humana veremos que en las interacciones, tanto amistosas como hostiles, entre los distintos grupos humanos, el núcleo común de la moralidad va a ser mucho más estable y va a servir en muchas ocasiones de base firme para establecer relaciones, mientras que el aspecto religioso propiamente dicho, es decir el teológico, va a tender a ser divisivo y a entrar en conflicto, pero también a quebrarse y a modificarse en formas radicales, lo que nunca ocurrirá con la moralidad"

Esta hipótesis se va confrontando con los eventos vistos en cada uno de los capítulos siguientes, por lo que va formando el hilo de todo el trabajo. Queda por contestar la pregunta ¿Qué nos puede decir esto sobre la coyuntura histórica actual o para el futuro?

La respuesta la tratamos de dar al final en el Capítulo XI "El Presente Histórico y el Futuro Proyectado". Ahí decimos que las normas para el comportamiento de los países al nivel global deben ser aquellas disciplinas socio-políticas que mejor garanticen el arribo a escenarios que se proyecten para determinados lapsos futuros.

¿Cómo lograrlo? Mediante un "gobierno para asuntos globales" que sea efectivo y, resumiendo, tenga las funciones de: a) Control de armas de destrucción masiva y acciones de policía con fuerzas armadas convencionales; b) Control de producción, transporte y uso masivo de combustibles fósiles, como parte de un estricto control para la conservación del eco-sistema o medio ambiente planetario; c) Comercio global y flujos de capitales y migración de trabajadores; y d) Comunicaciones satelitales y exploración espacial.

¿Cómo proponer un poder de votación que se considere justo y aceptable para todos? Creo que el único tipo de mecanismo que tiene la oportunidad de ser aceptable a todas las naciones, grandes o pequeñas, ricas o pobres, socialistas o capitalistas y orientales u occidentales, sería uno que sea proporcional a la capacidad de cada país para actuar en el ámbito mundial, a su vez basado en la capacidad para producir riqueza de los países, solos o en grupos geo-culturales. La manera práctica de de medir esa capacidad sería utilizando los datos de su Producto Interno Bruto u otro indicador similar ajustado, como el Poder de Compra en Paridad o PCP. La proporción del poder de votación se usaría principalmente para dirigir y mantener a un "gobierno para asuntos globales".

Para quienes piensen que un mecanismo de votación basado en la capacidad de producción sería un craso materialismo, les propondría tomar en cuenta las siguientes dos cosas: 1) Todas las democracias modernas comenzaron sus vidas políticas permitiendo el voto de únicamente aquellos ciudadanos que fueran propietarios de bienes raíces rurales o urbanos, por suponer que serían los únicos que tendrían el interés y la capacidad para hacerlo bien. 2) En la actualidad es urgente un "gobierno de asuntos globales" pueda tomar acciones que sean obligatorias para todas las naciones, así que si eso sólo puede lograrse ahora con un mecanismo de votación que se considerara injusto en algunos aspectos, pero que demostrara ser efectivo, entonces, una vez acreditado por los resultados se podría ir afinando en su reglas, conforme la confianza internacional lo fuera permitiendo.

Estas serían las razones que presento para motivar a leer este libro, aclarando que sólo pretendo dar una llamada de atención sobre esta problemática, para que otros más capaces se involucren y traten este asunto de dar bases firmes a la moralidad y a la ética que la estudia y que las normas que de ello resulten sean para beneficio de toda la humanidad.

****

Aprovecho para agradecer y reconocer la ayuda, motivación y consideraciones de mi esposa Blanca Rosa, mis hijos José, Tomás y Pablo, hijas Cecilia e Inés y nuera Laura y de todo el resto de mi familia, a lo largo de los años que me tomó el completar este libro.

INTRODUCCIÓN

En este principio de milenio, a quienes interesa conocer las concepciones generales que tiene la gente sobre los problemas existenciales más básicos, entendiendo por ello las relaciones de la persona consigo misma, con las demás personas en grados concéntricos de cercanía, con el mundo biológico y físico hasta llegar a la cosmología y con un mundo paralelo sobrenatural, si a ello lo llevan sus creencias religiosas, lo primero que llama la atención es la diversidad de civilizaciones y de niveles de vida que todavía hay en el mundo.

Por lo anterior, si intentamos asomarnos a este problema, tendremos que reducirlo a proporciones manejables, primero limitándonos sólo a aquellas sociedades que se formaron en la civilización occidental y luego refiriéndonos sólo a aquellas personas que hayan tenido una buena educación. Esto en razón de que lo que piense este grupo así limitado, que quizás incluya sólo a una sexta parte de toda la humanidad, será probablemente lo que marque la tendencia que luego sigan los demás.

Lo que más impacta a quien trata de ver la evolución de estas concepciones es que, aparentemente, las visiones del mundo han conservado características que muchos filósofos y literatos auguraban que pronto iban a desaparecer, refiriéndonos específicamente a las creencias y prácticas religiosas. Si seguimos su trayectoria, veremos que aunque en muchos aspectos en el último medio siglo han seguido con la tendencia menguante que durante seis siglos han mantenido en la civilización occidental, el hecho es que algunos aspectos de las religiones han perdurado y hasta florecido, de forma tal que parecen contradecir, o cuando menos matizar, dicha tendencia.

Esta perduración de la religión en Occidente, específicamente del Cristianismo en sus ramas católica y protestante, es más sorprendente si recordamos su trayectoria menguante: Después de haber logrado llegar a ser la religión oficial del Bajo Imperio Romano, de cristianizar y civilizar a los pueblos bárbaros invasores de la parte occidental de Europa y de llegar a su apogeo medieval, empezó a declinar a partir de los siglos XIV y XV, pues fue perdiendo su función política de Poder Espiritual, que le fue arrebatada por las emergentes monarquías nacionales en Francia, Inglaterra y España y las monarquías "provinciales" en Alemania e Italia; en el siglo XVI perdió el monopolio doctrinal ante las revueltas Luterana y Calvinista y luego de un siglo y cuarto de guerras de religión, todas las iglesias fueron expulsadas de las negociaciones, leyes y tratados internacionales.

En los siglos XVII y XVIII escritores como Hobbes, Locke, Montesquieu y Voltaire lograron que en las políticas interiores de las naciones que se iban liberalizando, se tuviera por improcedente e inaceptable cualquier intento de personas o grupos de respaldar una posición o propuesta política apelando a un supuesto acceso o conocimiento de la voluntad divina al respecto. A cambio de ello, las iglesias quedaron libres de cualquier intervención política en la teología que decidieran adoptar, en un clima de completa tolerancia.

Simultáneamente a esta "Gran Separación"(1) entre política y teología, el nuevo método científico, cuyo contenido llegó primero a proporciones revolucionarias en los escritos de Galileo y a métodos filosóficos aceptables para todos los científicos por obra de Descartes, fue desplazando a la religión de la física y de la química y cuando llegó a la geología no sólo eso, sino también contradijo el relato cosmológico bíblico, como ya lo había hecho la astronomía.

Para este tiempo se llegó también a la Revolución Francesa, la cual conmovió de tal modo a la religión organizada, que en algún momento llegó a parecer factible el fin institucional de la Iglesia Católica y de algunas iglesias Luteranas. Sin embargo, luego que terminaron las Guerras Napoleónicas en 1815 y los intentos de Restauración del Antiguo Régimen en 1830, sucedió una cosa no esperada: Hubo un renacimiento religioso popular que duró todo el resto del siglo XIX y hasta 1914. ¿Cuáles fueron sus causas?

El tratar de contestar esto será la materia del Capítulo VIII, pero aquí las podemos mencionar en forma escueta:

1.- La principal causa fue la obtención de los derechos políticos por cada vez mayores sectores de la población, que conservaban su antigua religiosidad.

2.- Otra fue la revaloración de los sentimientos religiosos por escritores del movimiento romántico, inspirados sobre todo por Rousseau.

3.- La tercera fue que los filósofos comenzaron a darse cuenta que si bien la ciencia estaba haciendo unos avances notables en explicar el mundo material, poco o nada tenía que decir sobre el "deber ser" del comportamiento humano. Kant, p. ej., demostró que era imposible comprobar la existencia de Dios, pero recomendó que para no caer en la desesperación, el único curso conveniente era aceptar su existencia, así como la inmortalidad del alma humana.

Claro está que el despertar religioso no fue el único ni el más importante de los grandes cambios en la forma de pensar de la gente en Europa Occidental, y Norte América durante ese siglo, puesto que la Revolución Industrial estaba en pleno auge y la ciencia siguió progresando, Darwin encontró la explicación de la evolución biológica, incluyendo al hombre, y Marx y otros señalaron el problema de "la explotación del hombre por el hombre" en la sociedad y trataron de remediarlo, mientras otros estaban ejerciendo el impacto del dinamismo occidental sobre el resto del mundo. Pero sí es importante que estudiemos bien qué características tuvo esa nueva religiosidad, sobre todo para ver qué papel jugó en formar la mentalidad que llevó a la catástrofe de las Guerras Mundiales, en lo cual nos servirá de guía Mark Lilla. (2)

En el último medio siglo, y ya extendiéndonos a todo el mundo, se ha hecho cada vez más evidente la discrepancia en aceptación y acuerdo entre dos tipos de conocimientos: Los que explican cómo es el mundo y los que pretenden decirnos cómo hemos de comportarnos y por qué. Nuestro cometido será precisamente el tratar de explicarnos las razones de esa discrepancia y de tratar de visualizar alguna solución, aunque sea remota, para solucionarla. Tratemos aquí de precisar algo mejor ambos campos y su contraste.

En lo que concierne al conocimiento científico, al derivado de la aplicación de las matemáticas, la física y la química, que forma la base del enorme desarrollo industrial e informático moderno, y también al derivado del conocimiento biológico, existe un perfecto acuerdo sobre cómo es el mundo y cómo funciona la materia, la energía y la vida. Científicos de todo el mundo comparten y cooperan en agrandar este conocimiento. Con técnicas muy parecidas se construyen rascacielos en Kuala Lumpur y en Manhattan, corren trenes sobre levitación magnética en China y en Alemania y se disparan cohetes espaciales en Baikonur y en Cabo Cañaveral.

Sin embargo, tan pronto como entramos a las disciplinas del cómo "debe ser" el comportamiento humano para que califique de correcto, bueno, justo o ético, tanto en público como en privado, parecería que hemos dejado el terreno firme y nos adentramos en arenas movedizas: Aunque se puede confiar en que siempre habrá entre grupos e individuos humanos grandes áreas de acuerdos básicos sobre el comportamiento moralmente debido, hasta el grado de sospecharse que todos tenemos el mismo sentimiento innato, el hecho incontrovertible es que, en muchos casos concretos, las discrepancias afloran de inmediato, mucho más cuando se trata de acuerdos sobre áreas de actividad nuevas. Pero lo más grave no es tanto que aparezcan discrepancias, sino que ni siquiera se pueda llegar a un acuerdo sobre cuál podría ser la evidencia que convenciera a las partes en conflicto a aceptar de buena fe una solución intermedia determinada.

El área del "deber ser" es grande, pues no sólo abarca los usos y costumbres sociales, sino también los códigos morales que los sistematizan, las éticas que los teorizan y las religiones que los sacralizan. De ellos también derivan las leyes que regulan las vidas públicas y privadas de las gentes en las diversas unidades políticas y en sus tratos internacionales, así como los estudios sobre política, equidad y justicia que hacen que los sistemas jurídicos sean racionalmente aceptables.

Pero ¿Por qué hay una diferencia tan marcada entre el acuerdo generalizado en el área científica y los múltiples e intratables desacuerdos en las áreas del "deber ser"? Esbozaré aquí la que los científicos, estudiosos y filósofos han encontrado que es la razón principal de ello:

Porque la veracidad de la ciencia, desde sus humildes inicios como tecnología del hombre primitivo hasta su imponente estado actual, se tuvo y se tiene que estar siempre confrontando con la realidad del mundo, la cual aunque puede tener aspectos peculiares de unas partes a otras, como por ejemplo en las planicies o las montañas, en climas fríos o cálidos, etc., siempre ha resultado que los principios físicos, químicos y biológicos son iguales en todas partes.

En cambio, los usos y costumbres sociales, sistematizados en códigos de moralidad, solamente se tuvieron que confrontar con el hecho de que resultaran ser relevantes, adecuados e idóneos para la supervivencia y la reproducción de los individuos que integraban los grupos en los que se iban desarrollando las características humanas.

No es poco lo que la moralidad, el sentido de la justicia, la política, la religión y las leyes nos han permitido hacer, pues han sido factores esenciales para que la humanidad haya llegado hasta donde estamos: Es solamente que, en comparación con las ciencias exactas y biológicas, estas disciplinas de lo que debe ser el comportamiento nos parecen ahora tener fundamentos inseguros, como imponentes edificios cuyos cimientos se hubieran asentado sobre terreno arenoso en vez de sobre roca firme.

Me adelanto a decir que creo que la solución de este enorme problema, de este preocupante contraste entre los fundamentos de las ciencias exactas y biológicas, por un lado, y las del comportamiento debido por el otro, consistirá en que estas últimas también se encuadren en la realidad lo mejor que se pueda, en formas concretas que apenas se visualizan en forma borrosa. Espero que lo que a continuación escribo ayude a ir desbrozando el terreno para que entendamos mejor la problemática y vayamos avanzando, aunque sea en pasos pequeños, en pos de la solución correcta.

El plan del libro es el siguiente:

1.- Revisar la evolución biológica que llevó hasta nuestra especie, para familiarizarnos con los hechos de espacio, tiempo y circunstancias en que ocurrieron, poniendo énfasis en el crecimiento proporcional del cerebro.

2.- Adentrarnos en lo que nos pueden decir los mejores estudiosos de los temas de los orígenes de la moralidad y del sentido de la justicia y luego detenernos hasta comprender toda la importancia de los arribos a la plena conciencia, al lenguaje articulado y a la visión mágico-religiosa del mundo.

3.- Examinar el triple salto de los arribos al Paleolítico Superior, al Neolítico y a las Civilizaciones de Primera Generación, poniendo énfasis tanto en el impacto que empezó a tener la humanidad sobre su medio ambiente, tanto por su crecimiento numérico como por sus nuevas y cada vez más eficientes tecnologías, así como en el nacimiento y primera etapa del desarrollo de la religión, en sus funciones tanto como explicación teleológica del mundo como de sacralizar la moral y las instituciones socio-políticas.

4.- Examinar los arribos de algunos pueblos a los niveles de civilizaciones de segunda generación, poniendo énfasis en las transformaciones axiales de las religiones hacia una normatividad más exigente e incluyente, así como en el nacimiento de la democracia y el inicio del pensamiento filosófico.

5.- Examinar las componentes políticas y culturales del Helenismo y las corrientes filosóficas y religiosas que promovió, como marco de referencia para entender los orígenes del Cristianismo desde sus raíces en el monoteísmo judío, su triunfo en el Bajo Imperio Romano, su éxito en la conversión de los bárbaros, así como el nacimiento del Islam y su adopción por los pueblos del Medio Oriente.

6.- Seguir el desarrollo de la Civilización Occidental en su "Infancia y juventud" hasta su arribo al humanismo renacentista, a la expansión oceánica y a la reforma religiosa.

7.- Examinar la Edad Moderna de 1560 a 1830, empezando por las guerras de religión, el nacimiento del método científico moderno, el arribo al gobierno limitado y equilibrado, la Ilustración y las Revoluciones.

8.- En el marco de las revoluciones políticas de fines del siglo XVIII y del despliegue tanto de la revolución industrial como de la democratización de Occidente y de su impacto sobre todo el resto del mundo durante el siglo XIX, analizar el comienzo del conflicto entre la ciencia y la religión.

9.- Tratar de seguir ese conflicto a través de las dos guerras mundiales, poniendo énfasis en la rotura de valores morales por la Primera, el nacimiento y auge de los partidos totalitarios, los horrores y las tremendas definiciones de la Segunda y las nuevas bases morales de la posguerra.

10.- Seguir el conflicto ideológico durante "la guerra fría", la revolución informática y el derrumbe del comunismo, poniendo especial atención a los dos países protagonistas del Segundo Mundo, Rusia y China.

11.- Precisar el momento actual con tablas de población, producto interno y "contribución" a la contaminación; determinar el tipo de moralidad necesario para que la humanidad controle su proceso de globalización; y tratar de precisar el tipo de "gobierno de asuntos globales" que podría encargarse de las funciones que se consideraran de impacto global.

Antes de entrar en materia quiero aclarar el punto de vista y la perspectiva con la que veré el problema: Vamos a tratar de entender los orígenes, el desarrollo y la situación actual de las disciplinas intelectuales del "deber ser" del comportamiento humano, por lo que en mucho de este estudio nos involucraremos con el análisis tanto del sentimiento religioso como de las religiones institucionalizadas. Por ello, creo conveniente declarar mi posición al respecto:

Asumiré aquella visión del mundo en la cual sólo operan las fuerzas naturales según las leyes que llegamos a conocer por medio de nuestras experiencias y razonamientos. Esto es opuesto a la aceptación de la existencia de un mundo paralelo "espiritual", en el sentido de incorpóreo, y que pudiera incluir a Dios y a las almas de cada ser humano.

Por lo tanto, rehusaré aceptar que haya personas o instituciones las cuales, mediante la interpretación de escrituras tenidas por sagradas o siguiendo tradiciones relacionadas con ellas, estén en posición de determinar lo que la deidad ordene sobre algún comportamiento humano. Esto en razón de no haber evidencia alguna que apoye dichas auto-atribuciones y, además, ser claramente explicables históricamente sus orígenes. En otras palabras, no reconoceré que haya habido algún fenómeno de "revelación" divina, aunque me doy cuenta que los libros tenidos como sagrados pueden haber intuido verdades profundas y que contienen, entre otras cosas, tesoros de sabiduría humana.

Por otra parte, el concepto del Dios monoteísta o el del Nirvana o Tien orientales, creo que son nobilísimas creaciones de la humanidad, sobre todo en dos aspectos: En declarar tanto la existencia de un orden universal como desprender de ello obligaciones para nosotros y en reconocer la hermandad de toda la humanidad. Por ello considero que ese concepto, en su forma más abstracta y no institucionalizada, es un verdadero patrimonio de la humanidad.

Por último, creo que podemos afirmar que algunas religiones cuyos pueblos ya han adoptado la visión científica del mundo físico y biológico y el sistema democrático liberal, como es el caso de algunas áreas y capas sociales del Cristianismo occidental, en sus ramas tanto católica como protestante, han convertido a sus iglesias en meros "cascarones" ceremoniales tradicionales encargados de la sacralización de los códigos morales. Creo que esta situación incongruente prevalece sólo en razón de dos grandes omisiones intelectuales, tanto científicas como filosóficas, en lograr acuerdos generalizados en los siguientes dos aspectos:

1.- La contestación a las preguntas existenciales sobre la vida y el universo.
2.- El definir las bases éticas de la moralidad y del sentido de la justicia.

Y precisamente a tratar de subsanar estas omisiones, en lo poco que podamos, nos dedicaremos en lo que sigue.

Cap. I .- La Evolución Biológica hasta la Especie Humana

1.1.- La Primera Vida

Aunque todavía no se sabe a ciencia cierta cómo se pasó de la materia inerte a la primera vida de este planeta, tan pronto como se llega a las moléculas helicoidales de los ácidos ribonuecléico (ARN) y desoxirribonucleico (ADN), ya existe un acuerdo generalizado sobre la evolución biológica, en cuya primera parte seguiré a Andrew Knoll [1].

Nuestro Planeta Tierra se formó hace unos 4,500 millones de años, duró unos 500 m.a. todo en estado pastoso y hasta hace unos 4,000 m.a. se endureció la corteza formando una superficie esférica irregular, cuyas concavidades se llenaron de agua sulfurosa y tanto los océanos como las partes de roca emergida quedaron rodeadas por una atmósfera de nitrógeno.

Algún tiempo después de este acomodo geológico deben haber surgido moléculas compuestas de carbono, hidrógeno y nitrógeno de una complejidad tal que pudieron nutrirse y replicar las instrucciones de su estructura, de manera que en rocas de una antigüedad de 3,500 m.a. ya se encuentran trazas de bacterias, que junto con organismos parecidos pero refractarios al oxígeno, llamados arqueas, llenaron de vida los océanos primitivos y empezaron a reaccionar químicamente con las rocas de la corteza y las aguas, siendo su impacto más notorio la lenta oxigenación de la atmósfera.

Hará unos 1,200 m.a. la vida de este planeta hizo uno de sus avances más notables al aparecer la célula eucariota, con núcleo, protoplasma y membrana exterior, encerrando también orgánulos especializados llamados mitocondrias, que son bacterias asimiladas simbióticamente. Mientras conservaron su estructura unicelular estos microbios también mantuvieron su simetría esférica.

Luego de unos 100 m.a. se diferenció el "reino" vegetal, el cual heredó además otro orgánulo especializado, llamado cloroplasto, que permite a las plantas procesar sus propios nutrientes de materias disueltas en el agua, con ayuda de la luz solar, en una complicada reacción llamada fotosíntesis.

Otra rama eucariota, la heterófora, o que no fabrica su comida sino que la obtiene de afuera, produjo otros dos reinos, primero el de los hongos, los cuales obtienen sus nutrientes de materia orgánica en descomposición. Luego produjo el reino animal, que empezó a producir "colonias" fijas, como las esponjas, con células ya especializadas, unas en producir un flujo de agua, otras en digerir la materia viva y otras en formar la estructura de sostén.

1.2.- La Formación de Individuos y la Expansión de la Vida (2)

Siguió la especialización en el reino animal y ya aparecieron hará unos 600 m.a. los primeros individuos que flotaron libremente en el agua, como las medusas, formadas por dos bolsas concéntricas de células, con simetría sólo radial, más cilios y tentáculos sensibles.

Algunas de estas medusas se especializaron en arrastrarse en el fondo marino, por lo que perdieron parte de su simetría, conservando sólo la bilateral, con lo que dieron lugar a los gusanos platelmintos, con un único orificio para la ingestión y la excreción.

El siguiente paso importantísimo formó el modelo para todos los animales superiores de este planeta y consistió simplemente en un gusano tubular o nematelminto, con tres bolsas concéntricas de células y con el orificio para la ingestión en el frente y el de la excreción atrás, así como medios para sentir el entorno y para desplazarse.

Ya con este modelo, el reino animal pudo tener su "Explosión del Cámbrico" hará 545 m.a., cuando terminó una gran glaciación y la oxigenación de la atmósfera llegó a niveles que ya podían abastecer la energía requerida por animales grandes. Se le llama "explosión" porque entonces se formaron todas las "filias" presentes, de las que sólo veremos las dos ramas más importantes, la protostomiada que produjo a los artrópodos y a los moluscos y la deuterostomiada que produjo a los cordados.

Las dos ramas difieren en lo siguiente: Ambas tienen el aparato digestivo en la parte central del tubo, pero los artrópodos tienen el circulatorio en el dorso y el nervioso en el vientre, mientras que los cordados al revés, nervios en el dorso y corazón y aorta en el bajo vientre (lo que podemos ver también en nosotros si nos ponemos "en 4 patas"). Además los artrópodos tienen el esqueleto por fuera, mientras que los cordados por dentro. Los moluscos no tienen esqueleto, sino que doblaron su cuerpo en forma de "U".

Simultáneamente a esta "explosión" del reino animal, los reinos vegetal y de los hongos estaban llevando a cabo una hazaña comparable: La "conquista" de los continentes, que hasta entonces, durante más de 3,000 m.a., habían sido sólo extensiones estériles de roca y arena, eso sí con movimientos de placas tectónicas y volcanismo y moldeadas y erosionadas por las aguas de lluvias. Esa conquista la emprendió una modesta simbiosis de algas vegetales y hongos llamada líquenes, los cuales crecen sobre las rocas donde les llegue algo de humedad y en un lentísimo proceso van formando un suelo de desechos orgánico. Ese suelo lo aprovechó la primera vegetación terrestre, la cual desarrolló raíces y tallos rígidos llenos de tubitos capilares, por los cuales la tensión superficial del agua la hace subir mientras esa fuerza molecular sea más fuerte que el peso de la columna de agua; así, los nutrientes disueltos que lleva disueltos llegan hasta las hojas en donde se efectúa la fotosíntesis. La vegetación fue avanzando por dondequiera que hubiera suficiente humedad, hacia adentro de los continentes.

En los océanos los cordados fueron pasando de gusanos a anguilas, ya con columna vertebral y cráneo, para proteger el centro de mando de su sistema nervioso, pero todavía con boca redonda buena sólo para roer, sin quijadas. De ellas se derivaron animales con esqueleto cartilaginoso, pero con quijadas, como las mantarrayas y los tiburones y luego los peces, ya con esqueleto óseo, que llenaron todos los nichos marinos disponibles.

Mientras, los artrópodos, que se dividieron en crustáceos, arácnidos e insectos, se adelantaron en la "conquista" de los continentes, ya que los insectos salieron del mar hará unos 450 m.a. y ya encontraron en tierra bosques de plantas criptógamas, con algunas de las cuales entraron en simbiosis, convirtiéndose esas plantas en fanerógamas, a las que los insectos ayudaron a reproducirse, a cambio de libar el néctar de sus flores.

Hará unos 365 m.a. unos peces con dos aletas pectorales y dos pélvicas se convirtieron en pulmonados y dieron origen a los anfibios, primeros tetrápodos, en las orillas de los continentes y en sus cursos fluviales. Hará unos 300 m.a. una rama de anfibios pasó a tener piel impermeable y las hembras pusieron huevos con cascarón también impermeable, por lo que los reptiles ya pudieron internarse en los continentes de climas cálidos y templados. Esa primer fauna reptil casi desapareció hace 250 m.a., junto con gran parte de la fauna marina, debido a la catástrofe más grande que se haya estudiado, resultado probable del impacto de un meteorito.

Sin embargo sobrevivieron los reptiles y hace 215 m.a. dos ramas de ellos ascendieron al alto metabolismo, es decir a la más eficiente transformación de nutrientes en energía, para lo cual se debe mantener una temperatura alta constante, y lo hicieron con dos "estrategias" diferentes: Los dinosaurios lo lograron creciendo mucho de tamaño, de manera que aumentó la proporción del volumen corporal contra la superficie de piel; los mamíferos primitivos, en cambio, desarrollaron sobre su piel un material aislante al que llamamos pelo.

Durante los 150 m.a. siguientes los dinosaurios fueron los amos de los continentes y algunos volvieron al mar y otros volaron, mientras que los mamíferos nunca pasaron de ser pequeños, nocturnos e insectívoros, siendo su único avance evolutivo significativo, en ese enorme lapso de tiempo, el modificar sus patas como remos, que heredaron de los reptiles, a que se articularan hacia abajo del cuerpo y lo soportan al desplazarse, lo cual pueden hacer con mayor rapidez.

Toda esa situación acabó repentinamente hace 65 m.a. cuando otro meteorito chocó con nuestro planeta, causando una catástrofe comparable, pero menor, que la anterior. Los dinosaurios se extinguieron casi en su totalidad, sobreviviendo sólo una clase, las aves, que se había especializado en el tamaño chico desarrollando otro aislante, las plumas, sobre su piel. También sobrevivieron los humildes mamíferos y entre ambas clases de vertebrados de "sangre caliente" se iban a repartir los principales nichos continentales, en general las aves los aéreos y los mamíferos los terrestres, con excepciones.

Los mamíferos primitivos tenían dientes chicos y filosos, no especializados, apropiados para comer insectos, pero en la gran expansión que tuvieron el tipo de alimentación que adoptaron definió sus características corporales: Los herbívoros desarrollaron principalmente dientes molares, pezuñas y tamaño grande, los roedores dientes incisivos y tamaño chico y los carnívoros dientes caninos, garras y ferocidad. Algunos que escogieron nichos particulares no especializaron tanto sus dientes, ni el resto de su cuerpo, y los que nos van a interesar en adelante serán los que escogieron el nicho arbóreo, los primates.

El puro hecho de vivir en los árboles requiere de un uso relativamente intensivo del cerebro por dos razones principales: Conviene vivir en grupos organizados como defensa contra depredadores, lo que requiere de conocimiento y evaluación de los individuos que lo integran y la dieta arbórea requiere de una búsqueda inteligente de alimentos, para evitar desperdicios de energía corporal, por lo que es muy útil una visión que distinga los colores de la fruta. Además, para asirse con seguridad de ramas o lianas se requiere un sentido de la vista que de, con buena exactitud, tanto la posición lateral como la profundidad a la que están situadas, lo cual sólo se puede obtener teniendo ambos ojos al frente, para que el cerebro compare la perspectiva de la visión que recibe de cada ojo; para poder hacer ese proceso comparativo el cerebro requiere tener la capacidad necesaria.

Hace entre 25 m.a. y 7 m.a. la Tierra entró en una era de clima cálido y húmedo muy estable, llamada el Mioceno, de manera que en el Antiguo Continente floreció una gigantesca selva que iba desde África occidental hasta Asia oriental. En ella, el orden de los primates, que ya había llegado a la etapa de simios catirrinos, como el colobo, el babuino y el macaco, avanzó hasta la etapa de antropoides, representada al principio por los gibones, los cuales se definen, en comparación con los simios, por los siguientes avances evolutivos: Sus dos extremidades superiores adquirieron una coyuntura de giro completo, que llamamos "hombro", y su cola se redujo a la insignificancia del cóccix.

1.3.- La Evolución de los Homínidos (3)

Hace entre 7 m.a y 2 m.a. la Tierra entró en una era más seca, llamada el Plioceno, por lo que la enorme selva desapareció en muchos lugares, convirtiéndose en desiertos en el Sahara y el Medio oriente y en sabanas en la franja del Sahel, entre el Sahara y Guinea y el altiplano, de unos 700 metros de altura de África oriental, en latitud ecuatorial (actuales Kenia y Tanzania).

Los gibones que vivían en ese altiplano tuvieron dos opciones: Una, retirarse con la selva hacia la cuenca del río Congo, que fue lo que hicieron los ancestros de los gorilas y de los chimpancés; otra fue quedarse en la sabana, evolucionando los que sobrevivieron hacia un género de especies llamado "australopitecos", cuyos restos aparecen ahí hace entre 4 m.a. y 2.5 m.a.

La evolución física del australopiteco dio un gran salto en nuestra dirección, pues al adoptar la posición erguida, con altura de 1.30 mts., modificó en aspectos básicos su anatomía, pues su columna vertebral adquirió la forma de "S" o sea con doble curvatura, para poder soportar el peso de la cabeza, del tórax y de los brazos, los cuales quedaron liberados de su función locomotiva y pudieron usarse para blandir palos y piedras en su estado natural.

La pelvis también se modificó estrechándose y fortaleciéndose para soportar en medio el peso del cuerpo y transmitirlo en sus extremos a las piernas. Esto empezó a hacer problemático el parto de las hembras por el mayor tamaño de la cabeza del feto, aunque en esta etapa todavía no mucho, pues el cerebro del adulto apenas tenía un volumen de 450 c.c., como el de un chimpancé.

La postura erguida con los brazos libres, complementada por la pérdida de pelo corporal, excepto arriba del cráneo, y su sustitución por glándulas sudoríparas, les dio a los australopitecos inestimables ventajas en la sabana, pues les permitía localizar carroñas a larga distancia y desplazarse con rapidez hacia ellas y en caso de que no hubiera leones ni hienas, quizás pudieran alejar a buitres y a chacales blandiendo palos y piedras, siempre y cuando aprendieran a operar en grupo. (4) Poco se sabe de la vida social de los australopitecos, pero parece que tuvieron que vivir en grupos solidarios defensiva y alimenticiamente, de varios machos polígamos.

Hace unos 2,500,000 años la Tierra entró en la era geológica actual llamada Pleistoceno o Era de las Glaciaciones, causada por los movimientos de las placas tectónicas que formaron un "puente" entre Norte y Sud América impidiendo las corrientes marinas entre las zonas tórridas del Atlántico y del Pacífico, al tiempo que se abría el Estrecho de Gibraltar y se llenaba de agua oceánica la Cuenca del Mediterráneo.

En el inicio mismo de esta Era aparecen en el altiplano de África oriental individuos de especies de un nuevo género llamado "Homínido", una de ellas llamada *Homo habilis*, de 1.40 mts. de estatura pero con un cerebro de unos 675 c.c., o sea un 50% más grande que el sus ancestros australopitecos, y aún cuando su masa corporal aumentó en un 25%, el aumento relativo del peso del cerebro a peso del cuerpo fue del orden de un 20%.

Este hecho evolutivo es aún más notable si tomamos en cuenta que el tejido cerebral es un ávido consumidor de nutrientes y de oxígeno, del orden de 10 veces más que los otros tejidos, por lo que la circulación sanguínea que a partir de entonces tenía que dirigirse al cerebro se tuvo que quitar de otra función, que debió haber sido parte de la función digestiva que permite a otros antropoides consumir hojas, por lo que se redujo el tamaño de la masa intestinal.

Esta reducción de su función digestiva obligó a esos ancestros nuestros a allegarse alimentos más nutritivos, tales como bayas, nueces, huevos y carne, pero para ello hay que desarrollar dos capacidades: Poder desplazarse largas distancias y defender un territorio de suficiente tamaño; y ser capaces de cazar y de carroñar más eficazmente. Y, efectivamente, asociadas a los restos de estos homínidos se encuentran las primeras herramientas de piedra toscamente fabricadas con unos 32 golpes y sus restos se van extendiendo fuera del altiplano oriental hasta llenar todo el Continente Africano. Con esto empieza la cultura humana en su nivel inicial que llamamos Paleolítico Inferior.

Estas actividades de cacería y recolección del *Homo habilis* o de especies parecidas coetáneas, sólo fueron posibles al efectuarse en grupos cada vez más solidarios, necesidad que se exacerbó al requerir las hembras ayuda de las otras durante el parto y asistencia de su pareja en criar al vástago durante su prolongada infancia. Su cometido se facilitó por el hecho de que su tiempo de ovulación no es aparente para el macho, lo que les dio a las hembras mayor control sobre la asignación de la paternidad, de manera que prevalecieron tanto el reconocimiento únicamente matrilineal de los hijos como la responsabilidad y autoridad compartida por todos los machos adultos del grupo sobre todas las hembras y su prole, independientemente de los emparejamientos.

Hace unos 1,800,000 años se desprendió de la anterior otra especie, llamada *Homo erectus* , con estatura de 1.50 mts. y volumen cerebral de 900 c.c., por lo que aún cuando el peso del cuerpo aumentó un 23 % su cerebro creció un 33.3%, por lo que la relación cerebro a cuerpo aumentó otro 8.4%

El dinamismo que obtuvo de su mayor cerebro se reflejó en dos avances importantes: Construyó cabezas de hacha elaboradas con 64 golpes, la cual ataba a la punta de un palo y además de blandir el hacha, aprendió a lanzarla con precisión a distancia mediante un "movimiento rápido programado" (que más adelante veremos), de manera que se convirtieron en los primeros animales que pudieron matar a distancia. El otro avance es que su expansión territorial lo llevó a ocupar primero las partes meridionales de Asia y a partir de hace 900,000 años también las de Europa, donde les tocó resistir la primera glaciación de hace entre 600,000 y 500,000 años.

En la segunda glaciación, hace de 400,000 a 350,000 años, apareció ya nuestra propia especie, el *Homo sapiens*, pero en su forma arcaica, es decir con estatura de 1.60 mts. y capacidad craneal de 1125 c.c., aumentando su peso corporal un 21 % y su cerebro un 25%, y su relación cerebro a cuerpo un 3%. Hay evidencia que ya pudieron encender el fuego a voluntad, lo que aunado a su fabricación de armas con hasta 128 golpes y a su capacidad para matar animales grandes y vestirse y calzarse con sus pieles, ya pudieron ocupar la franja de Europa y Asia de clima templado con inviernos fríos, entrando con ello al nivel cultural del Paleolítico medio, pues ya pudieron también asar sus alimentos, facilitando así la digestión de los mismos.

Durante la tercera glaciación, hace de 200,000 a 140,000 años, el *Homo sapiens arcaico* dio paso a dos nuevas subespecies, una en Europa, llamada *Homo sapiens neanderthalensis,* conservando la estatura de 1.60 mts., pero más robusto de manera que podía pesar unos 75 kgs. y con un cerebro de 1,500 c.c. y otra en África, la nuestra, llamada *Homo sapiens moderno,* de 1.70 mts., 67.5 kgs. de peso y capacidad craneal de 1,350 c.c., difiriendo la forma de su cráneo de la del Neandertal en tener más senos frontales y menos occipucio, además de tener una "barbilla" de refuerzo en la quijada inferior.

1.4.- Las Condiciones para el Ascenso a la Plena Conciencia [5]

Los individuos ya anatómicamente pertenecientes a nuestra sub-especie, pero que vivieron en la primera etapa de su aparición, no necesariamente utilizaban a plenitud su capacidad cerebral, en primer lugar porque al principio eran muy pocos y estaban muy aislados en África y luego, aunque ya pasaron al Medio Oriente y luego a la India y al Sureste de Asia, a partir de hace 108,000 años ocurrió la cuarta glaciación, la cual hace entre 73,000 y 57,000 años pasó por su fase más fría.

Fue hasta después de esta época, cuando el clima frío se templó un poco, que los individuos de nuestra propia subespecie humana deben haber ascendido tanto a la plena conciencia como al lenguaje con un alto grado de articulación, pues fue hasta entonces cuando empezaron a mostrar un dinamismo extraordinario en los siguientes cinco aspectos de sus actividades:

En primer lugar entraron en la etapa cultural del Paleolítico Superior, en que fabricaban armas y herramientas con hasta 256 golpes y con técnicas tales como la percusión indirecta, el escamado a presión y el taladrado, así como el uso de otros materiales como hueso, cuerno, marfil, dientes, garras y conchas, lo que ya les permitió fabricar herramientas tan finas como anzuelos y agujas.

Segundo, se perfeccionaron las estrategias y técnicas de cacería, de manera que ya se pudieron aniquilar rebaños enteros de animales grandes con ardides tales como perseguirlos con teas encendidas para desbarrancarlos o empantanarlos.

Tercero, se iniciaron las grandes migraciones hacia las partes templadas con invierno del Antiguo Continente, entrando una gran rama en China, de la cual se formó la raza Mongólica, y otra a Europa, llamada Cro-Magnon, hace unos 45,000 años, donde se encontró con la sub-especie Neandertal, la cual se extinguió unos

10,000 años después. De esta rama se formó la raza blanca o Caucásica, mientras que los del "tronco originario" que se habían quedado en África, representados ahora por los Bosquimanos, se desprendieron tres razas, la Pigmea, la Nilótica y la Guinea-Bantú. Los del "tronco originario" sobrevivieron como minorías en partes poco accesibles del sur de Asia, pero forman la mayoría de la población de Nueva Guinea y del resto de Melanesia y a ella también pertenecen los aborígenes australianos. La raza Caucásica luego también ocupó el norte de África, el Medio Oriente y la India y la Mongólica la Península de Indochina, el Archipiélago Malayo y Japón.

La historia del poblamiento de las Américas se inicia hace unos 20,000 años en Siberia oriental, donde unas tribus aprendieron a vivir todo el año en climas fríos extremos con ayuda de la aguja, hecha con espinas de ciertos pescados, y con hilo de tendones de animales, pudieron coser pieles de manera de cubrirse y calzarse completamente con "trajes a la medida" como las "parkas" de los esquimales modernos, que les permitía ejecutar cómodamente todos sus movimientos. Durante la época de otro frío extremo hace entre 27,000 y 16,000 años se formó el "puente" terrestre de Beringia, por lo que pasaron a Alaska en sus migraciones normales, quedando aislados ahí al volverse a cubrir de agua el "puente" cuando empezó el último gran deshielo. Sin embargo no pudieron pasar hasta la Gran Pradera Norteamericana hasta que se derritió una franja del casquete polar que cubría Canadá, hace unos 12,000 años. Luego algunos se desplazaron hasta México y luego a Sudamérica, a cuyo extremo sur, la Patagonia, llegaron hace unos 10,500 años.

Cuarto, junto con la plena conciencia, nuestros ancestros deben haberse planteado las preguntas existenciales básicas sobre el sentido de la vida y del mundo, y como había tantas cosas que no podían conocer ni controlar, llegaron a la conclusión que había otras voluntades con propósitos, como ellos mismos, por los que "animaron" fuerzas sobrenaturales, iniciando así el "animismo primitivo", del cual podemos formarnos una idea por tres tipos de rastros que empezaron a dejar sobre nuevas costumbres: 1) Enterrar de sus muertos, porque sus restos aparecen muchas veces en posición fetal y acompañados de ornamentos y flores; 2) Modelar figurillas de barro, por ejemplo con las formas femeninas exageradas, por lo que se las interpreta como símbolos de la fertilidad o adornar armas o herramientas dándoles significados esotéricos; y 3) Pintar en riscos, entradas o antros de montañas composiciones simbólicas de su visión del mundo, utilizando figuras geométricas, animales y humanas, que aparte de su significado religioso también podrían haber sido marcadores territoriales o ceremoniales.(6)

Quinto, durante la época de transición del último deshielo, cuando en la franja templada de Europa y Asia la flora y la fauna árticas empezaron a ser sustituidas por bosques de hojas deciduas poblados ya por venados y jabalíes, los grupos de cazadores y recolectores que ahí vivían entraron en una etapa cultural llamada Mesolítico, por haber domesticado a la primera especie animal, el perro, e inventado el arco y la flecha, que les permitió matar con rapidez las presas que los perros azuzaban.

Para terminar este capítulo de la evolución biológica que llevó hasta nuestra especie, trataremos de visualizar algo sobre su forma de vida:

El grupo humano básico era el clan u horda de cazadores y recolectores, integrado siempre por más de 7 hombres adultos, más típicamente quizás por 12 o 15, encargados de la cacería, por lo que con sus mujeres y prole, encargados de la recolección, podían llegar a 50 o 60 gentes, para mantener a los cuales reclamaban y defendían un territorio de unos 10 kms.^{2} por habitante, o sean unos 600 kms^2.

Su organización reflejaba una fortísima solidaridad defensiva y alimenticia, por lo que eran autosuficientes en esas funciones, pero no en el aspecto reproductivo, pues para respetar el tabú del incesto practicaban la exogamia con los otros clanes u hordas relacionados por parentesco y lenguaje, al conjunto de los cuales, generalmente de 6 a 12, se le llama tribu, por lo que el grupo humano completo podía contar con un medio millar de individuos.

Una tradición arraigada era la celebración de reuniones tribales, que podían ser anuales, para el intercambio de hijas y hermanas en edad núbil, acompañadas de ceremonias y tratos de todos tipos.

Cap. II.- El Ascenso a la Plena Conciencia

2.1.- La Presión Evolutiva de la Convivencia en Grupos

La mente es la operación organizada de todo el sistema nervioso de un animal: Capta la información del mundo que excita sus sentidos, la procesa en su estructura cerebral heredada, en la cual va formando circuitos adicionales con su propia experiencia y puede enviar señales de acción al cuerpo y retener la información recibida, ya sea a corto o a largo plazo, en lo que llamamos memoria. Aquí nos referiremos a estos procesos en los seres humanos.

Los circuitos nerviosos principales que integran nuestro cerebro fueron "diseñados" por la evolución natural para que los animales, y luego los homínidos, pudieran resolver los problemas de adaptación a su medio ambiente, tales como el crecimiento, la supervivencia, la cual incluye conseguir la alimentación y el evitar a los depredadores y llegar a la reproducción, para la cual se requiere tener acceso a una pareja, etc. Se trata de problemáticas muy diferentes, que requieren distintas actitudes y aptitudes, por lo que se formaron módulos especializados en detectar y resolver cada tipo de problemas.

Ya vimos lo mucho que creció el cerebro al ir evolucionando de antropoides a australopitecos y a las sucesivas especies de homínidos, así como a lo costoso que resultó en términos de circulación sanguínea el alimentar al tejido cerebral, por lo que a continuación pondré directamente la tabla que pondera numéricamente este fenómeno que se llama "de encefalización":

ESPECIE	ALTURA Mts.	PESO CUERPO Kgm.	PESO CEREBRO gramos	ÍNDICE ENCEF. *	% del Índice humano
Gorila		126.5	506	1.6090	25
Orangután		53	413	2.3523	36
Chimpancé		36.35	410	3.0065	46
Australopiteco	1.30	28.3	450	3.902	60
Homo habilis	1.40	35.3	675	5.048	77
Homo erectus	1.50	43.4	900	5.860	90
Homo sapiens arcaico	1.60	52.65	1125	6.363	97
H. s. Neanderthal	1.60	75	1500	6.770**	103
H.s. moderno	1.70	67.5	1350	6.539	100

*El índice de encefalización lo desarrolló H. J. Jerison en 1973. Se calcula como el peso del cerebro en gramos dividido por el factor 0.12 del peso del total del cuerpo en gramos, elevado a la potencia 0.67. Lo dedujo de los pesos reales de todo tipo de vertebrados, siendo el promedio la unidad, de manera que los primates aquí mostrados, hasta el gorila, están muy por encima de él.[1]

**La explicación que suele darse de por qué prevalecieron en Europa los H.s. Modernos sobre los H.s. Neandertales ligeramente más encefalizados, propone una diferencia cualitativa a favor de nuestros ancestros africanos modernos, quienes tenían más senos frontales con masa cortical, mientras que los Neandertales tenían más masa en el occipucio, la parte más antigua del cerebro. (2)

Ya vimos las razones (necesidad de vivir en grupos, de visión especializada y buen juicio para conseguir alimentos) que llevaron a los primates a tener más inteligencia, en general, que los demás mamíferos, por lo que ahora nos toca explicarnos los aumentos relativos del cerebro a partir de los australopitecos.

Una guía que tienen los neurocientíficos, para entender el funcionamiento del cerebro humano, el la de darse cuenta de las funciones que ejerce cada una de sus partes. Estudiando esto han llegado a la conclusión de que la división más fundamental es la que detectan es la del "bilateralismo" entre dos "dominios": Uno encargado de lo ecológico y el otro de lo social. El Dominio Ecológico puede subdividirse en físico y biológico, encargándose el primero en detectar movimientos y en representarse los objetos y el biológico en conocer, digamos, la fauna y la flora. El Dominio Social se subdivide a su vez en individual y grupal. El individual se ocupa del lenguaje oral y los gestos y posturas corporales y en desarrollar una "teoría de la mente" para descubrir cómo piensan los otros, sobre todo en detectar si hacen trampa o mienten. El grupal se ocupa en identificar y en tratar a los familiares, parientes y miembros de la comunidad, así como a los extraños y los extranjeros y en entender y practicar la ideología comunitaria. (3)

Esto nos dice que el hecho de vivir los homínidos en comunidades solidarias cada vez más grande requería de una actividad cerebral tan importante que en los humanos puede utilizar, como una gruesa aproximación, la mitad de la actividad cerebral. ¿Cómo empezó en el nivel de los primates esta actividad social que cada vez fue requiriendo de más capacidad cerebral?

Los primatólogos se han dado cuenta que una de las formas de mantener la "civilidad" en el grupo es la de espulgarse y acicalarse unos a otros, de manera que estas operaciones toman cada vez más tiempo cuanto más grande es el grupo. (4) Desde los australopitecos, que fueron perdiendo el pelo corporal y teniendo grupos más solidarios, esas técnicas de civilidad fueron resultando cada vez más inadecuadas y quizás empezaron a ser substituidas por gestos y modulación de los gruñidos.

Esta costumbre de espulgarse y acicalarse, aparte de su indudable función de amistad y compañerismo, debe de haber servido como medio para que un individuo averiguara acerca de las probables actitudes y comportamientos de aquel con quien interactuaba: Eso consumía mucho tiempo, pues había que hacerlo con todos los del grupo en distintas ocasiones. Al aumentar de tamaño los grupos, ya en la etapa homínida y, sobre todo, al hacerse más solidarios, en el sentido de depender más unos de otros, tanto para la subsistencia como para la defensa, las hembras para ser ayudadas en el parto y la prole para ser cuidada y educada, debe de haber aumentado mucho la presión evolutiva para que sobrevivieran sólo aquellos que iban pudiendo obtener información útil para manejar adecuadamente sus relaciones con los demás y orientar su comportamiento en forma tal que fuera consolidando o aumentando su *status* dentro del grupo al actuar en forma adecuada en las diversas circunstancias.

Esa necesidad de información la fueron obteniendo aquellos cuyos cerebros podían obtener, procesar y luego expresar mejor dicho tipo de información que podemos llamar "manejo de reputaciones" o sencillamente "chismorreo". Esto se corrobora con el hecho de que, se ha calculado, que el 60 o 70% de nuestras conversaciones todavía se dedican a esos menesteres. (5)

2.2.- La Adquisición del Lenguaje

La teoría del "manejo de reputaciones", o del chismorreo, explica la conveniencia evolutiva de la adquisición del lenguaje, pero no la formación de los mecanismos somáticos y los procesos cerebrales que lo permitan, lo cual veremos a continuación.

Comparando características anatómicas actuales podemos ver con claridad que hubo una evolución hacia el uso de un lenguaje finamente articulado: Los chimpancés, la especie más cercana a la nuestra, tienen la entrada de la laringe inmediatamente después de la raíz trasera de la lengua, por lo que no se cruza con el esófago. Y lo mismo sucede con los recién nacidos humanos, por lo que pueden mamar sin dejar de respirar y no se "ahogan"; sólo en el transcurso de la niñez y hasta la adolescencia, baja la entrada de la laringe hasta su posición final, permitiendo que las cuerdas vocales, localizadas en "la manzana de Adán", sean accionadas por aire pulmonar que sube por la laringe, dejando arriba un tubo común para ella y el esófago llamado faringe, cuyo volumen puede ser modulado por movimientos de la lengua, que forma su pared frontal. (6) La oreja humana, por su parte, evolucionó hacia una forma adecuada para decodificar los sonidos hablados. (7)

Esta persistente evolución debió de haber ocurrido a través de toda la sucesión de especies de homínidos, es decir desde hace unos 2,500,000 años, pero dio un paso muy importante hace unos 350,000 años, cuando la base del cráneo se arqueó para hacer lugar a las cuerdas vocales. (8) Es probable que una articulación del lenguaje que ya incluyera la formación de palabras para objetos concretos y acciones simples, así como reglas para ordenarlas en una forma coherente (9), haya culminado hace tan poco como 50,000 años, porque el lenguaje no sólo requiere del instrumento corporal vibrador y modulador del aire, sino también el ser la expresión de lo que la persona pretende comunicar, por lo que se tuvo que ir desarrollando simultáneamente con la capacidad del cerebro para querer y poder comportarse de una manera determinada.

Pero ¿Cuál capacidad de procesamiento es la que llevó al lenguaje y a la plena conciencia? Siguiendo a Curtis G. Smith diremos que en lo que todos los neurólogos modernos están de acuerdo es que los dos modos de procesar información en el cerebro que sólo tenemos los humanos y que no tiene ninguna especie animal son: 1) La especialización bilateral de sus dos hemisferios y 2) Una forma holográfica, global o no localizable de pensar, que se sobre-impone a otros tipos de actividad neurológica y produce resultados estadísticos y no determinables de antemano. (10)

¿Cómo llegó el cerebro humano a tener esta capacidad de procesamiento? Siguen estando de acuerdo los neurólogos en que el proceso básico del holográfico es el procesamiento en paralelo, en que una información de entrada se divide en dos o más componentes, las cuales se procesan simultáneamente en circuitos distintos y se obtiene información compleja de muy alta calidad, como para el caso del sentido de la vista lo explica en forma clara, precisa y completa John E. Dowling. (11)

¿Cómo y porqué se formaron los primeros procesos en paralelo? Kathleen R. Gibson cree que se fueron formando por la necesidad de cazar hiriendo a distancia a las presas, es decir arrojándoles proyectiles con mucha precisión, para lo cual el cazador tenía que coordinar la distancia y velocidad del animal con su vista y mandar las instrucciones adecuadas a los músculos de su cuerpo, en un programa llamado "movimiento rápido programado", como el que hacen ahora los lanzadores en el béisbol o en el atletismo, o uno mismo al martillar un clavo en la pared. (12)

Volviendo a la especialización por hemisferios, ahora podemos ver que una vez que hubiera aumentado la capacidad del Dominio Social de la mente, por la presión del "manejo de reputaciones", también se beneficiaría el Dominio Ecológico, sobre todo en los ámbitos de la cacería y la defensa territorial y contra los elementos. Estas actividades corporales de alta coordinación que podrían haber llevado al procesamiento en paralelo de la información de entrada, cree Smith que esta capacidad, a su vez, podría haberse usado en el Dominio Social para procesar los símbolos abstractos con los que se iría configurando el lenguaje, lo cual explica en la siguiente forma:

"Las señales que mandan los cinco sentidos al cerebro, por ejemplo al detectar un animal, se codifican en puros adjetivos, como pequeño, blanco y negro, chillón y apestoso; luego, cada señal se procesa en paralelo y el cerebro llega a la conclusión de que se trata de un zorrillo; con eso nace el nombre, el sustantivo. Pero eso no es todo, sino que el cerebro también recibe información de cada músculo que intervino en la acción y de cada área de piel que se estiró, otras señales de la vista sobre distancias y movimientos, en códigos que se refieren al espacio y al movimiento en el mundo exterior al cuerpo; al codificarse esas acciones o estados materiales en palabras, nace el verbo." (13)

2.3.- Los Orígenes de la Moralidad

El antiquísimo manejo de las reputaciones, aptitudes y actitudes de los demás, que probablemente despuntó desde los grupos de australopitecos, nos va llevando ya a los umbrales de la moralidad en los grupos de homínidos, pues la evaluación de las conductas incluye más que la simple descripción de los hechos comentados, pues además requiere que se diga algo laudable o condenatorio sobre los mismos.

El ir adquiriendo moralidad significa, en su aspecto más esencial, que esas evaluaciones de comportamientos nos provoquen emociones. Desde su primera etapa evolutiva, los homínidos ya sentían muchas emociones, es decir que tenían impresos en sus cerebros circuitos que disparaban mecanismos glandulares y musculares de comportamientos típicos, tales como la furia, el miedo y el atractivo sexual, que les permitían superar o evadir los peligros y aprovechar las oportunidades que se les brindaran. Una nueva emoción que fueron adquiriendo con la llegada de la moralidad se le llama culpa o remordimiento, diferente de las demás, pero es parecida a la también nueva emoción de disgusto, en el sentido de que ambas requieren de cierta capacidad conceptual a la que sólo llegaron los *Homo sapiens modernos* cuando ascendieron a la plena conciencia y al lenguaje articulado. (14)

¿Sobre qué bases de moralidad se juzgaban los comportamientos humanos?
Parece que en los grupos humanos primitivos los siguientes tipos de relaciones sociales fueron siendo incluidos dentro del dominio del "deber ser":

1.- Desprestigio o condenación de ciertos actos que dañaran a otros.
2.- Establecimiento de valores de reciprocidad y equidad.
3.- Correspondencia del comportamiento de cada uno de acuerdo con su
    posición dentro del grupo.
4.- Regulación según criterios de pureza o contaminación de ciertas funciones
    corporales, como los actos sexuales, los baños, la comida y la excreción.(15)

Esta nueva moralidad fue también formando los circuitos y mecanismos que ayudaran al cumplimiento instintivo de estas obligaciones pero gran parte de las normas concretas eran aprendidas por cada generación, por lo que también apareció en los humanos una tendencia a la inercia de las costumbres, a respetar la tradición o a ser conformistas con la transmisión de los códigos morales. Por ello, cuando los grupos se dividían y se alejaban unos de otros, había poca variación de las costumbres entre los integrantes de cada grupo, pero podía irse agrandando la diferencia de costumbres entre los distintos grupos, hasta que nuevos contactos, bélicos o amistosos, los hacían converger o bien el duro entorno eliminaba aquellas costumbres que resultaran ser obstáculos para la exitosa adaptación de un grupo al medio ambiente.

Cuando las normas para la convivencia y cooperación dentro de los grupos humanos se "internalizaron", es decir que formaron los circuitos especiales y mecanismos generales que en cada individuo facilitaron y dirigieron el aprendizaje de las normas concretas, puede decirse que ocurrió lo que Kant dedujo, que aparecieron los "imperativos categóricos" que impedían, por medio del sentimiento innato de culpa, el considerar que una acción mala fuera aceptable, aún cuando fuera un medio para obtener un fin atractivo.

En lo que no es posible seguir a Kant es que en aquellos tiempos los imperativos tuvieran una aplicación universal, pues eran claramente concéntricos, fortísimos a nivel familiar, fuertes entre parientes y miembros del clan u horda, menores a nivel de tribu y muy débiles fuera de ella, y fácilmente convertibles en hostilidad ante cualquier grupo extraño que amenazara con usurpar el territorio o atacar a la tribu.

Conviene que entendamos claramente cuáles fueron las ventajas de supervivencia que la aparición de los sentimientos de moralidad trajeron: Los individuos humanos primitivos pudieron juzgar a sí mismos y auto-castigarse con sentimientos de culpa, si habían transgredido las normas. Para esos individuos no había alternativa posible más que vivir en comunidad, en un grupo perfectamente definido al que pertenecían por nacimiento o intercambio, si eran mujeres, así que el florecimiento del grupo era el principal requisito para su supervivencia. Ahora bien, los humanos tenemos una débil voluntad para ayudar a la comunidad, lo cual nos permite calcular hábilmente nuestro curso de acción dentro de ella en una forma flexible y conveniente. Sin embargo, al darse cuenta el ser humano que un acto de cooperación es moralmente requerido, entonces su sentido moral lo hace suspender los cálculos internos de conveniencias personales y actuar de inmediato en pro del bien común. (16)

Aún los juicios morales que el hombre hace de sí mismo tienen una dimensión, un papel o un propósito públicos, porque su ejercicio siempre es juzgado por los demás, convirtiéndose así el comportamiento habitual en una especie de moneda de curso corriente, con que todos valorizan y jerarquizan fácilmente los comportamientos de los demás. Con estas evaluaciones, en las comunidades se va formando un compromiso interpersonal efectivo, que regula las estrategias de cooperación, aportadas siempre en forma condicionada por cada integrante del grupo. (17)

Trataremos de hacer un resumen de esta capacidad de hacer juicios morales que adquirieron nuestros ancestros y que nos legaron en forma de circuitos y mecanismos especializados que están preparados para recibir, a partir del tiempo en que nacemos y durante todo nuestro desarrollo, los contenidos concretos de costumbres, usos y sistemas morales de una comunidad.

Podemos decir que la moralidad se integra con estrategias de adaptación de los individuos a la vida dentro de grupos grandes y muy solidarios, para que todos los integrantes regulen sus comportamientos de manera que no se hagan daño unos a otros, sean equitativos en sus tratos, reconozcan su posición dentro del grupo y se abstengan de contaminar el entorno. Estas estrategias han sido reforzadas por la formación de mecanismos de disparo emocional de los sentimientos de culpa o de remordimiento y han evolucionado al ritmo del cerebro hacia la plena conciencia, con ayuda de un lenguaje articulado.

Hay que señalar que esas estrategias se fueron determinando como adecuadas sólo para la convivencia social y que al ser exitosas resultaron en la supervivencia y reproducción de los individuos y, por ende, en la continuidad cultural del grupo, pero no están ancladas en la realidad de los fenómenos físicos y biológicos del mundo, por lo que sólo sirvieron para satisfacer esas funciones. Además, no hay que olvidar que las estrategias están reforzadas por emociones, las cuales no son fáciles de cambiar a corto plazo.

Esto no significa que sean poca cosa, ya que fueron un factor determinante para que la humanidad llegara hasta el punto actual y siguen sosteniéndola, pero sí quiere decir que conforme van divergiendo unos sistemas morales de otros, aunque sea lentamente y sólo en algunos aspectos secundarios y que con nuevos encuentros tiendan a converger, puede perderse la referencia de cuál sistema es "el correcto" o "el verdadero", por lo que frecuentemente se cae en desacuerdos enconados e intratables y no sólo entre individuos si no a veces entre clases sociales o entre sociedades enteras. Esto ocurre sobre todo cuando se trata de temas básicos que hagan aflorar las emociones o de asuntos novedosos para los que haya que crear un precedente, pues en esos casos cada parte pretende imponerle sus referencias a la otra, cuyos integrantes, a su vez, las encuentran inaceptables.

¿Qué debemos hacer con este conocimiento incontrovertible que ahora tenemos sobre los orígenes particulares de nuestra moralidad?
 Por lo pronto no entrar en pánico ni en negativismo, sino ponderar que, con todo y sus divergencias, una gran parte de los sistemas morales, la más básica, es compartida por toda la humanidad, por lo que se han dado y se siguen dando infinidad de convivencias entre individuos, y hasta entre grupos, de las más diversas culturas que existen.
En segundo lugar, sabiendo ya cuál es el problema, debemos buscar, por más difícil que sea, llegar, ahora sí, a anclar los sistemas morales en la realidad del mundo, las posibilidades de lo cual veremos en el último capítulo.

2.4.- El Significado de la Plena Conciencia

Pasemos ahora a ponderar la importancia del arribo a la plena conciencia leyendo la traducción de un párrafo de John O'Manique:

"Veo verdaderas novedades dentro del proceso evolutivo: La emergencia de cambios cualitativos. Dos de ellos sobresalen y son las emergencias de la vida y de la plena conciencia. La emergencia de la vida dentro del proceso evolutivo físico-químico, desde la energía básica hasta los compuestos orgánicos complejos, inició un nuevo tipo de desarrollo, la evolución biológica. En forma parecida, pero con consecuencias mucho más profundas, grandes y dramáticas para nosotros, el nacimiento de la plena conciencia fue el fundamento del desarrollo humano. Así que ambas transformaciones marcaron nuevos tipos de evolución, con nuevas capacidades que obedecían a un nuevo conjunto de leyes para su posterior desarrollo."[18]

Sigue diciendo O'Manique que ve en la reflexión la dimensión cognitiva del desarrollo final de la mente humana, lo que la hace llegar a la plena conciencia y al lenguaje articulado, a partir de lo cual los individuos así dotados empiezan a crear cultura, sujetos todavía a muchas limitaciones lo que precisa así:

1.- Los humanos empiezan a determinar mucho de su propio desarrollo dentro de entornos, llamados culturas, que ellos mismos construyen.

2.- La autodeterminación humana de su cultura, aunque constantemente trasciende sus bases físicas y biológicas, no puede escapar completamente a su condicionamiento. [19]

Pasa a definir la plena conciencia como el conocimiento reflejo de uno mismo como un ente y la reflexión sobre todo lo que uno conoce, sean cosas, símbolos, ideas y conceptos, sentimientos, creencias y también reflexionar sobre el hecho que los otros también son entes que reflexionan. [20]

¿Cómo se llegó a la plena auto-conciencia? Cita que Daniel Dennett propone que "pudo haber sido que un homínido tuviera algo importante que comunicar y como no estuviera presente ninguno de sus compañeros, de todas maneras pronunciara las frases correspondientes y al oírse comprendiera que él era un ente autónomo. Esta conciencia la transmitiría y la irían adquiriendo todos los demás y entonces ya podrían interactuar en un nuevo nivel de cooperación y de mutuo reconocimiento, abriéndose nuevas comunicaciones por medio del naciente lenguaje". [21]

Claro está que junto con la apertura, el altruismo y la cooperación también se desarrollarían el egoísmo, la competencia y la agresividad, pero sin duda que en los grupos humanos que sobrevivieron tuvo que haberse logrado un equilibrio favorable a las actitudes positivas, pues las relativas autonomía y auto-determinación de los individuos, que tan necesarias son para el progreso humano aunque estén limitadas por los entornos naturales y culturales, solamente se dan donde y cuando la convivencia se establece sobre sistemas de moralidad y justicia.

Así que los hombres que ya habían arribado a la plena conciencia, que vivían en comunidades donde prevalecía la moralidad y la justicia y se comunicaban por medio de un lenguaje articulado, empezaron a crear cultura ¿Cómo? Construyendo sistemas de actuación útiles y eficientes, porque entonces hubo por primera vez en el mundo (excepto que haya una teleología universal) propósitos, objetivos y metas.

La combinación del sentido de moralidad y justicia con el del logro de propósitos, formó el nuevo concepto de valores morales. Éstos vienen siendo la bondad o la maldad atribuidos por una comunidad, después de maduras reflexiones sobre las conveniencias a largo plazo, de los comportamientos tipificados de individuos o de grupos. Es común que dichos valores los vayan tomando como paradigmas de comportamiento los integrantes del grupo que los adopta. También ocurre que los valores se vayan modificando en el tiempo con el transcurso de las generaciones. (22)

Así que el "deber ser" va naciendo en los individuos, vagamente al principio, como un convencimiento de hay que hacer lo que es bueno, para que así se vaya asegurando lo que conviene a largo plazo. La plena conciencia les fue dando la capacidad para superar, con su voluntad, sus tendencias naturales cuando éstas fueran en contra de lo que mandaban las normas de comportamiento que habían sido adoptadas.

También la ciencia y el arte nacen en una comunidad de seres plenamente concientes, probablemente en las siguientes formas:

En el trato interpersonal la comunicación honesta y sincera, ya sea por medio del lenguaje o en otras formas, se va apreciando cada vez más, pues, por ejemplo, si se trata de datos sobre posibles presas, las cacerías salen mejor si los datos resultan ser ciertos y si todos cumplen bien con su papel asignado.

En esta forma se va apreciando más el valor de la verdad, hasta que se convierte en una necesidad, pues el entorno es duro y permite pocas mentiras y errores. Cuando los conocimientos de cualquier tipo que se van adquiriendo se sistematizan, empiezan a formar la tecnología y cuando los principios que rigen ésta se llegan a conceptualizar, nace la ciencia.

La tecnología también da nacimiento a otro tipo de actividad, pues, por ejemplo, al construir un objeto se empieza a reconocer que además de lo puramente funcional se pueden agregar otros elementos figurales que realcen su propósito o su vistosidad. Cuando esas adiciones simbólicas o adornos llegan a ser una necesidad, entonces nace el concepto de belleza y la actividad de fabricar objetos con esos elementos se convierte en el arte.

Los propósitos, objetivos y metas a los que arriba nos referimos van llevando a los individuos de esas comunidades primitivas a sentir la necesidad de tener algún control sobre su propio desarrollo, por lo que cada uno lo va reclamando para sí, hasta que todos se reconocen mutuamente ese "derecho", quedando todos abiertos a ayudar a los otros o, como mínimo, a no estorbarlos en la realización de sus propósitos. (23)

El respeto de los derechos ajenos va llevando al concepto más general de justicia, el cual O`Manique define como una distribución equitativa de los recursos disponibles, entre todos los miembros de la comunidad, para su desarrollo. Esta hipótesis difiere del concepto prevaleciente occidental, cuando menos desde Hobbes. (24)

Esta mutualidad de reconocimiento de derechos y de distribución equitativa de recursos va sin duda ligando en las comunidades primitivas los conceptos de obligación y de derecho, pero ello no implica el concepto de igualdad, pues aún cuando en la etapa de cazadores y recolectores existía en la práctica una completa igualdad social, ésta era de hecho forzada por las duras condiciones en que vivían, en las cuales los objetivos de supervivencia y solidaridad preponderaban; pero tan pronto como esas condiciones cambien en el Neolítico, la igualdad irá desapareciendo.

2.5.- Los Orígenes de la Religión (25)

Para terminar este capítulo, complementaremos lo que vimos al final del capítulo I, como cuarto aspecto del dinamismo del Paleolítico Superior, que es la aparición de los tres tipos de evidencias en las creencias en fuerzas sobrenaturales. Aquí trataremos de ver cómo esas creencias llevaron a los hombres a tratar de entender, imaginar y ubicar esas fuerzas y luego a relacionarse con ellas y, de ser posible, controlarlas o al menos propiciarlas.

Recordemos que esos ancestros nuestros de hace unos 65,000 a 45,000 años, porque antes de esas fechas no se han encontrado rastros de tumbas, figurillas o pinturas, probablemente también acababan de ascender a la plena conciencia y al lenguaje articulado, por lo que se sintieron poseedores de una, para ellos, misteriosa voluntad, que podía hacerse propósitos.

Para explicarse ese prodigio que identificaban en ellos mismos, imaginaron que su voluntad emanaba de su alma o ánima, una especie de espíritu incorpóreo, aunque pudiera ser mortal y perecedero. Simultáneamente se dieron plena cuenta de los niveles cósmico, meteorológico y biológico del mundo, muchos de cuyos fenómenos deben de haberles impactado como terribles y amenazantes, sobre todo por ser impredecibles. Entonces, como primer paso para tratar de entenderlos, tuvieron que imaginarlos parecidos a ellos mismos, es decir poseyendo una "ánima" también capaz de formarse propósitos, pero mucho más grande y duradera. Con ello se dio inicio al "animismo primitivo", común a todos los humanos.

Oigamos en palabras de Hans Blumenberg cómo es posible que nuestros ancestros hayan llevado esa "animación" a cabo:
"Los seres humanos no soportan el absoluto (que les hace entrever su plena conciencia). Tienen que conseguir las más diversas formas de interponer distancia. Primero, cuando el hombre primitivo dominó "el absolutismo de la realidad", los

humanos atenuaron su dependencia de ese inmenso poder amenazante gracias a la elaboración de los mitos: Transformaron la realidad en una pluralidad de historias y sus horrores en juegos, mediante una "división de poderes" (entre las fuerzas de la naturaleza). Por eso, quedamos obligados al mito, no podemos renunciar a ello. (Nuestros ancestros) se guarecieron en cavernas como sus descendientes (lo hacemos) en instituciones y allí (ambos grupos) desarrollan la cultura, la interioridad y la reflexión, con las cuales mantienen a distancia esa realidad absoluta, cuya inmediatez es peligrosa. (26)

Para tratar de relacionarse con esas "ánimas" que ellos mismos habían imaginado, los hombres primitivos procedieron a formar el mundo de "lo sagrado", es decir de lo inusual, de lo que no era parte de lo que siempre habían sido las actividades "normales" de la vida, las cuales pasaron a ser "lo profano". Pero ¿Cómo es que la mente humana puede llegar a imaginar todo un mundo incorpóreo o "espiritual" con una fuerza tal que pasó a regir muchos aspectos de la vida de los individuos y de su grupo?

La respuesta a la que están llegando los estudiosos (27) es la siguiente: Habiendo llegado el hombre a tener una conciencia plena como la nuestra, y en ausencia de todo conocimiento científico sobre nuestra mente y el mundo, prácticamente no había otra posibilidad, por las siguientes razones:

1.- Cada individuo en su vida ordinaria llega a tener "visiones". Nuestra conciencia es como un espectro o arco, uno de cuyos extremos es el estado de completa alerta de los sentidos, que usamos para relacionarnos con el medio ambiente y para resolver problemas concretos, seguido luego del pensamiento cada vez más abstracto e introvertido, hasta llegar a "soñar despiertos", cuando ya podemos manejar imágenes y situaciones inexistentes, pero que pueden ser muy significativas y de ahí pasar al sueño. En las épocas primitivas se les daba mucha importancia tanto a las "visiones" de ensoñación como a los sueños, por lo que sus episodios y escenas se hacían del conocimiento de los demás.

2.- En ocasiones especiales todo el grupo participaba en celebraciones o ceremonias en las cuales mediante danzas rítmicas acompañadas por música y canto, se va ascendiendo a la euforia colectiva, pudiendo culminar el evento en que individuos especialmente preparados o sensibles, duchos en tomar o inhalar sustancias excitantes o alucinógenas, llegaran a un estado de exaltación tal que lo pudieran inspirar también en los demás.

3.- Posteriormente, los integrantes del grupo van poco a poco consensuando el significado de las "visiones" individuales y de las inspiraciones del shamán o el jefe, hasta que van formando el mito que mejor "explique" los fenómenos cósmicos, biológicos y sociales y sus relaciones con ellos.

Una vez que con el conjunto de <u>las experiencias</u> individuales y <u>las prácticas</u> grupales se ha llegado a un consenso sobre <u>las creencias</u> (28) en el mundo de lo sagrado, los integrantes de los grupos primitivos proceden a relacionarse con esas fuerzas mediante dos tipos distintos de actitud que conviene diferenciar.

El primer tipo de actitud con que se acercaron a lo sagrado fue el pragmático o utilitario y también limitado, porque generalmente sólo se usaba en casos especiales, y esto eventualmente llevó a la magia. El sistema de creencias mágico fue muy importante en la época primitiva y también ha mostrado una sorprendente capacidad para sobrevivir hasta la época actual. Aquí diremos sólo lo siguiente: Con la institucionalización de las religiones, proceso que luego veremos, la magia pasó del centro a la periferia de lo social y muchas veces hasta la ilegalidad, ya que, por su naturaleza pragmática, siempre fue muy dada a caer, por un lado, en la charlatanería y el fraude y, por el otro, en todo tipo de supersticiones.

De todas maneras conviene recordar que en la época primitiva la magia era casi indistinguible de la religión, por la sencilla razón que eran los mismos hombres quienes en veces asumían una u otra actitud, según fueran las circunstancias, y que quienes practicaban "profesionalmente" la magia eran, generalmente, personas muy sabias y versadas también en herbolaria. Así que a los médicos-brujos de las tribus primitivas conviene darles el título honorífico siberiano de "shamán" o chamán, para distinguirlos de los brujos marginados o fraudulentos de épocas posteriores.

Pasando ahora al tipo de actitud que más nos interesa, el religioso, sobre ello William James dijo, hace poco más de un siglo, que cualquier otra cosa que "religión" implique para el creyente (moderno), siempre significa acercarse a la divinidad con una actitud y un talante serios y hasta solemnes y en ningún caso a despotricar ni a burlarse.[29].

No creo que esa actitud haya cambiado mucho desde el hombre primitivo, ya que refiriéndose a sus orígenes, Eugenio Trías dice: "La religión nace justamente de la conciencia despierta y lúcida de que ese Poder Mayor, que sobre todo la muerte testimonia, no permite ser doblegado por ninguna incidencia expresiva por parte del ser humano... La religión, en lugar de querer dominar lo sacro se postra ante el misterio, consternada por la conciencia de nuestra extrema indigencia ante esos poderes superiores." [30]

Nació la religión, pues, tan recientemente como la ascensión a la plena conciencia y al lenguaje articulado, es decir hará unos 50,000 o 40,000 años, muchísimo después que la moralidad, que pudo haber despuntado en los grupos de australopitecos, pero seguramente en los de los homínidos, es decir hará unos 2,500,000 años y si es que su evolución fue simultánea con la del lenguaje oral, debe haber dado un paso importante hará unos 350,000 años.

Sin embargo, a pesar de su enorme diferencia de edades, los grupos humanos que fueron arribando a la plena conciencia y a las nociones mágico-religiosas incluyeron en esa nueva visión del mundo su sistema moral y de justicia, con lo que comenzó la perdurable asociación de ambas disciplinas sociales, cuyos orígenes y funciones eran tan diferentes, ya que una reglamentaba la convivencia y otra explicaba el mundo y la posición del hombre dentro de él, pero como la "explicación" mitológica abarcaba no sólo los niveles cósmico y biológico, sino también el social, pues simplemente la nueva pero potente religión-magia englobó a la antigua pero austera moralidad. Este maridaje o asociación de disciplinas distintas tuvo varias consecuencias, que podemos señalar como sigue:

1.- El hecho de sacralizar las normas de comportamiento, agudizó su tendencia a hacerlas conservadoras dentro de cada grupo, es decir, a dificultar su cambio de acuerdo con las circunstancias y a divergir de las de otros grupos, hasta llegar a diferir en forma más radical y difícil de "negociar".

2.- Se logró un mayor acatamiento de las normas morales, pero al precio de hacerlas más arbitrarias y menos accesibles al sentido común.

Sin embargo no debemos apresurarnos a catalogar de inconvenientes o indeseables estas consecuencias del englobamiento de estas dos disciplinas, en primer lugar, por haber tenido vigencia universal en todos los pueblos, excepto entre ciertos filósofos o en sociedades muy avanzadas y, en segundo, porque parece ser que algo hay en la mente humana que la inclina hacia la estabilidad de ciertas creencias básicas y quizás hasta gustaría que algunas, por ejemplo el concepto de Dios, fueran inconmovibles.

Quien mejor ha expresado esto es el filósofo argentino Miguel Ángel Virasoro, como sigue:
"(En vista de la forma en que nos comportamos y sentimos)...parece necesario pensar...que la conciencia humana consta de dos aspectos, dimensiones o direcciones: una inmediata y cambiante, atenta a lo que ocurre e influíble por ello y otra mediata e inmutable, testigo existencial del individuo y del mundo. Este desdoblamiento de la conciencia produce una tensión hacia la trascendencia (que él llama abisal)...ya que el hombre se intuye como esencialmente libre (...por ese algo que lo subtiende, sostiene y anima su ser), aunque constreñido por sus circunstancias en el mundo... cuya trascendencia colateral (que él llama fenomenológica) también intuye. Esta tensión interior convierte al hombre en un ser dramático, pues su actividad biológica se ve afectada por un propósito idealizante benevolente (la trascendencia cenital o arquetípica)."(31)

Para encauzar esta tensión, el hombre procede, como ya vimos, a normar su conducta adoptando valores morales, que son relaciones existenciales con el mundo y con los demás seres humanos, que han sido consensuadas en su sociedad y se han ido transformando históricamente y que cada individuo los utiliza para jerarquizar lo deseable, conveniente u obligatorio de los distintos cursos de acción que tenga disponibles, o le sean practicables, en situaciones vivenciales importantes para él o ella. (32)

2.6.- Panorama de la Humanidad hace 10,500 Años

Con todo esto, podemos decir que hace unos 10,500 años, cuando ya se había acabado la última glaciación y la especie humana, ya sin parientes cercanos, acababa de ocupar la última región accesible de los continentes, por lo que ya podría haber una población total de unos 7,500,000 (33), según estimaciones del territorio que se requiere para subsistir como cazadores y recolectores en su etapa del Paleolítico Superior, los hombres estaban, en los aspectos culturales básicos, en la siguiente posición:

1.- Habían ascendido a la plena conciencia y su moralidad les permitía convivir en clanes u hordas agrupadas en tribus, en las que se respetaban mutuamente sus derechos básicos y los recursos para el desarrollo individual se repartían equitativamente. Existía igualdad de hecho, forzada por las circunstancias. Pero más allá de la tribu ya no había mucha solidaridad: Probablemente se respetaba al viajero y se podía ayudar a desconocidos en peligro, pero ante cualquier grupo que se detectara como amenaza a sus derechos territoriales, se tenía que contestar con despliegue de fuerzas para la defensa, expediciones punitivas o hasta guerra de exterminio, según la dureza de las circunstancias. Así que a nivel de grupos se trataba de un mundo que distaba mucho de ser "la guerra de todos contra todos" de individuos solitarios que imaginó Hobbes, pero a nivel de tribus también distaba del mundo arcádico que imaginó Rousseau, aunque creo que para la mayoría de los hombres de aquel tiempo sí hubiera sido muy apropiado el epíteto de "noble salvaje".

2.- En esta última etapa cultural habían adquirido, como consecuencia de su ascenso a la plena conciencia, creencias en sus propias almas perecederas y habían imaginado y asignado ánimas más grandes y duraderas a algunos fenómenos cósmicos, meteorológicos o biológicos, creencias que les permitieron darse explicaciones míticas del mundo y de su propia posición dentro de él. Todo ello lo empezaron a organizar en sistemas mágico- religiosos, dentro de los cuales fueron sacralizando su normatividad moral, así como los aspectos principales de sus vidas privadas y públicas.

3.- En esta última etapa del Paleolítico, digamos hace entre 50,000 y 10,000 años, la especie humana se dividió en razas, básicamente en la de los que se quedaron en África, la de los que se asentaron en Europa y la de los que entraron a China. Una rama siberiana de esta última pobló las Américas. El tronco común originario perduró entre los bosquimanos, los papúes y los australianos. Los lenguajes articulados también variaron unos de otros más o menos al mismo ritmo lento que el aspecto racial, y con ellos también divergieron algunos aspectos más o menos superficiales de los sistemas morales y de justicia, reforzándose esa tendencia divergente con la adopción de creencias y mitos que dieron origen a sistemas mágico-religiosos.

Capítulo III – La Revolución Neolítica y las Primeras Civilizaciones

3.1.- Primer Impacto Poblacional y Ecológico Humano

Primero, vamos a tratar de visualizar el aumento numérico de nuestra especie, el Homo sapiens moderno, así como su impacto ecológico, desde hace unos 65,000 años hasta los inicios de la civilización. ¿Por qué escogemos este lapso?

Ya vimos (inciso 1.3) que nuestra sub-especie nació en África durante la Tercera Glaciación de hace entre 200,000 y 140,000 años y luego, poco a poco, fueron poblando ese Continente. Sus primeros restos que se encuentran fuera de África, en la región sirio-palestina, datan de poco después del inicio de la 4ª Glaciación, en su primera etapa templada, a partir de hace 108,000 años. Pero esos primeros emigrantes no mostraron un dinamismo especial y compartieron el área con nuestros primos Neandertales.

Hace 73,000 años empezó la primera etapa gélida o muy fría de la 4ª Glaciación, cuyas temperaturas más bajas ocurrieron hace 65,000 años, recuperando el nivel templado, aunque todavía glacial, hace 57,000 años.

Cuando hace 65,000 años una nueva migración empezó a salir de África, continente que resulta beneficiado durante las glaciaciones, pues reverdece todo el Sahara, es evidente que esos humanos ya estaban ascendiendo a un nivel cultural superior, pues, como dice Olson, "Sus herramientas de piedra eran más chicas y sofisticadas. Trabajaban el hueso y el cuerno en formas cuidadosamente predeterminadas. Vestían adornos hechos de conchas, huesos y dientes de animales. Cubrían a sus muertos con ocre rojo y los enterraban en tumbas. Pero lo más notable es que creaban arte, algo que los humanos nunca habían hecho." [1] Obviamente, como vimos en el capítulo anterior, <u>esos africanos estaban ascendiendo a la plena conciencia, al lenguaje articulado y a la adopción de creencias mágico-religiosas</u> e iban a extender a todo el resto del mundo los dinamismos que esos ascensos culturales en proceso fueran permitiendo.

¿Qué población de humanos modernos, es decir sin contar a los Neandertales, podía haber en el mundo hace 65,000 años? Si consideramos que en Eurasia durante la culminación de la etapa gélida la población humana era insignificante, sólo nos queda África. Su población no puede calcularse sobre la base de un habitante por 10 kilómetros cuadrados que van a permitir las técnicas de cacerías del final del Paleolítico Superior, sino una densidad tres o cuatro veces menor, por lo que en los 30 millones de kms. 2 de superficie de ese Continente, habría quizás unos 750,000 seres humanos.

Ya mencionamos que el mejor estimativo poblacional que hacen los científicos para hace unos 10,500 años, es decir alrededor del año 8,500 a.E.C., (antes de la

Era Común), cuando toda la humanidad estaba todavía en el nivel cultural de cazadores y recolectores, pero ya ocupaba todos los continentes habitables, era de unos 7,500,000. Ahora podemos agregar el estimativo que 5,000 años después de esa fecha, o sea alrededor del año 3,500 a.E.C., cuando los agricultores neolíticos de la Baja Mesopotamia y del Delta del Nilo estaban formando las primeras civilizaciones, la población del mundo podría haberse duplicado a unos 15 millones, divididos quizás por igual en agricultores sedentarios, pastoriles trashumantes y cazadores nómadas.

Dos mil años más tarde, es decir alrededor del año 1500 a.E.C., cuando las civilizaciones Sumeria y Egipcia ya habían recorrido su primer ciclo, la agricultura del trigo se había extendido hacia el oeste hasta la costa atlántica de Europa y hacia el este hasta la Llanura Gangética, la agricultura del sorgo y del arroz en China estaba dando inicio a una nueva civilización y las agriculturas del maíz en Mesoamérica y de la papa en Los Andes estaban próximas a dar inicio a sus respectivas altas culturas urbanas, la población del mundo podía haber ascendido a unos 25 millones.

Con los datos provisionales anteriores podemos hacer la siguiente estimación de la razón de crecimiento de la especie humana en aquellos primeros tiempos:

Año a. E. C.	Época	Población millones hab.	% de crecimiento por milenio
63,000		0.75	
	Paleolítico Superior		4.3
8,500		7.5	
	Neolítico		14.9
3,500		15	
	1ª Civilización		29.1
1,500		25	

¿Qué nos dice esta tabla, muy tentativa? Pues, sobre todo, que durante la etapa cultural de cazadores y recolectores del Paleolítico, la población se mantenía constante, pues el lentísimo crecimiento de un 5% por milenio se cubre sobradamente con la lenta expansión territorial que iba, poco a poco, poblando los Continentes habitables. Así que, como vimos, la moralidad de los humanos era muy concéntrica, con una fortísima solidaridad a nivel de clan u horda, menor a nivel de tribu y fuera de ello extendida sólo a ocasionales viajeros o individuos en peligro, pero hostil a todo grupo extraño que pudiera representar una amenaza de control territorial. Aquí tenemos la muestra de un duro control poblacional impuesto por la naturaleza.

Pudieron nuestros ancestros, a partir del año 8,500 a.E.C., superar la estabilidad poblacional con un crecimiento del 15% por milenio durante 5 milenios por el desarrollo de la agricultura primitiva; y luego subir a un 30% por cada uno de los dos milenio a partir del año 3,500 a.E.C. hasta el 1,500 a.E.C., con los sistemas hidráulicos de la Baja Mesopotamia, del Delta y Valle del Nilo, del Río Indo y con nuevas agriculturas en China y las Américas.

Dado este crecimiento poblacional, podemos decir que el principal impacto ecológico del Homo sapiens durante estos primeros tiempos consistió, sobre todo, en su gran capacidad y versatilidad de adaptación para avanzar sobre una diversidad de terrenos y climas y adaptarse a vivir en ellos, tal como lo vimos en el inciso 1.4, siendo los impactos ecológicos más notables:

1.- De hace entre 60,000 y 40,000 años navegar distancias marinas considerables para llegar a Nueva Guinea y Australia, donde introdujeron el perro salvaje "dingo" que modificó toda la fauna marsupial.

2.- De hace entre 45,000 y 35,000 años entrar a la gélida Europa y competir con el Homo sapiens Neanderthalensis, que terminó extinguiéndose, como ya mencionamos. Otra rama entró en esa época en China, empezando a impactar su flora y su fauna.

3.- En la Gran Pradera de Norte América, donde participaron en la extinción de mamutes, camellos y caballos, hace entre 12,500 y 10,500 años.

4.- La agricultura del trigo y luego de algunas hortalizas así como la domesticación de las especies de cabras, ovejas, asnos y cerdos se extendió a todo el Medio Oriente y zonas aledañas entre los años 8,500 y 5,500 a.E.C., llegando la densidad humana a 1 habitante por km.2 y alterando la flora y la fauna de toda esa región, pero sin poder entrar a las partes más fértiles por lo enmarañado de la vegetación y la gran fauna que alojaban.

5.- Al domesticarse el ganado bovino, ya pudieron utilizar una yunta de dos toros castrados o bueyes para tirar de un arado y con ello ir haciendo una excavación constante o surco que rompía las raíces de la vegetación nativa y permitía la siembra del trigo, con lo que se colonizaron la Baja Mesopotamia y el Delta y Valle del Nilo a partir del año 5,500 a.E.C., cuya población humana pudo llegar a unos 10 hab. por km.^{2} para el año 3,500 a.E.C.

6.- La primera etapa de las civilizaciones Sumeria y Egipcia y toda la Civilización del Río Indo fueron invadidas entre los años 1,700 y 1,500 a.E.C. por bárbaros de raza irania provenientes de Asia Central (hurritas, hicsos, casitas o coseos y arios), donde habían domesticado al caballo y utilizaban dos de ellos para tirar carros de guerra de un solo eje, lo que les dio superioridad militar sobre todos los civilizados. Por otra parte, un pueblo guerrero chino, los Shang, que adquirieron el caballo domesticado de los centroasiáticos, formaron la aristocracia guerrera de la primera civilización China hacia el año 1,750 a.C.

Así que para el año 1500 a.C. ya estaban dadas las condiciones para la superioridad económica y militar del conjunto de Eurasia (excepto sus franjas nórdicas de taiga y tundra) y Nor-África sobre el resto del mundo que Jared Diamond explicó magistralmente (2): El único équido que pudo prosperar en África sub-sahariana fue la cebra, inmune a la mosca tse-tsé, pero que resultó ser indomesticable. Australia volvió a quedar aislada luego del deshielo con su fauna marsupial modificada por los dingos. En las Américas los amerindios participaron en la extinción del caballo y no hubo bóvidos domesticables.

3.2.- El Aspecto Social de la Revolución Neolítica

Vamos a referirnos principalmente al Neolítico del Medio Oriente, que luego se extendió desde Europa hasta la India, pero debemos tener en cuenta que posteriormente, y en formas autónomas, se dieron fenómenos sociales semejantes en China y en las Américas.

Primero veremos los avances tecnológicos que se fueron dando en la primera etapa del Neolítico, entre los años 8,500 y 5,500 a.E.C., siguiendo, en general, el orden y numeración que les dio V. Gordon Childe (3):

1.- Se desarrolló la agricultura primitiva del trigo y luego de algunas hortalizas, utilizando azadas de piedra pulimentada para excavar cada hoyo para semillas y hoces o cuchillas curvas del mismo material para segar la mies.
2.- Se domesticaron las especies de "ganado menor" de cabras y ovejas, alimentándolas con paja cuando escasearan los pastos. Luego se domesticaron asnos para el transporte y cerdos para carne.
3.- Se construyeron casas de muros de adobe, cimientos de mampostería y techos ligeros soportados por vigas de madera o ramaje enlodado, para alojar a la creciente población, así como silos para almacenar el grano. (4)
4.- Se fabricaron canastas o costales con fibras vegetales duras para acarrear el grano de los campos al silo y luego con esas u otras fibras se fabricaron sogas para controlar a los animales domésticos.
5.- Para hervir hortalizas y trozos de carne primero se forraron canastas con barro y luego se desarrolló la cerámica en todo tipo de cacharros.
6.- Aprendieron a hilar y a tejer la lana de las ovejas para fabricar túnicas y cobijas para la creciente población.

Visto el avance tecnológico, tratemos de cuantificar el aumento poblacional en una región que incluye la media y alta Mesopotamia, las partes no desérticas de la región sirio-palestina, el oeste fértil de la meseta del Irán y toda Anatolia hasta el Cáucaso, o sea una área de unos 2 millones de kms.^{2} En el año 8,500 a.E.C., poblada sólo por cazadores y recolectores, podía haber tenido unos 200,000 habitantes, pero para el año 5,500 a.E.C. con el desarrollo de la agricultura primitiva la población podía haberse decuplicado hasta contar con unos 2 millones de habitantes. ¿Qué había pasado con la trama social de los pueblos de esta área? La respuesta parece ser que se había estratificado significativamente, habiéndose ya formado una capa dirigente de jefes-chamanes, que prefiguraba a los futuros guerreros y sacerdotes, mientras que la mayoría de los pobladores fueron quedando como aparceros o campesinos.

Esta población neolítica vivía en aldeas o grupos de aldeas políticamente independientes, pero aún entonces ya sobresalen dos aglomeraciones de este período, que todavía no pueden llamarse "ciudades", por su falta de especialización, y que han sido muy estudiadas, por haberse conservado en gran parte: Chatal-Huyuk en la llanura del sur de Anatolia al norte de los Montes Taurus y Jericó, en el valle del río Jordán en Palestina, y con ayuda de lo que ahí se ha encontrado podemos tratar de contestarnos la pregunta ¿Por qué emprendió esa parte de la humanidad, y luego otras, la marcha hacia la producción de alimentos que la llevaría a la civilización y al momento actual?

La respuesta no es tan obvia como parece, pues no cabe duda que, en promedio, la humanidad se deterioró, ya que se encuentran restos humanos de ese período con señales de enfermedad, de deterioro y de muertes violentas, quizás hasta rituales o de sacrificio, a más de una serie de tratamientos privilegiados a una elite, que indican que la vida debió de ser más dura y trabajada para muchos. Entonces ¿Por qué emprender el cambio?

Una parte de la respuesta parece ser que por el beneficio del número. Si en esos tres milenios de 8,500 a 5,500 a.E.C. la población del Medio Oriente se decuplicó, pero el 90 % de la nueva población lo integraban aparceros o campesinos sin tierras, podemos comparar diciendo: El 10% de dirigentes, integrado por las familias de los jefes y chamanes, que en esta etapa más avanzada ya podemos llamar guerreros y sacerdotes, equivalía en número al de la totalidad de los antiguos cazadores y recolectores que vivían en esa área, por lo que la ganancia poblacional neta venía a ser el nuevo "proletariado" campesino, cuyas condiciones de vida ya no nos deben parecer inaceptables, si las comparamos con la alternativa de que no existieran.

Claro está que ninguno de los individuos que iniciaron la agricultura hubiera podido ni siquiera imaginar ese resultado a largo plazo, pero esas y otras personas en los años intermedios sí podían ir viendo el fenómeno en pequeña escala y a corto plazo, apreciando quizás la conveniencia de contar con una componente de la alimentación relativamente más segura, aunque tuviera varios inconvenientes: Pronto se dieron cuenta que las plantas y los animales domesticados eran más propensos a contraer enfermedades contagiosas que sus contrapartes salvajes, además de poder contagiar también a sus propios guardianes humanos. Pero al fin prevalecieron las ventajas y los grupos humanos se asentaron para cuidar de sus cosechas y sus rebaños. El cambio de nomadismo a sedentarismo fue fundamental para todo el ascenso posterior.

Sobre la estratificación social que ocurrió, podemos decir que se inició por una circunstancia a la que quizás al principio no se le dio mayor importancia: Al disponer cada jefe de familia de su propia casa ya pudo recluir de noche a su mujer o sus mujeres, si era de la elite, y hasta entonces empezó la costumbre del reconocimiento paterno de los hijos. Esta formación primera de la familia patriarcal, pues aquí empieza la institución del matrimonio, en la que un padre viejo y sus hijos casados compartían una misma casa grande, pero cada hijo tenía su propio "hogar" o fuego familiar, fue llevando por lentos pasos a la propiedad privada, primero de la casa y de los aperos de labranza, luego de los animales y, por último, de las tierras. Estas propiedades empezaron a corresponder "por herencia" a los hijos quienes, con el tiempo, también vinieron a heredar la posición social del padre, jefe o chamán, guerrero o sacerdote, y la elite gobernante a cerrarse al matrimonio con "los de abajo", por lo que de clase pasaba a ser una casta.

Que los jefes y guerreros ocuparan un alto puesto en las nuevas sociedades estratificadas nos parece muy natural, porque entonces fue aún más necesario, que en tiempos de cazadores y recolectores, el conservar el territorio, pues ya no lo hubieran podido abandonar, porque parte de él lo cultivaban para alimentarse. Entonces, tenía que haber quienes se especializaran en la defensa y el mando mientras otros trabajaban. Pero ¿Por qué los chamanes o sacerdotes formaban parte de la misma elite dirigente? Pues porque la magia-religión ocupaba un lugar cada vez más fundamental en la convivencia de los grupos humanos, ya que, como vimos, había englobado la moral y trataba de dar explicación y sentido del mundo a individuos que ya eran plenamente concientes. Hablamos de jefes y chamanes o de guerreros y sacerdotes como si siempre fueran personas distintas, pero en realidad nos estamos refiriendo a las funciones, las cuales, sobre todo al principio, podían ser ejercidas por la misma o las mismas personas.

Llegó a ser entonces tan importante la religión que algunos científicos creen que algunos acontecimientos cruciales en la expansión y culminación del Neolítico, como fue la domesticación del ganado bovino, pudo haberse originado, por lo menos en el área de Chatal-Huyuk, como consecuencia no buscada de la captura de toros de la especie uro (auroch) para propósitos rituales religiosos, hasta que la gente se fue familiarizando con ejemplares de esa especie y a obtener de ellos leche y carne y fuerza de tiro. (5)

Otra parte de la explicación del paso a la producción de alimentos y al sedentarismo puede ser, aunque a los modernos nos pueda parecer de poco peso, la necesidad que tenían los grupos humanos de hacer representaciones religiosas y prácticas rituales, pues en muchos lugares no existían cuevas o no del tamaño suficiente y la construcción de casas y de silos les hizo ver la posibilidad de de construir casas-templos para cubrir esa necesidad. Para mejor entender esta religiosidad, tenemos que entrar en más detalle a lo que vimos en el inciso 2.4, en el sentido de que el mundo espiritual imaginario del hombre neolítico se iba formando con los sueños o ensoñaciones de algunos o muchos de ellos, cuyas imágenes luego se iban consensuando por acuerdo de todo el grupo y después había que representarlas en pinturas o esculturas.

Sobre este aspecto la neurología ya ha avanzado tanto que los científicos ya tienen una idea mucho más precisa de cuándo o en qué circunstancias soñamos. Han encontrado que al dormirse una persona normal primero tiene un dormir profundo que luego se va alternando cuatro o cinco veces por noche con episodios de un dormir más intranquilo llamados "de movimientos rápidos de los ojos", cuando los principales sueños tienen lugar. (6)   Estos sueños o ensoñaciones pueden también inducirse estando el individuo despierto o semi-despierto, pero teniendo su conciencia alterada por una serie de factores, tales como una euforia frenética, combinaciones de cansancio y de miedo, enfermedades que lo lleven al borde de la muerte y/o la ingestión de bebidas excitantes o alucinógenas.

También ha avanzado mucho la ciencia en determinar, en alguna medida, la estructura de los sueños o visiones con conciencia alterada, pues aunque el tema o argumento puede variar grandemente de persona a persona y siempre está encuadrado en el marco cultural al que pertenezca, parece ser que todas las alucinaciones, por razones de nuestra estructura neurológica, tienen el mismo formato general, dividido en tres o cuatro etapas: En la primera etapa preponderan formas geométricas lineales sencillas, en la segunda se pueden transformar en figuras de personas, animales o cosas, en la tercera el conjunto o fondo de las nuevas figuras gira hasta convertirse en un remolino, vórtice o, cuando menos, en un túnel o pasaje estrecho, del cual eventualmente salen a un espacio más tranquilo en el que pueden "verse" figuras muy peculiares, normalmente combinaciones surrealistas de las figuras de la segunda etapa, tal como humanos-animales o animales-cosas. (7)

Dada la universalidad de estas visiones de conciencia alterada, los antropólogos están llegando al convencimiento tanto de que esta es la forma en que los pueblos primitivos llegaron a imaginar "el otro mundo", como de que lo creyeron con tan arraigada fe, por la sencilla razón de que todos podían, cuando menos en cierta medida, comprobar las visiones del chamán, del jefe o de cualquier otro visionario, al acceder a esos estados de conciencia alterada. En esta forma se pudieron ir interpretando las pinturas rupestres del Paleolítico Franco-Cantábrico, ayudados por las interpretaciones apoyadas en la antropología que se habían hecho del arte rupestre San o Bosquimano del Sur de África. (8)

A las figuras o visiones finales que se iban consensuando se les iba otorgando un significado simbólico, por lo que era necesario, en el Paleolítico, pintarlo en las paredes de la cueva o moldearlo en figurillas de barro, para que en las siguientes experiencias alucinatorias aparecieran los símbolos sagrados ya consensuados.

Ahora, en el Neolítico sedentario, había que esculpir imágenes grandes o pintarlas en las paredes de las casas-templos, como hicieron los habitantes de Chatal-Huyuk y de Jericó. Así nació en la humanidad lo que las religiones monoteístas posteriores denostarían con el nombre de "idolatría", o, menos severamente, como "politeísmo".

3.3.- La Segunda Expansión del Neolítico

La segunda serie de avances tecnológicos identificados por V. Gordon Childe que preparó la segunda expansión del Neolítico entre los años 5,500 y 3,500 a.E.C., incluye los siguientes: (9)

7.- El segundo nivel de la agricultura, que incluye la selección de nuevas variedades de trigo, por ejemplo para climas fríos y calientes, y más hortalizas, la construcción de acequias para irrigación y de terrazas o andenerías para evitar la erosión y la fruticultura de uvas, olivas, dátiles e higos.

8.- La metalurgia del cobre, desarrollada primero en Anatolia, que vino a sustituir con ventaja a las armas y herramientas de piedra.

9.- La invención de la rueda del alfarero y del taladro de arco, los cuales elevaron considerablemente la calidad de la cerámica y los muebles.

10.- La domesticación de la especie bovina, sobre todo en el aspecto de uncir dos toros castrados o bueyes a una coyunda, de la cual tirar del arado.

11.- La navegación fluvial a vela y a remo en los ríos Éufrates, Tigris y Nilo.

Como ya vimos en el inciso 3.1 (punto 5) los agricultores neolíticos pudieron por fin colonizar la Baja Mesopotamia y el Delta y Valle del Nilo, con ayuda de la yunta de bueyes, pero en otras direcciones también hubo expansiones importantes:

Hacia el este de la árida meseta del Irán, los agricultores neolíticos por fin llegaron, hacia el año 4,000 a.E.C., a la cuenca del río Indo, en el NW de la India, en lo que hoy en Pakistán, donde hacia el año 2500 a.E.C. va a nacer una nueva civilización.

Hacia el oeste, la agricultura y la ganadería desde su base en la Península de Anatolia pasó a la de los Balcanes y de ahí a la gran cuenca del río Danubio, donde llegó alrededor del año 5,000 a.E.C. Los pueblos que adoptaron esta agricultura y que con ello ascendieron al nivel cultural neolítico, al diferenciarse lingüísticamente del resto de los europeos, hay que llamarlos ya "arios" o "indoeuropeos". Algunos grupos de arios se extendieron hacia el oriente, donde fueron ocupando la pradera de lo que hoy son Ucrania y el sur de Rusia y llegaron a Asia Central hacia el año 3,000 a.E.C., donde unos mil años después domesticaron al caballo.

Otros grupos de arios se extendieron hacia el poniente, llegando a la costa atlántica hacia el año 4,000.a.E.C. Poco después de esa fecha y hasta el año 2,500 a.E.C. en gran parte del occidente de Europa se desarrolló una cultura neolítica durante la cual se construyeron muchos monumentos utilizando piedras enormes (megalitos) o haciendo colinas de tierra sobre túneles y cámaras, todo con propósitos religiosos y a veces también funerarios.

Estos monumentos religiosos occidentales, sobre todo los descubiertos en la curva del río Boyne en Irlanda y en la isla de Anglesey en Gales, muestran mejor aún que los del Medio Oriente, un aspecto de la religión del Neolítico que va a perdurar hasta nuestros días: Un mundo con tres niveles, en el superior un "cielo" compartido por los astros y los dioses, un nivel "mundano" de hombres, animales y cosas y un nivel subterráneo, reino de los muertos. Esos tres niveles frecuentemente unidos por un "eje vertical del mundo" que coincidía con el ápice de la colina y con el túnel de acceso a la cámara central alineado con los rayos del solsticio de invierno. Lo notable de este arreglo es que coincide con muchos otros en distintas y distantes partes del mundo, como en el Templo de las Inscripciones de Chiapas, México [10], así como en muchos relatos de viajes de personajes aztecas a "el más allá" recopilados por Gutierre Tibón [11].

3.4.- El Ascenso a Civilizaciones de Primera Generación.

Vimos como hacia el año 5,500 a.E.C. los campesinos neolíticos, ayudados por la yunta de bueyes que tiraban del arado, empezaron a colonizar las fértiles vegas de la Baja Mesopotamia, que tiene un área de unos 72,000 kms.^{2} y del Delta y Valle del Nilo, que tienen un área conjunta de unos 36,000 kms.^{2}.

Unos 2,000 años después, hacia el 3,500 a.E.C., esas vegas se habían poblado de aldeas de tal manera que podían tener una densidad de unos 10 hab. por km.2 . Eso quiere decir que en la Baja Mesopotamia, a la que ya llamaremos Sumeria por el lenguaje que hablaban, podría haber unos 720,000 hab. y en lo que ya llamaremos Egipto unos 360,000. Esas densas poblaciones agrícolas ya requerían de muchas obras hidráulicas, por lo que les era esencial contar con una autoridad central que se encargara de ello. Eso los llevó a ascender a la alta cultura urbana o "civilización", primero en Sumeria y unos 200 años después en Egipto, fenómeno que se llevó a cabo como sigue:

En Sumeria surgieron seis estados-ciudad, de unos 120,000 habitantes cada uno, en los cuales los guerreros y sacerdotes formaron un centro de mando y ceremonial, las primeras "ciudades" de este Planeta, quienes dirigieron la función pública y ejercieron autoridad sobre todas las aldeas del área, las cuales aportaban "impuestos" ya sea en especie, en granos o en artesanías o en trabajo, mandando a todos los hombres hábiles a trabajar en lo que los dirigentes indicaran, fueran canales, represas, caminos, fortalezas o templos.

En todo el mundo, otras cinco veces se repetiría el ascenso espontáneo de una comunidad aldeana a la civilización: En Egipto poco después y luego en el río Indo, en el norte de China, en Mesoamérica y en los Andes, y en los seis casos se desarrollaron en forma independiente tres avances tecnológicos, que por ser comunes a todas, se les llama "concomitantes" con la civilización y que son los siguientes (siguiendo el orden de Childe) (12):

12.- La arquitectura monumental sólida distintiva de los centros de mando y ceremoniales, que después culminarían en pirámides, torres y murallas.

13.- La escritura ideográfica para registrar impuestos, como la primera de todas, la cuneiforme (13), la jeroglífica, la del Indo, la china, los códices mesoamericanos y los quipus andinos.

14.- La determinación astronómica de la duración del año.

En el caso especial de Sumeria y luego de Egipto, Childe reporta otros dos avances tecnológicos:

15.- Las represas en los ríos y los canales de irrigación.

16.- La carreta de uno o dos ejes con ruedas macizas de madera, tiradas por una o más yuntas de bueyes.

En lo que sigue nos importará, sobre todo, tratar de comprender cómo se fue modificando la magia-religión del Neolítico durante el ciclo Sumeria y Paleo Babilonia del 3,500 al 1700/1595 a.E.C. y durante los Imperios Antiguo y Medio de Egipto del 3,300 al 1674/1552 a.E.C. y también en las áreas intermedias y periféricas de Siria, Anatolia y Creta, conforme fueron ascendiendo a la civilización.

En primer lugar debemos tratar de imaginarnos que durante este enorme período de casi dos milenios, ambas áreas, Sumeria y Egipto vivieron casi totalmente aisladas una de la otra y aunque deben de haber conocido su mutua existencia, sobre todo a través de intermediarios sirios, cretenses y anatolios, el hecho es que prácticamente no se influyeron una a la otra, cuando menos concientemente, aunque sí por difusión de sus avances tecnológicos. Por lo anterior, sus respectivas visiones del mundo estaban cerradas sobre sí mismas, aunque con diferente grado de hermetismo por razones geográficas, siendo casi total en Egipto y algo menor en Sumeria, que siempre recibía un flujo de inmigrantes semíticos y estaba en contacto con bárbaros iranios.

El tipo de mentalidad religiosa que los pueblos de ambas civilizaciones tenían, y que se iba a volver a dar en todas las demás civilizaciones de primera generación, se le puede llamar "de mentalidad colectiva mágica" debido a que seguían fundiendo en una sola explicación mitológica los niveles cósmico, biológico y social de la existencia, tal como la habían heredado de sus ancestros del Paleolítico Superior y del Neolítico. Pero ya en sus nuevas condiciones de civilización, la casta sacerdotal les había dado a las antiguas mitologías una cobertura exhaustiva de los nuevos fenómenos sociales, más multitudinarios y estratificados, ligándolos a los fenómenos biológicos y cósmicos en la forma más coherente y plausible que pudieron, representando ese mundo divino en forma impresionante en templos con pinturas y esculturas y escenificando unas prácticas rituales multitudinarias (14).

Para comprender la fuerza que tenía esta explicación mítica del mundo, podemos analizar el caso de Egipto, cuya unificación política fue muy temprana, de manera que el prestigio político-religioso del faraón en turno era inmensa: Así que cuando el Antiguo Imperio llegó a su madurez en la IV Dinastía, se construyeron las Pirámides para tres de ellos, pero no como simples sepulturas, sino como inmensos dados blancos resplandecientes, ya que estaban forradas con mezcla de cal, que configuraran una escalera digna para que el Dios Ra permitiera el ascenso del alma del faraón muerto a su carro resplandeciente del sol [15].

En Sumeria, la Epopeya de Gilgamesh explora con mayor profundidad la relación entre lo humano y lo divino y la Torre de Babel (la Paleo- Babilonia) muestra un intento, quizás más pragmático, de unir esos dos mundos.

Otros "excesos" a los que según la mentalidad moderna llevaba la mentalidad mágica fueron la construcción de la Gran Muralla China, aparentemente al principio más para detener a los malos espíritus que a los pueblos nómadas, los sacrificios humanos de los aztecas para que el sol siguiera su curso [16] y la propiedad de las mejores tierras por los Incas ya muertos.

La relación entre los hombres y los dioses en este período evolutivo de la religión eran casi puramente propiciatorios: oigamos como lo describe Karen Armstrong:
"La gente normalmente experimentaba lo sagrado como una presencia inmanente tanto en el mundo que los rodeaba como dentro de sí mismos ...Todos estaban sujetos a un orden cósmico que todo lo abarcaba y lo mantenía todo con vida...El sacrificio de animales era una práctica religiosa universal en el mundo antiguo. Era una forma de reciclar las fuerzas diezmadas que mantenían vivo al mundo. Existía una fuerte convicción de que la vida y la muerte, la creatividad y la destrucción estaban inextricablemente entretejidas. La gente se daba cuenta de que sobrevivían sólo porque otras criaturas entregaban sus vidas en su beneficio, de modo que la víctima animal era honrada por su autosacrificio. Como no podía haber vida sin tal muerte, algunos imaginaban que el mundo había llegado a existir como resultado de un sacrificio al principio de los tiempos." [17]

Este mundo de las civilizaciones de primera generación aisladas una de la otra aún en el Medio Oriente, era tan estable que quizás hubiera podido durar mucho más de los casi dos milenios que estuvieron aisladas, así que debemos preguntarnos ¿Qué los hizo cambiar y acelerar el ascenso de la civilización?
La respuesta no es sencilla, pero los lentos cambios que detectan los historiadores pudieron deberse, en parte, a que las creencias religiosas, por más coherentes que los sacerdotes las hayan tratado de hacer, a veces no coincidían con lo que se esperaba de los acontecimientos, ya fueran naturales o humanos, y entonces se tenían que hacer cambios de énfasis que iban disminuyendo la credibilidad político-religiosa.

Otra parte de la respuesta está mejor documentada y se trata de las invasiones bárbaras hacia finales de este período en el Medio Oriente: Se trató de pueblos iranios que habían domesticado al caballo en Asia Central hacia el año 2,000 a.E.C. y que entre 300 y 500 años después de eso conmovieron hasta sus cimientos a la Civilización Sumerio-Babilonia, sacudieron a la Egipcia y destrozaron a la del Río Indo hasta el grado de sustituirla casi por completo.

3.5.- Panorama del Mundo hacia el año 1,550 a.E.C.

Habíamos estimado la población del mundo en unos 25 millones de habitantes para esta época, que pueden ubicarse como sigue:

En Mesopotamia el área cultivada había aumentado a unos 125,000 kms.^{2} y por sus obras hidráulicas quizás ya pudiera sostener una población de 30 hab/km.^{2}, o sean 3,750,000. Egipto, más fértil y con administración unificada durante más tiempo podía tener una densidad superior a los 60 hab/km.^{2}, o sea unos 2,250,000. En las áreas intermedia y periférica de Siria, Anatolia y Creta podría haber otros 3 millones, para un total de 9 en el Medio Oriente.

En la India, su Civilización del Río Indo estaba siendo destrozada por los Arios, pero su agricultura ya se había extendido por la Llanura Gangética, por lo que junto con el Sureste de Asia y Oceanía podía tener unos 5 millones.

El norte de China ya tenía su agricultura del sorgo y del arroz y estaba naciendo su Civilización, por lo que junto con el resto de Asia podía ya tener unos 4 millones.

Europa, con su parte central y occidental entrando a le Era del Bronce podría tener unos 2 millones de habitantes, y cifras parecidas África y las Américas, con la mayoría de su población todavía en el nivel de cazadores y recolectores, aunque en unas pequeñas áreas ya había empezado la agricultura.

En cuanto a avances tecnológicos de la serie de Childe [18], tenemos los siguientes:

17.- hacia el año 2,800 a.E.C. en Anatolia se había desarrollado la metalurgia de alear cobre con estaño para obtener bronce, muy superior mecánica y químicamente al cobre solo

18.- Aproximadamente en la misma fecha los habitantes de la isla de Creta estaban fundando su Civilización Minoica, no espontánea sino nacida al calor del comercio entre la Egipcia y la Sumeria, encargándose ellos de la primera navegación marina organizada en el Mediterráneo oriental, llevando trigo egipcio a las costas de Siria y trayendo de regreso cedros del Líbano.

19.- Hacia el año 1,900 a.E.C. en Babel o Paleo-Babilonia, se inventó el arco estructural, que permitió la arquitectura de grandes espacios cerrados.

20.- Como ya vimos, los pueblos iranios de Asia Central habían domesticado el caballo hacia el año 2,000 a.E.C., y hacia el año 1700 a.E.C. uno de esos pueblos, los hurritas, atacaron Babilonia utilizando dos caballos para tirar de un carro de guerra de un solo eje.

Así que para el año de 1550 a.E.C. un mundo de unos 25 millones de habitantes, parte de los cuales ya habían pasado por el período de "mentalidad colectiva mágica", cuya credibilidad al final se había visto sacudida por invasiones de pueblos bárbaros mejor armados (este tipo de mentalidad se va a repetir sobre todo en las civilizaciones que van a nacer en las Américas). Los pueblos del Medio Oriente van a entrar en una etapa más dinámica, impelidos por los avances conjuntos de las dos más antiguas civilizaciones, a los que se les agregaba la metalurgia del bronce, la navegación marina, el arco estructural y el caballo domesticado.

3.6.- Hipótesis de Trabajo.

Aunque en las ciencias humanísticas el nivel de certidumbre es bajo y no se puede hablar de "pruebas" rigurosas, creo conveniente que exprese con claridad cuál es la hipótesis que estoy tratando de defender al dar una visión panorámica de la historia en los capítulos siguientes, si no por otra razón, al menos para que el amable lector pueda usar también ese parámetro de comparación para ir sacando sus propias conclusiones. La hipótesis incluye lo siguiente:

1.- Que la moralidad, siendo tan antigua en el género homínido y teniendo firmes bases biológicas de respaldo, como los instintos de culpa, desagrado, vergüenza y remordimiento, conserva en todas las circunstancias culturales y geográficas un enorme núcleo común, aunque también tiene una periferia reducida que es variable según las circunstancias históricas.

2.- Que aunque ese núcleo común de moralidad humana no está anclado en la realidad objetiva del mundo, sí lo está en la convivencia de los grupos humanos, y que por la historia de éstos podemos valorar gruesamente dicha moralidad desde las siguientes dos perspectivas: a) Ha sido lo suficientemente buena como para haber permitido a la humanidad llegar hasta el grado de potencia y complejidad actual; b) No nos garantizará que podamos transitar con esta enorme potencia hacia el futuro, mientras no la anclemos firmemente en la realidad objetiva.

3.- Que el sentimiento mágico-religioso es muy reciente, quizá tanto como sólo un medio centenar de miles de años; que es una consecuencia del arribo de la especie humana a la plena conciencia; que se basa en el asombro de cada persona de sentirse con voluntad y propósito, quien se hace cargo de su indigencia y debilidad ante los fenómenos naturales y que para explicárselos elabora una "teoría del mundo" del tipo mitológico, que luego se tiene que representar.

4.- Que como la narración mitológica mágico-religiosa de los fenómenos abarca tanto los cósmicos y biológicos como también los sociales y a todos los incluye en una misma explicación, la moralidad tuvo que quedar englobada o maridada a la religión, lo cual va a influir en darle a aquella una nueva rigidez y a distorsionar el criterio primitivo de norma para la mejor convivencia humana al supeditarla a ordenamientos supuestamente divinos.

5.- Que al ir avanzando la historia humana veremos que en las interacciones, tanto amistosas como hostiles, entre los distintos grupos humanos, el núcleo común de moralidad va a ser mucho más estable y va a servir en muchas ocasiones de base firme para establecer relaciones, mientras que el especto religioso propiamente dicho, es decir el teológico, va a tender a ser divisivo y a entrar en conflicto, pero también a quebrarse y a modificarse en formas radicales, lo que nunca ocurrirá con la moralidad.

Capítulo IV.- Arribo a Civilizaciones de Segunda Generación

4.1.- La Crisis del Politeísmo Propiciatorio en la Edad del Bronce.

Hacia el año 1550 a.E.C. el Medio Oriente llegó a un grado de crecimiento crítico, parecido al que había tenido dos milenios antes, cuando las aldeas de las vegas fértiles crecieron y se apiñaron tanto que necesitaron a un nivel de organización política más alto. Así en 1550 a.E.C., sucedió que las entidades socio-políticas que había en el área crecieron tanto que empezaron a chocar unas con otras y ya no pudieron ignorarse, pues su configuración parecía ya la de un mosaico. Se acabó el tiempo en que cada una, sobre todo las dos principales, Mesopotamia y Egipto, podían pensarse como mundos únicos y se vieron forzados a reconocerse no sólo uno al otro sino también a las entidades de sus áreas intermedia y periférica, Siria, Anatolia y Creta, donde ya existían en Creta los Minoicos, en Anatolia los Hititas y los Mitanos, que llegaban hasta el Cáucaso. En el norte de Mesopotamia nace el belicoso reino de Asiria y en la costa de la meseta del Irán un país llamado Elam, vecino de Sumeria, que ya era Babilonia, porque ya entonces hablaba ese idioma semita.

No veremos las vicisitudes de los cuatro siglos que transcurrieron entre los años de 1550 y 1150 a.E.C., entre el Nuevo Imperio Egipcio, Babilonia y sus nuevos y belicosos vecinos, sino tan solo diremos que se le llama la Edad del Bronce y que ahí y entonces nacieron las relaciones internacionales, tanto las pacíficas de comercio tanto marítimo como terrestre (aunque este todavía no contaba con el camello domesticado, por lo que era muy precario), como los encuentros bélicos, pues entonces se pelearon las primeras batallas terrestres y luego también navales.

Lo que sí nos va a interesar es la lenta transformación de la mentalidad colectiva religiosa, de la forma de ver el mundo, sobre todo en el aspecto de revalorizar al individuo, que se va a dar al final de este período, por lo que primero veremos el lento cambio de perspectiva que se dio en las regiones más pobladas y avanzadas, Mesopotamia y Egipto:

En Mesopotamia, aún en su primera etapa Sumeria, habían ocurrido tres circunstancias que habían influenciado los aspectos étnicos o "nacionalistas" de la religión, es decir que si los dioses primitivos se habían repartido las funciones divinas según los diferentes aspectos de la realidad cósmica, meteorológica, biológica y social, pronto hubo que asignarles también un nuevo tipo de funciones étnicas o nacionalistas por lo siguiente:

Primero, porque durante la mayor parte del tiempo habían estado divididas en entidades políticas independientes, así que aunque compartían dioses comunes, cada entidad se fue identificando más con alguno de ellos.

Segundo, desde muy temprano hubo inmigración de pueblos semitas y ataques de pueblos iranios, que iban aportando nuevas mitologías y tenían sus propias deidades protectoras.

Tercero, nació en su vecindad el reino de Elam, con sus propios dioses, y luego se agregó al norte el reino de Asiria, que tuvo la osadía de conquistar temporalmente a Babilonia, lo que obligó a una revaloración del poder relativo de los dioses, sobre todo los que ya tenían funciones étnicas o nacionalistas.

Egipto, en cambio, sólo fue invadido por bárbaros al final del período anterior de aislamiento, por lo que inicia su Nuevo Imperio de la Edad del Bronce y de las relaciones internacionales en circunstancias aparentemente poco cambiadas, pero resultó que el impacto de la pluralidad y la diversidad del mundo afectó a los egipcios, cuando menos a una parte de sus dirigentes, más profundamente que a los babilonios. Esto puede deducirse de las medidas político-militares que tomaron para encerrarse o para salir al encuentro del mundo exterior y que no volviera a sorprenderlos otra invasión:

Primero, retiraron su capital muy al sur del Valle, hasta Tebas, pero para evitar una posible invasión de pueblos africanos, emprendieron la colonización del alto Nilo, en la provincia de Nubia del actual Sudán.

Segundo, emprendieron la conquista militar de la región de Siria, empezando, claro está por la parte sur, pero en su parte central escenificaron las primeras guerras de la historia contra los Hititas de Anatolia que, por diferentes razones, habían emprendido la conquista de Siria por el norte.

La sacudida espiritual que la clase gobernante egipcia tuvo que asimilar fue el hecho de que el mundo era mucho más grande y variado que lo que antes pensaban en su aislamiento casi hermético: esto los llevó a tratar de imaginar un mundo divino más universal y general que el que su mitología describía, la cual por ello ya les pareció demasiado provincial o parroquial, cuando menos a algunos de ellos. Resultó que entre esos pocos figuró nada menos que un faraón, Akenatón (r. 1353-1336 a.E.C.), quien impuso la primera monolatría que registra la historia, siendo el dios único el disco del sol, tal como lo atestiguan las ruinas de su palacio en Tel-el-'Amarna (1). A su muerte, la casta sacerdotal volvió a imponer el antiguo esquema teológico.

Alrededor del año 1230 a.E.C. ocurrió alguna catástrofe en el Mediterráneo oriental que todavía no se ha identificado si fue geológica o biológica, pero que descompuso el orden socio-político del área, parte de cuyos acontecimientos quizás se relatan en las épicas posteriores sobre la Guerra de Troya. Los primeros afectados fueron los pelasgos de la costa sur de Grecia, que habían sido civilizados por los minoicos de Creta y habían formado el reino Micénico hacia el año 1450 a.E.C. Hacia el año 1200 a.E.C. huyeron de su tierra, quizás atacados por invasores griegos, desembarcaron en Anatolia y participaron ya sea en la destrucción o en el saqueo de los restos del reino Hitita; luego algunos se asentaron en la costa de Siria, donde pronto surgiría de ellos el pueblo fenicio. Otra rama de estos "pueblos del mar" o "pelest" atacó Egipto, fueron rechazados en 1175, asentándose en la costa sur de Siria, donde van a dar nombre al país de Palestina y ser conocidos en la Biblia como "filisteos".

Así que para el año 1150 a.E.C., cuando tanto Egipto como Babilonia entraron en una época de decadencia, perdiendo todas sus posesiones y dividiéndose internamente, su tipo de religión politeísta propiciatoria, con las funciones divinas asignadas por dos tipos de criterios, uno fenoménico y el otro étnico, también había ya entrado en una crisis profunda.

4.2.- El Nacimiento de Dos Pueblos "Axiales" (2)

Alrededor del año 1130 a.E.C., cuando los primeros efectos de catástrofe habían terminado, ocurrió que dos nuevos pueblos hacían su entrada a la historia, los israelitas y los griegos. Entraron en un tiempo en que todo el Medio Oriente estaba pasando por una crisis socio-política severa que iba a durar otros cuatro siglos, pero cuando también se acababan de hacer otros tres desarrollos tecnológicos muy importantes, que también van a tardar hasta el final de la "era obscura" para ser extensamente utilizados y hacer su impacto socio-político. Los listaremos con la secuencia de Childe (3):

21.- La metalurgia del hierro se inventó en Anatolia cerca del Cáucaso alrededor del año 1500 aEC: el horno consistía en un pozo vertical excavado en un reliz calcáreo para que en su parte inferior pudieran hacer una boca de soplado; se llenaba de carbón vegetal, se prendía y cuando estaba muy caliente por la parte de arriba se le echaba el mineral de hierro. Mientras más fuerte se soplara por abajo más pura quedaba la "esponja" resultante, por lo que el invento principal consistió en fabricar unos fuelles con pieles de bovinos operados a mano o a pié. El pozo se derrumbaba para sacar la "esponja", la cual se recalentaba en fraguas y se martillaba en yunques para separar la ceniza de la masa maleable de hierro al rojo vivo.

Esta técnica fue inventada por los hititas en sus últimos tiempos de auge, pero fueron sus sucesores, los frigios, quienes hicieron de ella una industria de exportación en gran escala, lo cual les aportó tantas riquezas que los griegos inventaron el mito de que todo lo que su rey Midas (725 – 695 a.E.C.) tocaba se convertía en oro.

22.- En la costa de Siria, el nuevo pueblo Fenicio desarrolló el alfabeto fonético, que redujo a poco más de 20 símbolos de letras (al principio de sílabas) los miles de símbolos que requerían las escrituras ideográficas. Tal importancia tuvo este desarrollo que todos los alfabetos fonéticos que hay en el mundo derivaron de éste, tales como el hebreo y el árabe que se escriben de derecha a izquierda, el griego que empezaron a escribirlo en ambos sentidos o "en bustrofedón" (como ara el buey) y el romano, entre otros, que es el que escribimos todos los occidentales de izquierda a derecha.

23.- Los mismos fenicios desarrollaron el primer comercio de lujo, tanto de objetos de vidrio, material que habían inventado los babilonios, como de la tinta roja para teñir telas de lana muy finas, obtenida de un molusco, que los griegos llamaron "foinix" y los romanos llamaron luego "púrpura".

Los dos nuevos pueblos "axiales" que nacieron en esta área tuvieron una visión del mundo tan novedosa, que cuando la desarrollen unos tres siglos después van a dar origen a civilizaciones de un más alto o segundo nivel, en razón que ambas visiones, aunque muy distintas entre sí, van a permitir revalorar al individuo. Veamos sus nuevas perspectivas del mundo.

Los israelíes parece que fueron grupos humanos de la parte sur de Siria o "país de Canaán" que al retirarse las guarniciones egipcias de la región hacia el año 1145 a.E.C. se negaron a someterse tanto a los pelest o "filisteos" de la costa sur como a otros cananeos de la fértil llanura costera algo urbanizada y se retiraron a las montañas del interior. También recibieron aportaciones de otros pueblos del desierto llamados "habiru", que tenían ideas monolátricas, quizás derivadas de Egipto. Esas doce tribus del interior acordaron rendir culto y adoración a un solo dios no representado en figura, sino que habitaba el interior de una "arca de alianza" que se llevaba en peregrinación a las doce cabeceras tribales. Hacia el año 1125 a.E.C. ganaron una batalla decisiva a los cananeos, por lo que aseguraron su permanencia socio-política. (4)

Los griegos, por su parte, eran pueblos indoeuropeos que habían penetrado en la Península de los Balcanes por el norte desde mediados del segundo milenio a.C. en tres "oleadas" de eolios, jonios y dorios y habían entrado en contacto con la civilización Micénica, rama de la Minoica de Creta, quienes habitaban las costas de la actual Grecia. Los griegos supieron, o quizás participaron, en la última hazaña de los micénicos en la Guerra de Troya, que quizás ocurrió hacia el año 1230 a.E.C., y cuando éstos se retiraron como "pueblos del mar" los fueron sustituyendo en sus antiguos territorios costeros. Los griegos se organizaron en pequeños estados dirigidos por aristocracias guerreras, pero fueron poco a poco adquiriendo una vocación marina que iba a ser su característica principal cuando la desarrollaran. Su religión era politeísta y sus deidades fueron adquiriendo características antropomórficas, conforme sus sociedades fueron valorizando más al individuo humano.

4.3.- Período de Gestación de Nuevas Civilizaciones en la Edad Oscura de 1150 a 750 a.E.C.

El Período de 1150 a 750 a.E.C. es de relativa oscuridad en el Medio Oriente y el Mediterráneo Oriental porque durante esos cuatro siglos las regiones más civilizadas, Mesopotamia y Egipto, estuvieron en plena decadencia. La primera estuvo dividida entre un Estado Caldeo en la parte baja más poblada y el nuevo y belicoso Reino de Asiria en la parte alta. Egipto estuvo dividido entre el Valle y el Delta o bien reunificado bajo Dinastías extranjeras, la Libia y la Nubia.

Esa ausencia de grandes potencias permitió que varios pueblos pequeños gestaran sus propias características, ocurriendo los cambios más notables en las áreas siria y griega. El área siria se fue dividiendo en tres regiones con características diferentes, preponderando en el sur ciudades cananeas y filisteas en la costa y "tribus" israelitas en el interior, las ciudades marineras fenicias en la costa central y en el interior el nuevo reino de Damasco.

Las ciudades Fenicias van a interactuar con el mundo griego y a expandirse por el Mediterráneo occidental, con la poderosa ayuda de su alfabeto fonético y de su comercio en artículos de lujo.

Israel, localizada en todo el interior montañoso de Palestina, pasó de 1145 a 932 a.E.C. por sus períodos de los Jueces y de los reyes Saúl, David y Salomón, mucho más primitivos y pobres que lo que se deduce del relato bíblico, según ha descubierto la arqueología moderna.(5)

En 926 a.E.C. el ejército egipcio arrasó las ciudades cananeas de la costa y luego se retiró. Poco después emerge un reino que abarcaba tanto a las diez tribus del norte montañoso como a la región costera que había sido arrasada, el cual pronto alcanzó un modesto grado de prosperidad. Es el reino que la Biblia llama "de Israel", parte de cuya población, la tribal que se convirtió en la dominante, era monolátrica o henoteísta, y parte, la de la costa, era politeísta o idólatra. En la áspera región montañesa del sur, alrededor de Jerusalén, quedó el pequeño reino de Judea, con población más estrictamente monolátrica. (6)

Esta diferencia de grado en la fidelidad monolátrica en ambos reinos, Israel y Judea, daría lugar dos o tres siglos después a las leyendas de los profetas Elías y su discípulo Eliseo, judíos del sur que en forma heroica y con intervención divina directa combaten el politeísmo de los norteños, aunque el texto bíblico implica que ellos todavía también creían en la existencia de Baal, el dios fenicio, pues retaron públicamente a sus sacerdotes a demostrarles que Yahvé era más poderoso...y ganaron al lograr que, ante el rey Ahab y en el Monte Carmelo -¡de cuya cima aumentaron la conductividad vaciando barriles de agua!- un rayo quemara sus bueyes preparados para el sacrificio y no los de sus oponentes en las cimas "no preparadas" de otros cerros, quienes por su fracaso fueron masacrados por el pueblo enardecido (I Reyes, 18, 20-46).

El Reino de Israel, sin embargo, permaneció próspero, encabezando en el año 853 a.E.C. una coalición, con Damasco y los Fenicios, que detuvo en la Batalla de Qarqar el avance de una Asiria todavía no muy poderosa, pero al ir creciendo la fuerza de ese Imperio, los reyes de Israel se convirtieron en sus fieles vasallos, manteniendo esa política hasta el año 747 a.E.C.

En el área griega durante esta edad oscura el progreso fue muy lento, permaneciendo en los primeros siglos agrupados en pequeñas comunidades aisladas regidas por aristocracias guerreras, con economías casi puramente rurales, pero al ser su territorio tan accesible por vía marítima y quedando tan cercano al Medio Oriente, cuna de la civilización, hizo que se fuera acelerando el paso, al ir adoptando los siguientes avances tecnológicos.

El más importante de todos fue el de la navegación marítima (18 de Childe, inciso 3.5), pues significó un avance económico y social, ya que entonces pudieron producir en sus tierras sólo el cultivo que mejor se diera y en hacer artesanías y, luego mediante el comercio, adquirir ventajosamente lo demás que requirieran. Este nuevo "modo de producción" también empezó a modificar su propia trama social al hacer más valioso al campesino, pues entonces fue ya también marino y a veces soldado y, por ende, a disminuir la importancia de los guerreros como tales, teniendo todos que aprender nuevas artes, como la propia navegación, el comercio y los idiomas extranjeros.

Además, el contacto con los frigios y otros pueblos anatolios, reforzado por la fundación de ciudades griegas en la costa egea de Asia Menor, les hizo partícipes de la metalurgia del hierro. El contacto con los fenicios, aparte de la navegación, les hizo partícipes del alfabeto fonético, que pronto adaptaron a su lenguaje, escribiendo primero "en bustrofedón" es decir "como ara el buey" de ida y vuelta y luego sólo de izquierda a derecha.

Estos progresos también influyeron en sus creencias y prácticas religiosas, las cuales consistían, hasta entonces, en representar a las fuerzas de la naturaleza y sus efectos sobre las vidas humanas en una rica mitología, cuyos personajes divinos muchas veces interactuaban con los humanos y viceversa, lo que los fue haciendo antropomorfos, como ya señalamos. Estas creencias las representaban en prácticas rituales que "...obligaban a los griegos a revivir sus miedos y enfrentarse a ellos, y les demostraban que era posible pasar con seguridad al otro lado."[7]

Así que para alrededor del año 750 a.E.C. dos pueblos, el hebreo (o judío) y el griego, estaban en camino de revalorizar al individuo siguiendo disciplinas sociales muy distintas: Los judíos transformando las relaciones hombre-deidad de ser unilateralmente propiciatorias a una especie de pacto entre cada individuo y la deidad, en el que aquel se comprometía a cumplir con el código moral "divino" en su vida privada y pública y la deidad lo protegería a él y a su comunidad, mientras le fueran fieles. Los griegos, transformando paulatinamente su sociedad, de manera que los desempeños de los individuos se fueran igualando en vez de diferenciando, en su nuevo "modo de producción" del comercio marítimo.

Como en el inciso siguiente vamos a mencionar los avances éticos de estos dos grandes pueblos asiáticos, aquí diremos que al final de los cuatro siglos de la Edad Oscura del Medio Oriente, o sea hacia el año 750 aEC, estaban en el siguiente momento histórico: La Civilización Aria se había extendido por toda la gran Llanura Gangética y su Edad Heroica estaba llegando a su fin en la India. En China, la nueva Dinastía Chou había pasado por su etapa feudal ordenada y estaba empezando un proceso divisorio.

4.4.- El Período Axial entre los Años 750 al 500 a.E.C.

De los cuatro pueblos que Karen Armstrong llama "axiales" (8), porque son aquellos en que es posible seguir históricamente la transformación de su moral de guerreros a otra más ajustada a la justicia social, dos de ellos, los chinos y los hindúes, quedarán, en lo principal, fuera del rango de nuestro estudio, por estar muy en la periferia de la línea histórica que lleva hacia Occidente, mientras que dos pueblos iranios, los persas y los medas, serán parte de esa historia. Por esta razón aquí nada más daremos una visión muy esquemática de la trayectoria histórica de China y la India antiguas a partir del año 750 a.E.C. y la de los iranios desde 1200 a.E.C.

En China, aunque el feudalismo tendió hacia las soberanías fraccionales, se cambió el código guerrero por el del "hombre de respeto", lo que logró contener la violencia en moldes ceremoniales, pero luego siguió el deterioro moral. Contra eso reaccionó Confucio con su prédica del trato interhumano ideal. Al seguirse deteriorando la situación política hasta llegar a la época de los "Estados en Pugna", reaccionaron contra la violencia y egoísmo seis "escuelas" moralistas, una que fundamentó el comportamiento quienes ejercieran el poder político y militar, dos que predicaron la armonía con la naturaleza mediante el seguimiento del Camino (Taoísmo), una cuarta, Confuciana, que fijó la legitimidad de todo gobierno en hacerse acreedores del "Mandato Celeste", una quinta de los legistas y una sexta de los lógicos.

En la India, la religión védica pasó de una moral guerrera a otra que tendió hacia la no violencia, que se propuso como destino la doctrina del *karma* o de la reencarnación de las almas y como práctica espiritual la introspección. Esto dio nacimiento a religiones basadas en códigos morales, como el Jainismo y el Budismo, y condujo al Hinduismo hacia la inclusión de todas las castas sociales y hacia la personalización y representatividad de lo divino.

Los pueblos arios o indoeuropeos que se habían quedado en Asia Central, a los que ya podemos llamar iranios, utilizaban el caballo, como todos los demás, por lo cual sus principales actividades eran la ganadería, las incursiones de pillaje y el combate. En algún tiempo entre los años 1200 y 1000 aEC recibieron las predicaciones de un profeta llamado Zoroastro o Zaratustra, quien se convenció de que Mazda era el Dios Supremo, señor de todos los demás seres espirituales, por lo que trascendía del mundo. Sin embargo, en vista de la violencia de la vida dedujo la existencia de un Espíritu Hostil, por lo que la obligación de los fieles era la de promover el bien con su comportamiento y evitar y combatir el mal.

Hacia el año 1000 a.E.C. dos pueblos iranios salieron de Asia Central y se instalaron en la meseta que llamamos por ellos irania: Los persas que la atravesaron hasta el sur y entraron en contacto con los civilizados elamitas; y los medas en el norte, quienes hacia el año 850 entraron en contacto con el Imperio

Asirio, a quienes primero sirvieron como mercenarios y luego encargados de mantener una tenue comunicación entre Asiria y el noroeste de la India, a través de la llamada "Ruta de Jorasán". (9)

Hacia el año 640 los persas aprovecharon la destrucción del reino de Elam por los Asirios, ocupando esas tierras como vasallos del Imperio, mientras que los medas se organizaron como reino semi-independiente, primero con Fraortes, hacia 650, y luego bajo Ciaxares en 625, quien poco después se unió con Nabopolasar de Babilonia y entre los ejércitos de ambos destruyeron la capital asiria de Nínive en 612 y derrotaron a los últimos asirios en 605 aEC.

Visto esto, nos concentraremos en la evolución del pensamiento ético de los judíos y los griegos, que al conjuntarse después en el Cristianismo, formarán la base de la Civilización Occidental. Para ambos, aunque por razones totalmente diferentes, ya que hubo muy poco contacto directo entre ellos, estos 250 años marcaron la llegada a la madurez de sus características principales, lo que los llevó a ser los fundadores de dos civilizaciones de segunda generación en la serie de Arnold J. Toynbee, la Siriaco-Irania, incluyendo en el primer término a judíos y fenicios y la Greco-Romana. (10) Veremos primero la fijación de los rasgos definitivos de la religión judía y luego el nacimiento, la crisis y la madurez del pensamiento filosófico griego.

4.5.- La Forja del Monoteísmo en Israel

En los últimos años del reinado de Jeroboam en Israel, quizás poco antes del año 750 a.E.C. salió un profeta de Judea llamado Amós, quien creía tener un mandato divino, y empezó a predicar en el reino del norte, sobre todo en contra de los sacrificios de animales en prácticas idolátricas que se hacían en muchas localidades, del descuido del gobierno en proteger a los más pobres y la corrupción de muchos oficiales reales y por su sumisión al Imperio Asirio, la cual creía peligrosa porque podía revertirse en su contra al menor descuido o provocación.(11)

El siguiente profeta, Oseas, era israelí y predicó contra la inmoralidad y la idolatría después de la muerte de Jeroboam, probablemente a partir de 745 a.E.C., cuando el trono cambió de manos en rápida sucesión, hasta que en 735 a.E.C. un usurpador cambió la política exterior y se rebeló contra el Imperio Asirio, por lo cual fue derrotado y muerto en 727, el país arrasado, excepto su capital Samaria, y parte de su población (13,500 según una estimación (12)) desarraigada y exiliada. Samaria fue tomada el año 722.

El reino de Judea, viendo el desastroso fin de su vecino norteño, se empeñó, bajo su rey Ezequías (727-698), en comportarse bien con Dios, prohibiendo los sacrificios idolátricos en las cimas de .los cerros. También se empezaron a recopilar en la biblioteca real de Jerusalén, escritas por primera vez en alfabeto fonético hebreo, las versiones "J" de "Jehová", sureña, y "E" de "Elohim", norteña, de los primeros libros de la Biblia, el Génesis y el Éxodo. Para estos primeros escritores bíblicos, dice Karen Armstrong, "la vida humana no se veía confinada a lo mundano, sino que tenía una dimensión trascendente, que arrojaba luz sobre el significado más profundo de los acontecimientos y les daba un significado paradigmático" y agrega "Pero nadie imaginaba que J y E fuesen textos definitivos". (13)

Antes del reinado de Ezequías, quizás en el año 737 a.E.C., comenzaron a predicar en Jerusalén otros dos profetas, uno "menor" llamado Miqueas y otro "mayor" llamado Isaías, quienes dejaron muy claro que lo verdaderamente malo de la idolatría era que esas "propiciaciones supersticiosas a los dioses" pretendieran servir de excusas a "la falta de responsabilidad en el comportamiento público y privado de las personas" (14). Isaías, llamado ahora "el primero", porque hubo agregados posteriores a su libro, ya refleja su convicción de que Dios no es simplemente un ser sagrado para Israel, sino el creador y regidor del mundo, por encima y separado de toda la humanidad.

Ambos profetas son también famosos por la controversia sobre si pensaron que el Judaísmo debía ser una religión "universalista" o "particularista", a partir de sus respectivas visiones sobre el futuro ideal, ya que así como algunos de sus versículos hablan de que el Mesías "Reinará Él sobre muchos pueblos, y juzgará a fuertes naciones, hasta las más remotas, y harán de sus espadas rejas de arado, y podadoras de sus lanzas" (Miqueas 4, 3), lo cual puede interpretarse tanto como una supremacía militar completa de Israel, como la visión de un pacifismo perfecto, pero otros versículos son mucho más nacionalistas y belicosos, clamando venganza para Israel. (Miqueas 7, 8-20)

Estas visiones pacifistas, nacidas de la creencia en un Dios poderoso pero justo y bueno, eran difíciles de justificar en el terrible mundo en el que el Imperio Asirio estaba llegando a su máximo poderío militar, por su uso intensivo del hierro y del caballo, teniendo todavía una religiosidad únicamente propiciatoria, en el que el poder de un dios se medía por el éxito de sus fieles.

En este sentido Isaías también metió a Jehová al juego de poderes mágicos, al asegurar que defendería a Judea si le seguía siendo fiel, ya que le Imperio Asirio era sólo "el instrumento de Dios". Esta falsa seguridad influyó para que a la muerte de Sargón II el año 705, el rey Ezequías de Judea entrara en una coalición anti-asiria, por lo que el año 701 Senaquerib arrasó Judea, salvándose Jerusalén sólo porque se desató una epidemia en el ejército asirio.

El siguiente rey de Judea, Manasés (687-642), fue un leal vasallo de Asiria y permitió el culto de sus deidades en el propio Jerusalén, pecado por el que pagó su hijo en 640, muriendo asesinado por los aristócratas rurales sublevados, quienes pusieron como rey a Josías de 8 años. Por entonces el poder de Asiria ya iba menguando, pues había sido expulsada de Egipto por Psamético y luego se había retirado también de Israel, cuyas tierras costeras ocuparon los egipcios. En 632 Josías, de 16 años, se declaró fiel yahvista y en 622 empezó las obras de remozamiento del templo. Entonces los sacerdotes "descubrieron" un nuevo libro de la Biblia, que seguramente ellos habían elaborado, al que posteriormente los griegos llamaron "Deuteronomio" o "Verdadera Ley", primero que no se limitaba a recoger tradiciones orales o predicaciones de profetas, sino que había sido pensado al mismo tiempo que se escribía. Josías lo aceptó al pié de la letra e inició su reforma religiosa.

Los sacerdotes "deuteronomistas" no sólo prohibieron los cultos a otros dioses, tanto en Judea como en la abandonada Israel, sino que también crearon un nuevo modelo de reino, con una especie de poder judicial separado del monarca. Además, racionalizaron la teología y enfatizaron apasionadamente la importancia de la justicia, la equidad y la compasión más de lo que habían hecho Amós y Oseas. (15)

Pero la gran reforma terminó mal, pues Judea no se pudo adaptar a las circunstancias cambiantes: Una coalición de Babilonios y Medas habían destruido la capital asiria de Nínive el año 612 y entonces Necao, el nuevo faraón de la Dinastía Saíta de Egipto, entró a las tierras costeras de Israel en 609 para tratar de ayudar a los últimos asirios y Josías trató de interceptarlo, pero fue derrotado y muerto en el primer encuentro.

En 605 Nabucodonosor ascendió como monarca del Imperio Neo-Babilonio, por lo que Judea se convirtió en una ficha jugada entre él y el faraón Necao. En 597 el joven rey Joaquín fue exiliado con 8,000 súbditos a Babilonia. Diez años después Judea se sublevó, Jerusalén fue arrasada, el templo destruido y otros 5,000 exiliados, a los que se añadió un tercer grupo el año 581.

Uno de los pocos que permaneció en las ruinas de Judea fue el profeta Jeremías, quien se había opuesto a la sublevación, lo que casi le cuesta la vida, pero después del desastre la gente se dio cuenta de la verdad de su prédica: Hay que ver las cosas como son y enfrentarse a la realidad, por terrible y penosa que parezca.

Los exiliados a Mesopotamia pudieron conservar su comunidad en los aspectos de creencias, educación, y prácticas religiosas y hasta en juzgar sus asuntos internos, por lo que pronto prosperaron, ya que estaban "en el centro del mundo" pues, por ejemplo, los arquitectos de Nabucodonosor estaban implementando el 24° y penúltimo avance tecnológico de la serie de V. Gordon Childe (16), los acueductos, con que pudieron irrigar los famosos bosques sobre montículos construidos dentro de la ciudad de Babilonia o "Jardines Colgantes".

Dos factores más se agregaron para que la comunidad judía del exilio llevara su cultura religiosa a la plena madurez: Una fueron las visiones del profeta Ezequiel, que les proporcionaron la perspectiva, digamos, psicológica, para motivarlos a conservar sus creencias en esas duras circunstancias. La otra fue el eximio trabajo de los sacerdotes o levitas, llamados P por los estudiosos, que les dieron su forma final a las recopilaciones del Génesis y el Éxodo, como una historia completa y congruente desde la Creación del Mundo hasta el arribo del pueblo a la Tierra Prometida, para lo cual aprovecharon muchos aspectos de la mitología Sumerio-Babilonia, pero dándoles un giro monoteísta benevolente.

Luego complementaron los dos libros básicos con el de los Números y el Levítico, que con el Deuteronomio formaron los cinco libros de la ley judía o Pentateuco. La novedad fue que las obligaciones rituales, las regulaciones de pureza y las leyes dietéticas se hicieron obligatorias para todo el pueblo en el exilio, como si al haber perdido el templo, todos fueran entonces sacerdotes y tuvieran que vivir aparte de sus vecinos babilonios. Para que fuera respetable esta separación, quedaron todos obligados a comportarse en un alto nivel ético y de empatía humana ante todas las personas ajenas a su fe comunitaria.

El año 539 a.E.C. el rey Ciro del recién fundado Imperio Persa conquistó el Imperio Neo-Babilónico, poniendo así fin a 3,000 años de existencia de estados de la Civilización Sumerio-Babilónica de 1ª Generación. Poco después, en 525, su hijo Cambises tomó Egipto y así dejó de existir en forma independiente el Estado de la otra antiquísima civilización. Los persas y sus parientes medas ya eran monoteístas seguidores de Zoroastro, por lo que de inmediato liberaron a los judíos en el exilio y les permitieron regresar a Judea como dilectos súbditos.

El regreso a la que ya llamaban Tierra Santa fue penoso y en muchos sentidos decepcionante: Bajo los liderazgos de Nehemías y Esdras la comunidad que regresó del Exilio se apartó de sus vecinos que no observaban la ley como si fueran levitas, por lo que un siglo después de su regreso, "Jerusalén era una ciudad pequeña y estropeada, en un rincón anodino del Imperio Persa" , por lo que "...los exiliados que habían vuelto no estaban ya a la vanguardia de los acontecimientos mundiales, sino que vivían en la oscuridad; la lucha por la supervivencia se había hecho más importante que la búsqueda de una nueva visión religiosa". [17]

4.6.- La Democratización de Grecia del 776 al 506 aEC

A mediados del siglo VIII a.E.C. los griegos emergieron de su período oscuro y se organizaron en múltiples estados-ciudad, llamados "polis", la gran mayoría de ellas con acceso al mar, ya sea en la Península, en las islas o en la costa del Egeo de Asia Menor o Anatolia. Su "modo de producción" básico era el comercio marítimo, cuyo principal efecto socio-político era la tendencia igualitaria que ejercía, excepto para quienes caían en la categoría de esclavos. Lo que pasó entonces es que la base del pueblo, es decir los campesinos que ya muchas veces actuaban como marineros o como soldados, empezaron a disputarles el gobierno a los aristócratas.

En el siglo siguiente, el VII a.E.C., de esa crisis social fueron emergiendo los tres tipos de gobiernos democráticos con los que las polis iban a forjar su grandeza, siendo los más representativos e importantes modelos los de Esparta, Corinto y Atenas. El espartano era el más igualitario entre los ciudadanos, todos los cuales, incluyendo a los dos reyes que siempre había, hacían vida de cuartel, pero estaba basado en la esclavitud de los ilotas, antiguos mesenios derrotados definitivamente en 670, que formaban más de la mitad de la población. El corintio era de tipo más comercial, en el que un "tirano", el primero en 655, gobernaba para el pueblo y mantenía a raya a los aristócratas. El ateniense fue el sistema más conducente a la grandeza, empezó a forjarse hasta el año 621 y lo veremos más adelante.

Todas las demás polis, docenas de ellas, adoptaron uno de los tres modelos de gobiernos democráticos o combinaciones de ellos y en todas partes el efecto más notable de la igualación socio-política fue en el aspecto militar, al poder ya reclutar soldados motivados para defender sus instituciones y, con ello, formar las primeras infanterías disciplinadas de la historia, en las que hombres pesadamente armados (hoplitas) avanzaban, chocaban con el enemigo y peleaban, al unísono. Igualmente, se podían reclutar marinerías disciplinadas que podían remar al unísono y, llegado el momento, combatir o abordar la nave contraria. Este fue el verdadero cimiento de la democracia. (18)

A pesar del fraccionamiento político que el sistema de polis implicaba para el conjunto de toda Grecia, los griegos sentían que compartían su idioma y su cultura, por lo que en este siglo forjaron varias instituciones comunes o pan-helénicas, siendo las principales las olimpiadas, el santuario del Delfos y los relatos épicos de Homero, cada uno de los cuales moldeó algún aspecto de su mentalidad colectiva. Las olimpiadas, comenzadas el año 776 en Olimpia, en el Peloponeso, permitían el intercambio de ideas a los dirigentes de las polis y forjaba héroes en competencias pacíficas celebradas en honor de los dioses. Al santuario de Delfos, fundado hacia el año 750, se le otorgaba el poder de comunicarse con los dioses, por medio del oráculo o respuesta dado a través de sacerdotisas o sibilas que habían entrado en trance, lo que les daba a los sacerdotes cierto control sobre las decisiones importantes que se tomaran. Los grandes poemas épicos que Homero, nativo de la costa jónica de Anatolia, escribió hacia el año 750, la Ilíada y la Odisea, hicieron accesibles a los griegos los antiguos arquetipos humanos y divinos, al describir clara y bellamente situaciones y circunstancias extremas que probablemente habían ocurrido 500 años antes y se habían transmitido por tradición oral.

Unos 100 años después, hacia el 650, Hesíodo modificó la impredecible mitología homérica, tratando que los propósitos divinos fueran "un esfuerzo por conseguir una mayor claridad, orden y definición".(19) Igualmente, en la crisis social recomendó a los aristócratas que contuvieran su soberbia y pensaran más en la justicia, por lo que su obra fue muy benéfica y bien recibida.

Atenas empezó sus reformas en 621, siendo escogido como árbitro entre las clases y legislador Dracón, con cuyo nombre todavía se llaman aquellas leyes que se consideran ser rígidas y duras. Independientemente de su falta de tacto, logró dos reformas importantes: Los aristócratas podían seguir gobernando, pero limitados por las nuevas leyes y su actuación ya podía impugnarse; además, tenían que rendir cuentas y publicar sus sentencias.

Este primer intento funcionó en forma ríspida, por lo que los atenienses eligieron en 594 a un verdadero político y sabio llamado Solón, quien primero se fue al fondo de las cosas e implantó una reforma agraria, en que prohibió los latifundios, aunque permitió diferencias en el tamaño de las propiedades, para motivar el esfuerzo. Luego, implantó "el estado de derecho", es decir que el estado se involucrara, mediante tribunales populares, en resolver los pleitos entre los ciudadanos, lo que en cierto sentido equivalió a la secularización, pues todos los ciudadanos aceptan una parte de responsabilidad en los asuntos públicos.

Solón se retiró en 560 y hubo una recaída a favor de los aristócratas, pero el año de 508 Clístenes recuperó el poder para el pueblo y al año siguiente el pueblo lo apoyó militarmente para aplastar una intentona aristócrata, por lo que la democracia "isonómica" o con igualdad ante la ley para todos los hombres libres y nativos, quedó firmemente implantada en Atenas el año de 506 a.E.C.

Los atenienses, y todos los demás griegos, siguieron buscando la experiencia religiosa en la práctica de los misterios (como los de Eleusis o los Dionisiacos), para enfrentarse con los oscuros e intratables problemas de la existencia. También, por otra parte, empezaron a tratar de entender la regularidad de los fenómenos celestes mediante la razón, como Tales de Mileto y otros, quienes, además, trataron de identificar los elementos componentes del mundo.

4.7.- Las Guerras Médicas

Darío subió al trono de Persia en 521 a.E.C. después de una crisis dinástica y procedió a darle su organización y tamaño definitivos. En cuanto a tamaño, en 520 incorporó al Imperio la parte de Asia Central regada por los ríos Oxo y Yaxartes, del 518 al 515 incorporó toda la cuenca del río Indo, es decir el Punjab y el Sind y el año 512 incorporó Tracia, en Europa, en la Península de los Balcanes. En cuanto a organización, implantó las políticas de Tolerancia de las costumbres y religiones de cada pueblo, de Descentralización, dividiendo el inmenso Imperio en 20 Satrapías, es decir en "reinos" con bastante autonomía, y Comunicaciones, organizando grandes rutas de caravanas con el recién domesticado camello, construyendo a distancias de una jornada entre cada uno los enormes caravan-serais diseñados para esa función.

Así que no es conveniente visualizar ese enorme imperio como si fuera un país cualquiera, ya que abarcaba los territorios y habitantes de las tres primeras civilizaciones de primera generación, más todas las demás áreas intermedias y periféricas, por lo que podía contener unos 25 millones de habitantes. Si tomamos en cuenta que todo este mundo contaba el año 512 a.E.C. con unos 75 millones de habitantes, caeremos en cuenta que los otros 50 millones vivían en áreas tan remotas para ellos como el resto de la India o el resto de Europa, o bien en áreas cuya existencia les era totalmente desconocida, como China, África Sub-Sahariana y las Américas. Entonces comprenderemos que, para sus propios habitantes y también para sus gobernantes, el Imperio Persa no era "un país" cualquiera, sino el mundo entero, prácticamente.

Comparado con ese gigante, el mundo griego era una minucia, con una población estimada en menos de un millón de habitantes, y eso si incluimos todas las áreas colonizada para entonces, como la costa de Anatolia, Sicilia y el tercio sur de Italia.

Visto así el balance de fuerzas, el aspecto cuantitativo parece decisivo a favor de Persia, pero en Grecia acababa de nacer un sistema socio-político, la democracia igualitaria, que le da una fuerza tremenda a las sociedades que lo adoptan, en comparación con sociedades que tienen fracturas tales como la estratificación de clases sociales y diferentes lealtades nacionales o religiosas. Así que el balance cualitativo estaba muy a favor de Grecia. Lo malo era que nadie lo sabía, porque jamás se habían encontrado fuerzas armadas con esas características.

Es por eso que las llamadas Guerras Médicas (o Pérsicas) son tan importantes. En primer lugar hay que tomar en cuenta que hasta hace uno o dos siglos y durante los 23 siglos anteriores la historia humana comenzaba con ellas. En segundo lugar, se ocupó de ellas, para entender lo que había pasado, el primer historiador, Herodoto, a diferencia de los cronistas reales anteriores que simplemente habían anotado o esculpido lo que se les ordenaba. Y, en tercer lugar, siguen siendo una especie de "laboratorio de la historia" por lo que ya dijimos, por el choque entre factores cuantitativos y cualitativos, por lo que esta confrontación histórica se sigue estudiando con provecho hasta hoy día.

Habiendo ya comentado estas perspectivas, el relato de los acontecimientos puede hacerse en forma muy resumida: Todas las ciudades de cultura griega de la costa Egea de Anatolia se habían visto sometidas al Imperio Persa en algún momento posterior a 547, cuando Ciro derrotó e incorporó al gran reino de Lidia, el cual fue tan rico y próspero que en su capital, Sardes, se acuñaron monedas por primera vez en la historia, con lo que llegamos al avance tecnológico número 25 y final de la serie de Childe [20]. Sin embargo las ciudades griegas de la costa, sobre todo las jónicas, nunca estuvieron muy a gusto bajo el yugo persa, por lo que a, sugerencia del Sátrapa de Sardes, Darío pasó con un ejército a Europa en 512, conquistó Tracia y excursionó hasta Sarmacia, en las modernas Rumanía o Ucrania, para dar a las ciudades jónicas más lugares donde comerciar, lo que las mantuvo contentas por algún tiempo.

Sin embargo la consolidación del sistema democrático en Atenas, el año 506, llenó de orgullo a sus parientes de las ciudades jonias de Anatolia, hasta el grado que una de ellas, Mileto, patria del primer filósofo, adoptó el sistema democrático el año 500 a.E.C., en abierta rebelión contra el Imperio, cuya flota asaltaron por sorpresa y la capturaron. Atenas se sintió obligada a ayudarles en su rebelión por lo que mandó una flota, cuyos hombres acompañaron a los milesios hasta Sardes, pero no pudieron tomar su fortaleza, y en el camino de regreso cayó sobre ellos la caballería persa que los diezmó. Los sobrevivientes tuvieron que reembarcarse y huyeron de regreso a Atenas en 497. Los persas tardaron 3 años en rehacer su flota, pero en 494 tomaron y arrasaron a Mileto, masacrando a los defensores y esclavizando al resto.

Les quedó ya nada más pendiente el castigo de Atenas, por haber ayudado a los rebeldes jonios, para lo cual Darío envió un selecto ejército de 25,000 soldados profesionales al sátrapa de Sardes, los cuales se embarcaron en el verano del año 490 y desembarcaron en la playa de Maratón a unos 42 kilómetros de Atenas. La polis envió a combatirlos al ejército formado a toda prisa por todos sus ciudadanos aptos para pelear, que sumaron unos 10,000.

La batalla en sí consistió básicamente en un choque frontal, en el cual los disciplinados y pesadamente armados atenienses masacraron a los persas, al lograr moverse como un bloque sólido, terminando los persas por huir a la desbandada a subirse a sus barcos. El resultado final fue 6,400 persas muertos contra 192 atenienses, una proporción de más de 30 a 1. (21)

Darío ya no pudo tomar revancha pues murió 4 años después, en 486, pero su hijo Jerjes, luego de aplastar sublevaciones en Egipto y en Babilonia, procedió a levantar un enorme ejército de 250,000 hombres, pues pensaba ocupar toda Grecia, y cuando estuvo listo en 481, se encaminó a Sardes. Por otra parte, había ordenado a sus súbditos, sobre todo a fenicios, a egipcios y a anatolios, enviarle bajeles de guerra y barcos de carga para el abastecimiento del ejército, estimándose que entrambos recibió unos 1,200.

Mientras tanto, Atenas le había hecho caso a su líder Temístocles y, a partir del año 483, había utilizado su nueva capacidad para extraer plata en pagar los gastos de comprar madera y construir una flota de guerra de 300 bajeles.

En la primavera del año 480 el enorme ejército persa cruzó el Helesponto de Anatolia a Tracia y empezó a avanzar lentamente hacia Macedonia y Tesalia al norte de Grecia. Este avance logró el "milagro" de que la mayoría de las polis griegas asistiera a una conferencia pan-helénica. Los atenienses habían consultado al oráculo del Delfos quien los dijo "sólo la muralla de madera resistirá", lo que fue interpretado por Temístocles como significando que los 10,000 atenienses debían servir en su flota de guerra y encabezar las flotas con que cooperaran las otras polis. Los espartanos, con su rey Leónidas a la cabeza, fueron encargados de dirigir el ejército de tierra, para formar el cual se juntaron 10,000 hoplitas.

El plan de guerra acordado fue que el ejército de Leónidas defendiera el paso de las Termópilas mientras la flota de Temístocles evitaba que la flota persa lo flanqueara por mar. El choque ocurrió en junio y los griegos pudieron detener al enorme ejército invasor por tierra y por mar, hasta que los persas encontraron la manera de cruzar la sierra con tropas especiales, amenazando con flanquear por tierra a los defensores. Leónidas ordenó a todos los contingentes retirarse rápidamente a sus respectivas polis, mientras él y sus 300 espartanos detuvieron por algunas horas al enorme ejército, hasta morir todos.

Temístocles regresó a Atenas con sus flotas, se evacuó a toda la población a la vecina isla de Salamina y estacionó su flota detrás de ella, en los estrechos, donde podrían maniobrar con ventaja sobre la inmensa flota fenicio-egipcia-anatolia de los persas. Jerjes llegó con su ejército en agosto, arrasó y quemó una Atenas vacía, llamó a su enorme flota y en septiembre se trabó la batalla naval decisiva, en la cual la flota pan-helénica hundió o quemó al grueso de la flota fenicia-anatolia, y al darse cuenta de ese resultado, la flota egipcia huyó.

Ese mismo otoño del año 480 Jerjes se retiró con unos 200,000 hombres de su ejército, a los que ya no era posible mantener en Grecia sin contar con flota que los abasteciera, dejando sólo a 50,000 hombres, que parecían suficientes para mantener sometida a la mayor parte de las polis griegas.

Y tal vez así habría ocurrido si los espartanos, viendo el peligro que todos correrían, no hubieran comprometido la totalidad de su ejército de unos 10,000 hombres, que junto con otros tantos de los atenienses y otros 20,000 de todas las otras polis, como Corinto, reunieron un ejército casi tan numeroso como el muy selecto y eficiente que dejaron los persas. La batalla decisiva se trabó en Platea, cerca de Tebas, en el verano del año 479, y el resultado fue un resonante triunfo pan-helénico, que hizo que los persas evacuaran de inmediato el sur de la península y luego también Tesalia y Macedonia.

Con esto terminan las operaciones principales de las Guerras Médicas, siguiendo en los años siguientes sólo expediciones navales, recuperación de algunas islas y la evacuación de Tracia, hasta la firma de la paz definitiva 30 años después de Platea, el año de 449.

4.8.- El Siglo de Oro y la Guerra del Peloponeso.

La Guerras Médicas fueron también muy importantes en el sentido de provocar una fuerte euforia del triunfo entre los griegos, quienes luego descubrieron que la euforia tiene dos vertientes: una constructiva, que los llevó a tener su Siglo de Oro, que duró 50 años, entre 479 y 429, pero también una destructiva, que los llevó a la terrible guerra, llamada "del Peloponeso" por su historiador Tucídides, entre las Ligas Ateniense y Espartana, que duró 25 años de 429 a 404, y que fue tan mortífera que hizo que Grecia cayera en un colapso de creatividad del que ya nunca se repuso. (22)

El Siglo de Oro es famoso por las cumbres a las que llegaron la arquitectura, la escultura y la pintura griegas, que se convirtieron en "clásicas", pero eso cae fuera de nuestro enfoque, por lo que nos concentraremos en lo que Karen Armstrong nos dice a cerca de cómo el nuevo género teatral de "la tragedia" cambió la visión del mundo de los griegos. (23)

Esquilo en su obra *"Los Persas"* ya logró que el público viera con simpatía el dolor y la confusión de un Jerjes derrotado. En *"Siete contra Tebas"* presenta un mundo desgarrado entre la antigua e irracional religión y el hecho de no poder liberarse por completo de ella. En *"La Orestiada"* presenta el doloroso tránsito de los atenienses de sus antiguas lealtades familiares y tribales, con su ética de venganza, a la nueva división en "demos" y la justicia impartida en tribunales. Y, por último, en *"Las Euménides"* muestra que aunque ya prevalecen las nuevas virtudes democráticas de moderación y de equilibrio de fuerzas, el horror de los crímenes cometidos sigue vivo.

Sófocles en su obra *"Antígona"* mostró que "…las firmes creencias y los principios claros no conducen de manera infalible a un resultado positivo" y que "…el hombre…era el señor de todo aquello que dominaba y parecía invencible …si no fuera por el macabro hecho de la muerte, que ponía de relieve su auténtica indefensión" . En su famosa obra *"Edipo Rey"* "Con su automutilación llega hasta los límites del conocimiento, más allá del habla y de la percepción, casi una parodia del conocimiento místico".

Eurípides en su obra *"Medea"* mostró que "la razón se estaba convirtiendo en una herramienta espantosa, pues podía conducir a la gente a un vacío moral y espiritual y, si se usaba con habilidad, podía encontrar razones convincentes para acciones crueles y perversas" y presenta a una mujer que se convence a sí misma para cometer un crimen horrible, pero sus espectadores pudieron *ver* en ello una referencia al prolongado debate en la asamblea ateniense que… había arrojado al mundo griego a la Guerra del Peloponeso". En su obra *"Las Bacantes"* que compuso en 406, poco antes de morir él y dos años antes del final de la catastrófica guerra, representa a su patria, Atenas, en el personaje colectivo de las mujeres de Tebas, enloquecidas por la violencia, marchando al frente de ellas su lideresa, sujetando en lo alto la cabeza cercenada de su hijo.

Como comentario final sobre las causas de esa terrible guerra entre hermanos, hay que señalar que si desde el final efectivo de las Guerras Médicas en 479, tanto Atenas como Esparta hubieran contenido su soberbia de ser "cabeza de Liga", lo que indefectiblemente terminó en mangoneo e imposición sobre "las otras", y hubieran tenido la generosidad de invitarlas a entrar como iguales en su nuevo orden democrático, el mundo griego hubiera quizás podido dar el paso que no pudo: Crecer en tamaño político al extender el ámbito de la democracia. Los dos siguientes intentos de lograrlo iban a quedar a cargo de pueblos que habían absorbido la cultura helénica y estuvieron dispuestos a llevar, por un tiempo, la antorcha de la democracia: macedonios y romanos.

4.9.- La Filosofía Griega (24)

Vimos que desde el siglo VI a.E.C. Tales de Mileto y otros empezaron a tratar de estudiar el mundo tal como era. Este primer empeño se vio fomentado grandemente por el proceso de democratización, ya que a los nuevos ciudadanos les interesaba mucho el lograr que las asambleas que los regían aceptaran su punto de vista o adoptaran su posición. Para ello era necesario tanto saber bien de lo que se estaba hablando, o sea conocer, como decirlo bien, o sea orar en público convincentemente, y para lograr estas cosas estaba dispuesto a pagar a quien se las enseñara. Esa demanda de enseñanza fue satisfecha por unos maestros de adultos a quienes se llamó "sofistas" o sabios.

Como parte de su oficio, los sofistas empezaron a plantearse problemas generales, tales como la distinción entre lo natural y lo artificial y a precisar qué es lo que se hereda del carácter y qué es lo que se debe aprender. Esta tendencia al análisis intelectual fue prestigiando la noción de que la virtud era sabiduría, por lo que cualquier hombre podía aprenderla.

Sin embargo, como también enseñaban la retórica o arte del bien hablar, muchos fueron cayendo en el vicio de que cualquier posición podía ser defendida si se tenía la habilidad necesaria para presentarla, por lo que la gente empezó a desconfiar de los sofistas y del razonamiento mismo.

Contra esto reaccionó Sócrates, quien dedicó su vida (469-399) a anclar firmemente la "sofía" en la verdad y en el bien, diciendo que él era "filo" o amigo de esa sofía reformada. Su método, llamado "mayéutica" o parto, consistía en ir preguntando a su interlocutor para que profundizara y analizara bien cada concepto y cada aseveración, de manera que la verdad se iba obteniendo como material cribado y, cuando era importante, como verdadero polvo de oro.
Al final de su vida, una Atenas trastornada por la pérdida de casi todos sus hombres, en una pelea que demostró ser estéril, no pudo resistir la verdad que Sócrates proclamaba y lo condenó a muerte, lo cual él aceptó con serenidad, dejando un recuerdo imperecedero.

Su discípulo Platón (427-347) propuso un mundo de las formas ideales que el hombre debía conocer intuitivamente, las cuales le debían servir de modelos o paradigmas de comportamiento en este mundo imperfecto. En su Academia sus discípulos se entrenaban en geometría como ejercicio hacia la abstracción, que luego seguía hacia dialécticas más rigurosas, que podía llevarlos a estados de conciencia alterada, no muy diferente de las experiencias místicas. Estos ejercicios tenían como meta que el alma de la persona accediera al mundo eterno e inmutable de las formas ideales, librándose así quizás de los peores efectos del sufrimiento y de la muerte.

En sus últimas obras Platón trató de imaginarse el universo como la realización de un plan inteligente y lógico, que los hombres podían llegar a comprender si se aplicaban a ello con lógica y dedicación, en una especie de anticipación al método científico, nada más que también incluía el aspecto espiritual o místico.

Esta manera de pensar lo llevaba a proponer ideales que eran muy difíciles de poner en práctica. Por ejemplo, en *"La República"* propone una monarquía absoluta tan severa que los filósofos dirigentes y los guerreros para la defensa debían desempeñar sus obligaciones con tal dedicación que no podían tener familias ni bienes propios, sino sólo los que les proporcionara el estado, planeándose su reproducción biológica mediante la eugenesia. El pueblo trabajador sí podía tener bienes y familia propios, porque no tenían poder.

Su discípulo Aristóteles (384-322) volvió a traer la filosofía a la tierra, incluso estudió biología, consiguió las leyes básicas de cuantas ciudades pudo y le interesaban mucho los procesos de cambio. Luego también estudió temas éticos y sociales, analizándolos siempre mediante el ejercicio de la razón, de manera que en política propuso lo que podemos llamar una democracia restringida a aquellos que tuvieran los medios y la educación suficientes, por lo que suele llamársele una mesocracia, y podemos hacer el comentario adicional que fue precisamente en esa forma como empezaron todas las democracias modernas

En la cuestión religiosa aceptaba el universo ordenado de Platón, en cuyo centro imaginó una Última Causa inmóvil, que no se preocupaba en forma especial por la raza humana, y en cuanto a los dioses olímpicos, su mitología le parecía sospechosa de haberse malentendido, pero aceptaba que esa forma popular de entender la religión podía ser útil en dar una sanción divina a las leyes y normas de las polis, ya que fomentaban determinados sentimientos y actitudes de comportamiento.

Con todo esto, puede considerarse que Aristóteles fijó las bases filosóficas que casi dos milenios después llevarán a Occidente hacia el método científico.

4.10.- Primera Confrontación de la Hipótesis de Trabajo con los Eventos Históricos hasta antes de las Hazañas de Alejandro.

En dos de las transiciones culturales que vimos, la primera del nivel de cazadores y recolectores del Paleolítico al nivel de agricultores y ganaderos del mundo aldeano del Neolítico y la segunda el ascenso de éste nivel al de civilizaciones de primera generación, la moralidad sí sufrió modificaciones significativas, lo que aparentemente iría en contra de nuestra hipótesis. Pero si nos fijamos en que dichos cambios en la moralidad se originaron a su vez en los profundos cambios, tanto cualitativos como cuantitativos, que experimentaron los grupos humanos en estas dos transiciones, entonces podemos explicarnos lo ocurrido en la siguiente forma:

El cambio en la moralidad consistió en el debilitamiento de la solidaridad del grupo, al hacerse marcadamente concéntrica, basada ahora en la familia patrilineal, con propiedad privada y herencia, y debilitándose rápidamente al pasar a los círculos tribales, regionales o nacionales. Si examinamos esta transformación de la moralidad veremos que fue más un cambio de relaciones que de contenidos, por lo siguientes razones.

La fortísima solidaridad social en el clan u horda, se debía al alto grado de dependencia entre unos y otros para la defensa y la alimentación, es decir para la supervivencia, por lo que tan pronto como aflojó esa dependencia, tanto con la producción de alimentos como al quedar la defensa a cargo de los guerreros, se debilitó la razón para esa fortísima solidaridad anterior.

Por otra parte, hay que tomar en cuenta que si la nueva solidaridad era más débil también era mucho más extensa, pues abarcaba a decenas de veces de más gentes en el Neolítico y a cientos o miles más en los estados civilizados.

Tomando en cuanta lo anterior, creo que, tentativamente, podemos concluir que aunque en estas dos transiciones sí se afectaron los aspectos relacionales de la moralidad, poco o nada se afectó su contenido, el cual siguió siendo "el sistema normativo más conveniente para favorecer la convivencia en los grupos humanos".

¿Podemos extender esta conclusión a los períodos de la Edad del Bronce, de 1550 a 1150 y de la Edad Oscura del 1150 al 750 a.E.C.? Recordemos que entonces empezaron las guerras, tanto terrestres como navales y se organizó la esclavitud en gran escala. Creo que sí, si tomamos en cuenta que las guerras fueron la excepción, si las comparamos con los largos lapsos de relaciones comerciales, por lo que posiblemente la frecuencia y proporcionalidad de la violencia bélica fue inferior a la las defensas territoriales tribales. Por lo que a la esclavitud se refiere, quizás se nos haría menos odiosa si la contemplamos como una alternativa a la muerte de los vencidos.

Antes de seguir adelante con la moralidad, veamos que es lo que le aconteció a la religión a lo largo de todas estas transiciones.

El animismo primitivo de los clanes u hordas y tribus del Paleolítico al pasar a los distintos mundos neolíticos tuvo que sufrir modificaciones conceptuales, al tener que explicar el fenómeno social de la estratificación de clases y tener que modificar la jerarquía divina a favor de los dioses que controlaban la lluvia y de los que se les habían atribuido patronatos étnicos o regionales.

Este tipo de cambios conceptuales estuvo acompañado por un cambio relacional, al ascender los chamanes a una clase sacerdotal dirigente, lo cual conllevó a un cambio en la forma de representar la mitología religiosa, pasando de la cueva al templo primitivo y desarrollándose la escultura.

Al pasar algunos grupos neolíticos a civilizaciones de primera generación estos cambios conceptuales, relacionales y artísticos de la religión alcanzaron su nivel máximo posible, al tener que dar la casta sacerdotal una sola explicación mitológica, la más coherente y plausible que pudieron, que abarcara todos los fenómenos conocidos, fueran cósmicos, biológicos o sociales. Ya vimos que esto llevó a las "mentalidades mágicas colectivas", que produjeron obras y prácticas tan difíciles de entender para el hombre moderno como las torres de Babel, las pirámides y los sacrificios humanos.

Vimos como en la Edad de Bronce, de 1550 a 1150 a.E.C. las religiones tuvieron que retroceder, al perder credibilidad por sus cada vez más aparentes incoherencias en el predecir o controlar los acontecimientos, notoriamente los relacionados por invasiones de pueblos bárbaros, que luego se convertían en las nuevas castas guerreras y sacerdotales dirigentes.

Este retroceso del poder de las religiones, aunado a avances tecnológicos, tales como la metalurgia del hierro, la escritura fonética y la navegación marina, llevaron al nacimiento de dos pueblos "axiales", judíos y griegos, que van a revalorizar al individuo por vías muy diferentes, las cuales se fueron gestando durante la Época Oscura hasta el año 750.

Llegados ya en las evoluciones tanto de la moralidad como de la religión a lo que Karen Armstrong llama "El Período Axial entre los Años 750 al 500 a.E.C." vemos el cambio de moralidad que ella detecta en los "pueblos axiales" chino, hindú e iranio, en la forja del monoteísmo en Israel y en la democratización de Grecia. ¿Qué lección básica sacamos de estos eventos?

Pues que hay la tendencia en todos los humanos a volver al antiguo cauce, de que la moralidad sirva para conseguir la mejor convivencia dentro del grupo en que se viva. En casos en que el grupo haya crecido mucho, como en China o la India, se procede a desarrollar nuevos sistemas de moralidad para esos grandes tamaños. Si se vive en un mundo avanzado, complejo y competitivo, como israelíes o griegos, entonces se desarrollan aquellos sistemas socio-políticos, ya sean códigos morales "revelados" o democracia, que mejor se adapten a las circunstancias de cada pueblo.

Las Guerras Médicas presentan la "prueba de fuego" de ambos sistemas, primero el triunfo del monoteísmo en la formación del Imperio Persa y en seguida el triunfo de la democracia en defender sus instituciones democráticas contra ese inmenso imperio vecino. Vimos luego las vertientes constructiva y destructiva de la euforia del triunfo, la primera en el Siglo de Oro y la segunda en la Guerra del Peloponeso y, por último, el auge en la búsqueda de la verdad por medio de la filosofía que estos grandes vaivenes produjeron.

Así que desde la prehistoria hasta mediados del siglo IV a.E.C. la hipótesis de trabajo se sostiene: La moralidad conserva su mismo núcleo de sistema normativo de la convivencia humana, mientras que la religión cambia según su explicación del mundo y del destino del hombre se considere coherente y plausible.

Capítulo V.- El Helenismo y el Cristianismo hasta las Invasiones Bárbaras y el Surgimiento del Islam.

5.1.- Los Orígenes del Helenismo y el Mediterráneo Occidental.

En este capítulo vamos a continuar nuestro recorrido a través de la historia a partir de poco antes del año 350 a.E.C., pero en un marco geográfico más amplio, pues no sólo va a incluir todo el Medio Oriente y las tierras ribereñas del Mediterráneo oriental, sino también las de su parte occidental, que incluyen, en África, los actuales países de Túnez, Argelia y Marruecos y en Europa las penínsulas Itálica e Ibérica, más, al, principio, lo que era la Galia, pero después también Britania y Germania.

En el período que vamos a revisar y en el ámbito geográfico que señalamos, el fenómeno socio-político más importante de todos va a ser el del avance incontenible de la civilización de segunda generación que había nacido en Grecia, como ya vimos, y que recibe el nombre de "helenismo" al ser adoptada por pueblos ya sea de otra civilización, como la "Siriaco-Irania" del Imperio Persa, o por pueblos bárbaros, como eran los del Norte de África y de Europa Occidental.

Podemos dividir en dos las causas o impulsos de la expansión geográfica de la influencia griega o helénica: una avanzó principalmente por medios pacíficos y la otra por medios militares. La pacífica se inicia con la fundación de colonias en el Mediterráneo Occidental y termina con la Guerras Médicas y la militar se inicia con la conquista del Imperio Persa por el ejército de Alejandro, se prolonga con los reinados de sus sucesores Seléucidas y Ptolemaicos y luego con el Imperio Romano, siendo la antecesora de éste, la República Romana, también parcialmente un producto de la expansión helénica pacífica.

Durante la Edad Oscura, de 1150 a 750 a.E.C. la población de las tierras ribereñas del Mediterráneo Occidental estaba en una etapa cultural parecida al neolítico agrícola y ganadero, pero más avanzada, porque ya había recibido las metalurgias del cobre y del bronce y estaba recibiendo la del hierro.

Alrededor del año 825 comenzó la civilización en dos partes de esta área, una en el centro de Italia donde el pueblo Etrusco ascendió a la alta cultura urbana y la otra en el norte de Túnez, donde los fenicios de la costa siria fundaron su colonia de Cartago. Hacia el año 750, como vimos, comenzó la colonización griega del tercio sur de Italia, quedando Sicilia dividida entre griegos y fenicios.

Entre los años 750 y 475 los fenicios extendieron sus colonias a las costas de Numidia (Argelia), Mauritania (Marruecos) y el sur de España, mientras los griegos lo hicieron en las costas del sur de Francia y norte de España. Al calor de esta actividad comercial los etruscos avanzaron rápidamente al nivel de fenicios y griegos y en Andalucía el reino ibérico de Tartesos comenzó su modesto ascenso.

Con la formación del Imperio Persa y las Guerras Médicas, todas las colonias fenicias se independizaron en el nuevo estado de Cartago y las ciudades griegas en varias polis, como Siracusa, Nápoles, Síbaris y Taranto. En el centro de Italia una de las ciudades etruscas, Roma, de habla latina, derrocó a sus reyes e implantó una república que desarrolló poco a poco una nueva disciplina social, el derecho, el cual es tan importante que veremos en qué consiste.

A partir del año 475 las clases sociales de Roma, los patricios y los plebeyos, empezaron una sorda pugna que no se resolvió ni por duro autoritarismo ni por violenta revolución, si no que decidieron negociar sus discrepancias, llegar a acuerdos "sagrados", a respetarlos escrupulosamente y a irlos escribiendo.

Tanta fuerza le dio la nueva disciplina social del derecho a Roma, que pronto conquistó toda el área de habla latina o Latium, pero en vez de dejarlos sometidos pactaron tratados de paz, comercio y aportación de conscriptos con ellos, por lo que el área regida por el derecho se agrandó. A partir del año 380 la ya fuerte República Romana comenzó guerras contra los civilizados etruscos, sus maestros, y contra los bárbaros oscos, samnitas y galos, pactando tratados con todos los que iba derrotando, así que para el año 290, cuando terminaron las guerras, la República Romana ya se extendía por todo el tercio central de Italia, por lo que ya era una potencia de consideración.

Los Cartagineses, que nos interesarán porque se convertirán el los rivales de Roma, también habían desarrollado su estado, pero sobre las bases de una clase gobernante de mercaderes marítimos, cuyas rutas comerciales alcanzaron la Guinea africana y el norte de Europa, y en el Mediterráneo adquirieron Cerdeña y Córcega y dominaron el sur de España.

5.2.- La Emergencia de Macedonia y las Hazañas de Alejandro

En el capítulo anterior, inciso 4.7, vimos que cuando el ejército de Jerjes invadió Grecia por el norte el año de 480 a.E.C. pasó por un "reino" muy pobre y poco poblado llamado Macedonia: Éste siguió creciendo y desarrollándose, absorbiendo cada vez más de la cultura de sus vecinos griegos, hasta adoptar su lenguaje.

Después de la terrible Guerra del Peloponeso de 429 a 404, en que Atenas y Esparta entraron en colapso, la polis nor-central de Tebas adquirió la preponderancia militar a partir del año 371. Poco después, en 359, subió al trono de Macedonia Filipo II, quién lo agrandó con Tracia hasta los estrechos frente a Anatolia y hacia el este, con Epiro, hasta el mar Adriático, frente al "tacón" de Italia. Además, Filipo fortaleció su reino hasta tal grado que pudo tener dos y luego tres falanges de 6,000 hombres, que peleaban con seis en fondo y mil de frente. Con ellas como apoyo y con mucha diplomacia, poco a poco fue imponiendo su "hegemonía" sobre el conjunto de las polis griegas, que ni las famosas "filípicas" del ateniense Demóstenes lograron detener, hasta que el año de 338 derrotó a la coalición liderada por Tebas en la batalla de Queronea.

Filipo fue asesinado el año 336 y lo sucedió su hijo Alejandro de 20 años, quien había sido discípulo de Aristóteles. Grecia se sublevó, pero pronto Alejandro derrotó a la coalición y arrasó a Tebas, por lo que las demás polis se sometieron. A todas las invitó a reforzar su ejército para la conquista del Imperio Persa, que ya su padre había planeado y que él estaba decidido de llevar a cabo.

En la primavera del año 334 cruzó con su ejército de unos 30,000 hombres, macedonios y griegos, los Estrechos entre Europa y Asia, derrotó en el Gránico a los ejércitos de los sátrapas de Anatolia y procedió a incorporar a lo que ya podemos llamar su imperio tanto a las ciudades griegas de la costa como los ex-reinos del interior, sin que el emperador persa, Darío III interfiriera durante todo el resto del año. Darío procedió a juntar un enorme ejército en el norte de Siria, que al final incluyó a unos 250,000 soldados asiáticos.

A principios del año 333 cruzó Alejandro el Tauro y en la batalla de Iso derrotó al enorme ejército de Darío III, quien abandonó ahí su harem y su tesoro. El resto del año su ejército se dedicó a conquistar la costa de Fenicia, rindiéndose Biblos y Sidón pero teniendo que sitiar por tierra y por mar a Tiro, que quedó destruida.

Mientras, Alejandro se dirigió a Egipto, donde fundó su nueva capital y fue reconocido como faraón y como dios. Todos los macedonios creían que lo que entonces convenía hacer era consolidar el muy importante y rico "imperio" que habían conquistado, pues ya abarcaba todas las tierras ribereñas del Mediterráneo oriental, Grecia, Anatolia, Siria y Egipto, las cuales iban a durar mil años bajo soberanías griega y romana, hasta la conquista árabe: Su conservación ya no costaría guerras, pues Darío III le ofreció a Alejandro reconocerlo como soberano de esas tierras, si éste le reconocía a él la soberanía de "Asia Mayor", o sean Mesopotamia, Irán, Asia Central y la Cuenca del Indo, como acuerdo básico para negociar la paz.

Sin tomar para nada en cuenta este magnífico ofrecimiento, Alejandro dio orden a todo su ejército, a principios de 331, de dirigirse hacia el norte de Mesopotamia. Ahí derrotó a otro ejército persa, aún más grande y difícil de dirigir y maniobrar, quedando entonces como dueño nominal de todo el Imperio Persa, pues todos los sátrapas que quedaban así lo reconocieron.

Pero Alejandro no se conformó con un señorío puramente nominal a través de los sátrapas, sino que insistió en someter con su ejército, aunque ahora ya reforzado con grandes contingentes de caballería persa, todos los territorios de la meseta del Irán, de Asia Central y de la cuenca del Indo, en lo cual empleo 5 años, hasta el de 326, regresando a Mesopotamia en 324 y muriendo al año siguiente. Su imperio se lo repartieron generales macedonios, como veremos.

Con esto Alejandro completó dos hazañas diferentes, que van a modificar toda la historia subsiguiente de gran parte de Asia y del Mediterráneo:

Primero, aseguró la helenización casi completa de Anatolia o Asia Menor, como también se llamaba a lo que ahora es Turquía, cubriéndose de polis autónomas en su gobierno interno, aunque pagando impuestos. También quedaron algunos reinos vasallos y otros independientes, como Armenia.

También aseguró la semi-helenización de Siria, con su nueva capital Antioquia y muchas polis siriaco-helénicas, pero también con reinos nativos difíciles de asimilar culturalmente, como el de los judíos y el de los nabateos.

La helenización de Egipto fue la más superficial, pues si bien su nueva capital de Alejandría se convirtió en la ciudad más grande y rica del mundo antiguo, la gran mayoría de la población nunca se integró en polis, sino que siguieron siendo campesinos dependientes ya sea del gobierno heleno, de los sacerdotes o de grandes terratenientes.

Segundo, también logró una penetración helénica significativa en Mesopotamia y en Irán, aunque ahí a través de las instituciones persas. Los guerreros Partos recuperaron la soberanía de estos países menos de dos siglos después de su conquista, a mediados del siglo II a.E.C.

La penetración helénica llegó a lugares tan remotos como Asia Central y el actual Afganistán, donde funcionaron los reinos helénicos de Sogdiana y Bactriana y hasta en el noroeste de la India, donde funcionó el reino de un tal Menandro. Estos reinos greco-budistas tuvieron influencia en modelar la filosofía del Budismo Mahayana, que después se expandiría a China, Tibet, Mongolia, Corea y Japón.

5.3.- Las Componentes Culturales del Mundo Helenístico (1)

Aparte de la propia Macedonia, que siguió funcionando como un reino, de Grecia que se organizó en nuevas Ligas y de algunos reinos en Anatolia, los principales imperios sucesores de Alejandro fueron dos: El de los Seléucidas, que al principio abarcó parte de Anatolia, Siria, Mesopotamia, el Irán, Asia central y la cuenca del Indo y el de los Ptolemaicos, que al principio incluyó Egipto, Siria del sur, Cirenaica, Chipre y partes de la costa sur de Anatolia e islas del Egeo.

Este mundo helenístico, que abarcaba las tierras del Mediterráneo oriental y del Medio Oriente y cuya característica socio-política principal era la de estar constituidos por enormes estados monárquicos con poblaciones de los más diversos orígenes culturales, interactuando fuertemente unas con otras, nos va a interesar principalmente desde el punto de vista religioso, por lo que veremos varios aspectos de la situación que se dio al consolidarse las conquistas macedónicas y cómo fue evolucionando hasta que todo el mundo mediterráneo quedó absorbido por el Imperio Romano, mientras que en Mesopotamia e Irán se establecían nuevas dinastías persas.

En estos imperios había básicamente tres tipos de religiones, que a continuación describiremos citando su problemática principal:

1) Las antiguas religiones politeístas de Mesopotamia y Egipto, con derivaciones en Siria y en Anatolia, las cuales durante su larga evolución habían conservado su carácter propiciatorio. Su problema consistía en que desde la conquista persa, de hacía dos siglos, habían perdido su carácter "oficial", por lo que se estaban convirtiendo en religiones "populares", en formas que adelante veremos.

2) Había dos religiones monoteístas muy diferentes entre sí:
Una, el Judaísmo, que, como ya vimos, tenía el problema que hacía cerca de tres siglos el pueblo que la practicaba había perdido su soberanía, pero cuyos profetas y sacerdotes habían elaborado un impresionante libro, que todos creían de inspiración divina, en el que se relataba la historia del mundo, la entrada en ella del "pueblo escogido" y que apuntaba hacia un destino final que estaba en plena discusión si sería en este o en "el otro" mundo.
Otro monoteísmo, aunque con tendencia dualista, era la religión irania que Zoroastro había reformado y que profesaron los pueblos medas y persas hasta su unión bajo la dinastía Aqueménida. Esta religión perdió gran parte de su prestigio con la completa derrota del Imperio Persa, pero se siguió profesando en las satrapías bajo Alejandro y los Seléucidas y se volvió a "oficializar" bajo los subsiguientes dominios de los Partos y de los Sasánidas.

3) Estaba la religión de los Griegos, que podemos llamar Olímpica u Homérica y tipificar como un politeísmo antropomorfo, cuyo problema consistía en la disminución del ámbito de su vigencia, después de haber sufrido dos grandes conmociones casi simultáneas: Primero, la del desarrollo de la filosofía, que reclamó para sí el derecho a conocer de la naturaleza del mundo y del comportamiento del hombre mediante el análisis racional de los hechos, como único camino para encontrar a la verdad. Luego vino el fin de la soberanía de las polis, que ocasionó que desapareciera, en gran medida, su culto popular.

Esta era, gruesamente esbozada, la situación del mundo helenístico alrededor del año 300 a.E.C., cuando entró en plena efervescencia religiosa, al tiempo que mucha gente se resentía del brusco cambio que les significó el vivir en enormes estados monárquicos, en cuya marcha política tenían muy poca participación, ya que las decisiones se tomaban en las grandes nuevas capitales de Alejandría, Antioquia y Pérgamo, donde también se concentraba gran parte de la actividad científica y literaria, aunque en Atenas seguían funcionando la Academia platónica y el Liceo aristotélico.

Fue entonces cuando se desprendieron del tronco común de la filosofía, dos ideologías filosóficas, ambas catalogadas como "endoaxiales", por buscar la guía para las normas de comportamiento en el interior mismo de las personas, ya que ambas compartían la creencia básica de que "el hombre es el arquitecto de su propio destino". A los adherentes a una de estas filosofías se les llamó epicúreos y a los de la otra, estoicos.

El surgimiento de estas dos propuestas normativas y la rápida adopción de una de ellas, el Estoicismo, por gran parte del mundo helenístico, incluyendo eventualmente a los dirigentes de la República y luego del Imperio Romano, señalan, a mi parecer, una de las muestras más claras de la preponderancia del profundo y poco cambiante sentido moral de la humanidad, en comparación con su más superficial y cambiante sensibilidad religiosa.

Aunque el Epicureismo sólo fue atractivo para una elite intelectual de clase alta, vale la pena conocerlo porque tuvo características que nos parecen muy "modernas" y porque, además, no dejó de influir en muchos aspectos que adoptaron otras corrientes más populares. Epicuro (341-270), su fundador, griego de Samos, quiso barrer con la superstición religiosa, que él había sufrido muy de cerca, tratando de estructurar una visión completamente naturalista del mundo, en el que no habría misterios. Aunque aceptaba desconocer muchos aspectos de su funcionamiento, negaba que los dioses tuvieran alguna función en ello, ya que si esas visiones de los hombres realmente existían, formaban parte de nuestro mismo mundo.

En cuanto a su propuesta moral, proponía que el único criterio del buen o mal comportamiento eran nuestras propias reacciones afectivas hacia lo que planeábamos o hacíamos, buenas si nos placían y malas si nos dolían. Como en este mundo mucho depende del azar o queda fuera de nuestro alcance, hay que tratar de vivir una vida plácida, recogida y respetable, para lo cual hay que evitar hasta donde sea posible las tensiones y molestias para llegar a la *ataraxia* que se traduce como "sin tensiones" o imperturbabilidad.

En el aspecto positivo recomendaba *carpe diem* o "aprovechar el momento o la oportunidad", para lo cual había que disciplinarse, para mantener siempre una actitud amistosa y comprensiva hacia los demás, con objeto de poder recibir de ellos, en reciprocidad, un trato semejante (Regla de Oro que también Confucio recomendaba).

En esta forma, Epicuro proponía que el hombre era la medida de todas las cosas, ya que decidía su curso de acción a su libre albedrío, según los propósitos y metas que fijara a su conducta, aunque sujeto a un sistema de necesidades físicas y sociales que limitaban el rango de sus acciones.

El Estoicismo, por su parte, fue fundado por Zenón (350-260), fenicio de Chipre que se trasladó a Atenas. Basó su moral en la propuesta de adiestrarse para abstenerse de lo superfluo y actuar con firmeza y disciplina ante el dolor, de manera de minimizar los efectos de las emociones instintivas que nos afecten *(apatheia)*. Posteriormente los romanos Séneca y Epícteto acostumbraron resumir esta propuesta diciendo *abstine et substine,* es decir "abstente y soporta".

En cuanto a la visión del mundo, los estoicos concebían al universo como un único y enorme ser, cuyo control inmanente era racional y estaba conectado con sus componentes físicas, psíquicas y éticas. De esa estructuración funcional resultaban tanto los eventos físicos como la historia humana, siendo resultados de una inexorable cadena de causas y efectos, que tenían un propósito determinado.

De esta visión del mundo, los estoicos concluían que cada individuo tenía un papel natural especializado que jugar en la sociedad, ya que cada hombre tenía un profundo sentido de auto-aceptación, que lo hacía aferrarse a la existencia y buscar la supervivencia, sentimiento que gradualmente se iba extendiendo desde incluir a su prole, a su parentela, a su tribu y a su comunidad política hasta incluir, por último, a toda la humanidad. Así que, según los estoicos, el hombre tenía tanto el derecho de membresía en una sociedad como la obligación de conducirse para provecho de la misma, con lo que reconocían y sostenían un fuerte imperativo moral.

El contenido de esa moral puede resumirse en la obligación de vivir en armonía con la naturaleza (como también recomendaba Lao-Tsé), plegarse al orden universal, como lo desea la divinidad, e identificarse con ella. Si así procede el hombre, puede independizarse de sus circunstancias de rango y situación social, lo que significa reconocer el valor intrínseco de cada ser humano.

5.4.- Historia Política en los Siglos III, II y I a.E.C.

En el siglo III los Imperios Seléucida y Ptolemaico prácticamente mantuvieron su configuración inicial, favorecieron el comercio y estuvieron prósperos, y algo parecido puede decirse de Macedonia y de Grecia. En el Mediterráneo Occidental, en cambio, fue una época de tremendas confrontaciones entre potencias nacientes: a) La República Roma, que, como ya vimos en el inciso 5.1, había extendido su "derecho de gentes" a todo el centro de la Península; b) Las "polis" griegas del tercio sur, entonces muy apoyadas por los macedonios; y c) La República mercantil de Cartago en el Norte de África y sur de Hispania. Veremos brevemente cómo y por qué Roma quedó victoriosa.

Primero, Roma derrotó e incorporó a las polis griegas del sur, a pesar de que contaron con el apoyo de Pirro, rey de Epiro y sobrino de Alejandro Magno, pues aunque éste consiguió dos victorias "pírricas", Roma siguió contando con la lealtad de los pueblos itálicos del tercio central, por lo que al fin derrotaron a Pirro e incorporaron a las polis.

Esto colocó a Roma contra Cartago, con quienes ya tuvieron frontera en Sicilia, y tras una larga guerra, la 1ª "Púnica", en que los romanos tuvieron que formar su marina, consiguieron Sicilia, Cerdeña y Córcega.

Sin embargo los cartagineses, dirigidos por la familia Barca, reforzaron su dominio en el tercio sur de España, donde Aníbal forjó un formidable ejército, con el que peleó la 2ª Guerra Púnica: Cruzó la Galia y los Alpes el año 218, e invadió el norte de Italia, donde derrotó a los romanos (quienes ya habían sometido a los galos). Luego siguió avanzando por Italia del centro y del sur, donde en 216 aniquiló completamente al ejército romano en la única batalla "perfecta" de la historia. Parecía que el fin había llegado para Roma, pero su magnífica institución del derecho pactado les permitió defender la ciudad y volver a formar un nuevo ejército, que ya no usó para enfrentar a Aníbal en la Península, sino para atacar sus posesiones en España y luego para atacar a la propia Cartago, lo que obligó a Aníbal a acudir ahí sin su ejército el año 202 y ser derrotado por los romanos dirigidos por Escipión "el africano".

Para el siglo II la balanza se inclina en contra de todos los reinos helenísticos y a favor de Roma, quien derrota e incorpora a Macedonia (168) y luego a Grecia y a Cartago (146) y recibe como herencia el reino de Pérgamo en Anatolia. Los Seléucidas, que en 200 arrebataron Siria del sur a los Ptolemaicos, son derrotados por Roma en 188 y luego pierden Irán en 155 y Mesopotamia en 125 ante los Partos, quedando reducidos sólo a Siria.

Estos triunfos del siglo II, relativamente fáciles para Roma, causaron, a muy largo plazo, su perdición final, pues dañaron irreversiblemente la calidad de su sistema político que tanta fuerza le había dado a su sociedad. El daño se produjo con el enorme poder y riqueza que muchos militares y senadores romanos "adquirieron" con esos triunfos, lo que les permitió comprar grandes propiedades agrícolas o latifundios, que trabajaban con los esclavos obtenidos por las guerras. Esto fue aplastando a la clase media de pequeños propietarios rurales, de donde también salían los empresarios y mercaderes. Aunque los hermanos Gracos pelearon en el Senado por un reparto agrario, fueron siendo asesinados por la plebe, azuzada y protegida por los ricos y poderosos. Así, fue desapareciendo la clase media, nervio y sostén de la democracia

El siglo I a.E.C. vio surgir a los "triunviratos" en la alta política de la todavía República Romana, compuestos normalmente por un general victorioso, un famoso senador y un rico empresario, como Mario y Sila; Pompeyo, Craso y César y Marco Antonio, Lépido y Octavio, que luego terminaban peleándose, hasta que éste último se convierte en Emperador el año 30 a.E.C. con el nombre de Augusto.

Para entonces el Imperio Romano abarcó a todos los países ribereños del Mar Mediterráneo, en Oriente: Grecia, Macedonia, Anatolia, Siria y Egipto, y en Occidente: Italia, Galia, Hispania y el norte de África. Su único vecino civilizado era, en oriente, el Imperio Parto, que incluía Mesopotamia, Irán y partes de Asia central.

5.5.- Evolución Cultural en los Siglos III, II y I a.E.C.

La efervescencia religiosa en el mundo helenístico a que nos hemos referido tenía por causas: a) La pérdida de vigencia de las religiones politeístas, b) El trastorno social que significó el cambio político en el que gobernaban minorías de distinta formación cultural que la del pueblo y c) Las interacciones de unas creencias y prácticas religiosas con otras. A todo esto reaccionaron las gentes como bien lo dice Pierre Lévèque "Ese fervor era aún mayor entre el pueblo, abrumado por la crisis social, contrariado por las vicisitudes de una tormentosa historia, arrancado de sus creencias tradicionales y por no tener el consuelo de la sabiduría, el ansia de salvación se convirtió en un suplicio y la masa sólo halló sosiego en los cultos emocionales, incluso extáticos, que procuraban al creyente un contacto directo y personal con el dios por él elegido."[2]

Así se empezó a formar en el mundo helenístico la noción de "la salvación del alma" de cada individuo para después de la muerte de su cuerpo, tomando "prestadas" para ello las creencias iranias de la supervivencia espiritual de los héroes y las ideas filosóficas griegas de la relación de la parte espiritual del alma *(nous)* con lo divino. Este nuevo concepto religioso tuvo un marcado efecto en el comportamiento social de los pueblos griego, anatolio, sirio y egipcio, pues al dejar de funcionar muchos de los cultos oficiales politeístas, los individuos tuvieron que asociarse con otros que estuvieran dispuestos a creer en la misma fórmula divina de salvación, sin importar mucho el status social, el origen étnico o el género de los mismos, de manera que en esas comunidades culturales o cofradías se mezclaron helenos y orientales, libres y esclavos y hombres y mujeres.

¿Cuáles fórmulas divinas de salvación se adoptaron? El Judaísmo y el Zoroastrismo marcaron la pauta tanto en disminuir el número de deidades actuantes hasta quedar en uno o en dos, como en establecer la condición que para merecer la salvación los adeptos tenían que cumplir tanto con la observancia de un código moral como con la práctica de rituales, muchos de ellos ocultos en misterios. Pero los personajes actuantes más populares fueron la diosa Isis y su hermano-marido Osiris, a quienes la corte Ptolemaica representó en la versión helenística de Serapis. En grado de popularidad descendente también fueron protagonistas Deméter, Astarté y Afrodita.

En la comunidad judía de Palestina ocurrieron en el siglo II a.E.C. unos eventos socio-políticos que formaron otro concepto que va a ser tan importante en el futuro como el de la salvación del alma que ya vimos. Este otro concepto es el de la intransigencia monoteísta de prohibir a sus fieles a que participen en cualquier tipo de sacrificios, ceremonias o rituales ante cualquier dios pagano o ante cualquier personaje humano que se pretendiera deificar.

Los eventos ocurrieron como sigue: Entre los años 320 y 200 a.E.C. Siria del Sur, que incluía a Palestina, perteneció a los Ptolomeos de Egipto. Como fueron muy tolerantes, la comunidad judía de Palestina no tuvo problemas en aceptar ser súbditos de ellos, mientras que la de Alejandría fue apoyada por la corte para traducir la Biblia al griego, en la llamada "Versión de los Setenta" o *Septuagint*. Sin embargo, el año 200 los Seléucidas les arrebataron Siria del Sur a los Ptolomeos, pero el año 188 fueron derrotados en Anatolia por los romanos, por lo que sus súbditos iranios pronto dieron muestras de desafecto.

El nuevo rey seléucida, Antíoco IV Epífanes, decidió fortalecer la unidad de su imperio, que amenazaba con dividirse, fomentando la helenización de sus súbditos en Siria y privilegiando sus instituciones hasta en Jerusalén, donde el año 167 el pueblo se levantó en armas. Esto provocó la rebelión de todos los judíos de Palestina, la cual fue dirigida por los hermanos llamados Macabeos y no terminó hasta que 30 años después uno de sus hijos, Juan Hircano, fue proclamado rey, con lo que quedó instituido formalmente en el Judaísmo la prohibición a sacrificar ante ídolos o personajes deificados.

Con objeto de situar históricamente estos acontecimientos en la perspectiva del futuro Cristianismo, que luego veremos, diremos aquí que ese reino judío fue avasallado por Pompeyo el año 64 a.E.C. y reducido de tamaño. El último rey vasallo fue Herodes y en el último año de su reinado, probablemente el año 5 a.E.C., va a nacer Jesús, según relatan los evangelios.

Para terminar de describir al Judaísmo en tiempos ya cercanos a la predicación de Jesús, diremos que su rama mesiánica, dentro de la cual iba a ser educado, estaba en aguda frustración, pues no comprendían cómo el Mesías prometido iba a poder derrotar al poderío romano en pleno auge. Por esta razón algunos de los judíos pacifistas de esta rama, entre los que se va a situar Jesús, simplemente abandonaron toda explicación histórica plausible y abrazaron una visión "finalista" del futuro, en la cual, por directa intervención divina, todo se arreglaría en "el final de los tiempos", cuando los muertos resucitarían y junto con los vivos serían juzgados ¿Todos los hombres o solo los del pueblo elegido? Los justos ¿Irían al paraíso o la Jerusalén celestial? Y los condenados ¿Al *Gehena*, al *Sheol* o al fuego eterno? Nadie podía contestar con seguridad a estas preguntas.

Mientras tanto, la Academia, bajo Arcesilao, tomaba en el siglo III la posición de aceptar sólo el conocimiento intelectual que tuviera probabilidades razonables de ser cierto y bajo Carneades, en el siglo II, negó la existencia tanto del mundo ideal platónico, como de la inexorable cadena de causas de los estoicos, cerrando así todas las vías a la certidumbre dogmática. Aunque los académicos aceptaban que el universo era un todo interconectado y orgánico y que la naturaleza es coherente en sus fuerzas y procesos, negaban que de eso se dedujera la existencia de un dios providente, ni de dioses antropomorfos. Carneades agregaba que si bien gran parte de las fuerzas que gobiernan el universo son externas al hombre, también influían en su marcha fuerzas humanas internas originadas en la libre voluntad. Debido a estos ataques de la Academia, Panecio de Rodas (185-112), quien introdujo el Estoicismo en Roma, en el Círculo de los Escipiones, rechazó la astrología y la adivinación y aflojó el estricto control sobre los supuestos malos efectos de las emociones instintivas y apoyó el logro de las aspiraciones que dichas emociones conllevan, con lo que se entró en la etapa humanista.

Sin embargo, en la contienda decisiva que pudo haber conservado la democracia romana, si los hermanos Gracos hubieran podido proteger a los pequeños propietarios rurales contra los grandes latifundios esclavistas, Panecio alineó al Estoicismo contra ellos y a favor de los Escipiones y de los demás grandes propietarios, generales y senadores.

En el siglo I a.C. Posidonio (135-55) y Cicerón (106-43) dieron su tercera cara al Estoicismo, el primero anclándolo en la naturaleza y el humanismo, tratando así de dar contra al movimiento religioso que pregonaba la creencia en "el otro mundo", introduciendo en la historia factores tales como el entorno cultural el clima y la dieta, en vez de las intervenciones divinas. Cicerón fue el gran sintetizador y divulgador en lengua latina del saber griego, aportando, por su parte, la noción del derecho basado en la ley natural.

5.6.- El Alto Imperio Romano.

Se le llama Alto Imperio Romano al lapso histórico en que este cuerpo político operó en un alto nivel comercial que le permitió mantener su gran estructura urbana, aunque iba en un lento deterioro social que resultó ser irreversible, en razón del lento acabamiento del pequeño propietario rural, productor también de empresarios y única fuente de conscriptos motivados democráticamente. El acabamiento de la clase media resultó en que el ejército se fuera haciendo mercenario con lo que a su vez se hacía más caro de mantener y menos eficiente para pelear. Esto llevó a la contratación de bárbaros, lo que a su vez fue agravando la presión de los mismos en las fronteras europeas del Imperio, que eran los ríos Rin y Danubio.

Formalmente Roma seguía siendo una república y el Senado funcionaba, pero al jefe ejecutivo y judicial, el emperador o jefe del ejército, se le conferían además las funciones de cónsul vitalicio, tribuno popular y hasta pontífice máximo, por lo que prácticamente era un monarca, pero sin derecho hereditario, sino que normalmente adoptaba como sucesor a aquel miembro de su familia extensa o de su grupo político íntimo que tuviera las mejores condiciones para comandar al ejército.

Hubo, en este lapso, cuatro "dinastías" adoptivas, como sigue:
De 30 a.E.C. a 67 la Dinastía Julio-Claudia, que incluyó a Augusto, Tiberio, Calígula, Claudio y Nerón.
De 67 a 96 la Dinastía Flavia que incluyó a Vespasiano, Tito y Domiciano.
De 96 a 193 la Dinastía de los Antoninos que incluyó a Nerva, Trajano, Hadriano, Antonino Pío, Marco Aurelio y Cómodo
De 194 a 235 la Dinastía de los Severos, que incluyo a Septimio Severo, Caracalla, Heliogábalo y Alejandro Severo.

Al principio de este lapso de 265 años, es decir poco antes de que surgiera y que empezara a tener importancia social el Cristianismo, los dirigentes del Imperio Romano ya habían empezado a interesarse en crear un criterio para uniformar las creencias y, sobre todo, el culto religioso, pero se encontraron con los siguientes problemas:

En primer lugar "los dioses del Olimpo se habían quedado congelados en sus posturas Homéricas... mientras que la sociedad que los había esculpido a su imagen y semejanza había evolucionado hacia nuevos niveles de conocimiento y moralidad."[3] Por otra parte el Dios de los filósofos, ya sea la Mente Ideal de Platón o el Primer Motor de Aristóteles, podían ser conceptos persuasivos, pero tenían la gran desventaja de nunca haber tenido un culto y carecer, por tanto, de todo atractivo religioso.

Por otro lado, la ciencia, aunque había avanzado mucho en el aspecto cualitativo de las formas y las funciones y de los cambios y evoluciones de la materia y de la vida, carecía de técnicas cuantitativas casi por completo, ya que su sistema de numeración no tenía el orden de potencias de diez por columna que la invención hindú del símbolo del cero va a permitir. Así que la ciencia dejaba demasiadas cosas del universo sin explicación, para que pudiera pensarse en prescindir de las religiones.

Quedaba la opción de la bóveda celeste que a todos impresionaba, desde los filósofos hasta el pueblo común. Lo malo para los romanos era que los orientales, mesopotamios y egipcios, se les habían adelantado y luego sus vecinos persas ya tenían un culto solar, que eventualmente adoptarían, pero, por lo pronto, querían algo más práctico, que reforzara el deber patriótico y realzara la figura del emperador. Para ello recurrieron a los estoicos.

Los estoicos tenían la enorme ventaja de promover el principio monista de la unidad entre lo divino y lo humano que casi todo el mundo helenístico romano compartía, por lo que sólo tenían que esforzarse en lograr alguna congruencia entre las antiguas mitologías, las nuevas ideas filosóficas, la ciencia cualitativa y la astronomía. Era un cometido muy difícil, por cierto, pero los estoicos lo lograron mediante una nueva técnica de estudio textual, llamada lectura alegórica o del sentido subyacente, según la cual una parte del texto se podía leer en sentido literal y otra en sentidos filosófico, poético o ideológico. (Esta técnica se las van a agradecer desde el fondo de su alma todas las religiones monoteístas, para poder leer con algo de congruencia sus textos sagrados).

Por lo pronto, los estoicos entregaron a los dirigentes romanos lo que tanto necesitaban: Un solo universo, un principio divino, una moral, una ley y un solo estado. A la cabeza del estado estaba un personaje a quién el Senado procedía a deificar cuando moría, si había sido bueno, o a veces en vida, como a Augusto y sólo lanzaba anatemas contra los que terminaban mal una dinastía, como en el caso de Cómodo, de quien legislaron que fue: "Más cruel que Domiciano, más impuro que Nerón".

5.7.- Los Orígenes del Cristianismo.

La predicación de Jesús, que probablemente tuvo lugar en los años del 25 al 28 de la Era Común, cuando Tiberio era emperador, se enmarcó dentro de la visión apocalíptica y mesiánica de aquella parte del Judaísmo que consideraba inminente "el fin de los tiempos", como vimos en el inciso 5.5, y que produjo tanto a los Zelotes, quienes acabarían sublevándose contra Roma, como a los Esenios, que practicaban una vida comunal aislada del resto. Jesús difirió de los primeros en su pacifismo, pues describió al Reino como proviniendo del cielo, cosa que ocurriría en esa misma generación. De los segundos difirió en no aislarse, sino en predicar abiertamente para toda la población de creyentes judíos, exhortándolos a cumplir con la Ley de Dios sincera y caritativamente, sin escudarse en la puntillosa pero fría observancia ritual de los Fariseos.

A pesar de que la predicación de Jesús provocó un movimiento limitado sólo a los judíos de Palestina, adquirió un intenso dramatismo al lograr la cúpula sacerdotal del Templo de Jerusalén y sus seguidores fariseos la intervención de las autoridades Romanas, encabezadas por Poncio Pilatos, a quienes convencieron de que podría ser el inicio de una sublevación, ya que Jesús se proclamaba "Hijo de Dios", y, por tanto, dijeron, "Rey", accediendo entonces Pilatos a condenarlo a que fuera azotado y crucificado.

Los seguidores de Jesús siguieron frecuentando y siendo aceptados en el Templo, hasta que, tras adquirir la convicción de que su Maestro había resucitado, empezaron a proclamarlo como el Mesías prometido, primero sólo en las sinagogas de los judíos helenizados que visitaban Jerusalén, y a ir sacando la conclusión de que muchos aspectos rituales de la Ley antigua habían sido abrogados, y que el Templo sería destruido, tal como Jesús lo había profetizado. Cuando empezaron a predicar esto abiertamente fueron condenados por el establecimiento sacerdotal, apedreando a muerte a uno de ellos, San Esteban, probablemente en el año 34.

Saulo, un judío helenizado de Tarso, en Anatolia, que había presenciado la ejecución de San Esteban y tomado nota de las proclamaciones de los seguidores de Jesús, que, como a muchos judíos, le parecieron blasfemas, se convirtió por una visión que tuvo en el camino a Damasco, que lo dejó ciego por un tiempo. Luego se trasladó a Antioquia, la capital de Siria, donde se presentó, en el año 35 o 36, a San Bernabé, que ahí hacía de cabeza del grupo de judíos seguidores de Jesús.

Al darse cuenta ambos de la buena disposición de muchos gentiles clientes del Judaísmo, es decir de sirios, anatolios y griegos que conocían y aceptaban el monoteísmo judío, pero que no estaban dispuestos a practicar los estrictos rituales de la Ley, decidieron predicar la buena nueva y aceptar dentro del grupo a todo aquel que reconociera a Jesús como Mesías. Esta decisión tensionó las relaciones entre los antioqueños y el grupo de Jerusalén, cuyas cabezas eran San Pedro, San Juan y Santiago, pero al fin, hacia el año 38, llegaron al acuerdo que ni la circuncisión ni los rituales serían obligatorios para los gentiles que aceptaran tanto a Jesús como al monoteísmo bíblico.

Así que San Pablo y San Bernabé volvieron a Antioquia y predicaron libremente tanto entre los judíos como entre los gentiles, pasando los conversos de ambos antecedentes religiosos a formar parte del mismo grupo, cuyos integrantes para el año 40 ya eran llamados "Cristianos", por el nombre griego de "ungido" o "mesías" que se le daba a Jesús. Había nacido así, unos doce años después de la muerte de su fundador, la religión que iba a conquistar al Imperio Romano y que luego iba a ser "el capullo" en el que nacerían dos civilizaciones de tercera generación, la Occidental, Católica o Romana (luego parte de ella Protestante) y la Oriental, Bizantina u Ortodoxa.

La predicación del Cristianismo la hicieron, principalmente, San Pablo en Anatolia y en Grecia, dejando asentada su doctrina en sus famosas cartas o epístolas. Los apóstoles de Jerusalén tuvieron que abandonar esa ciudad tan pronto como empezó a prevalecer el zelotismo militante, en el cual pereció Santiago y se separaron para predicar el evangelio en Siria, en Egipto y en algunas ciudades del sur de Italia. Todos los apóstoles siguieron, más o menos, la misma estrategia: Predicar primero en las sinagogas, hasta que la comunidad judía se escindía y luego reforzar al grupo que aceptaba a Jesús como Mesías con los gentiles conversos, quienes también tenían que aceptar el monoteísmo bíblico.

San Pedro predicó en Roma, donde fundó una comunidad cristiana y narró sus recuerdos de Jesús, los cuales uno de sus discípulos, San Marcos, registró por escrito. San Pedro pereció el año 64 en la persecución de Nerón.

Unos 10 años después de la destrucción del Templo de Jerusalén, o sea hacia el año 80, San Mateo escribió en Siria otro evangelio que narra algo de la infancia de Jesús, y pocos años después San Lucas, un médico de cultura helénica, escribió el suyo y lo continuó con los Hechos de los Apóstoles. Por último, hacia el año 95 San Juan registró sus recuerdos y expuso la doctrina de la preexistencia del "verbo" o *logos* de Cristo que había vivido con el Padre "desde el principio". Luego, algún discípulo de él, probablemente en Éfeso, escribió el Apocalipsis hacia el año 105.

Como siempre sucede, los inicios, digamos los primeros 100 años, hasta el aplastamiento de la última sublevación de los judíos zelotes de Palestina en 135, el Cristianismo creció muy lentamente entre la población no judía, pues representaba una visión extraña de la divinidad, trascendente, personal y hasta histórica, en vez de la visión inmanente e impersonal de los estoicos, muy apreciada por las autoridades romanas porque tendía hacia el absolutismo monárquico y la deificación del emperador. Todo esto significaba, aparte de su extrañeza, un riesgo político para las clases medias y más aún para las altas, por lo que en este lapso los principales conversos al cristianismo fueron esclavos o gente de clase baja, de las ciudades más que del campo y casi nada más en la parte oriental del Imperio.

Sin embargo, ese Cristianismo incipiente fue adquiriendo características que lo fortalecieron y lo fueron haciendo más atractivo, siendo la principal de ellas el que formaba verdaderas comunidades muy solidarias, pues practicaban la caridad y el respeto a todas las personas. Hacía esto por su firme creencia de que el comportamiento de cada uno en este mundo iba a ser juzgado, y premiado o castigado, en "el otro", así que al final prevalecería el bien y la justicia, por duras e injustas que hubieran sido las circunstancias terrenales.

Una vez que el resto de la población se fue convenciendo de la calidad moral de esas congregaciones, fueron dejando de creer que en sus reuniones celebraban ritos repelentes. En el aspecto positivo,, admiraban su sencilla fórmula de salvación y su monoteísmo personalizado. Por todo ello, para que grandes grupos de población se convirtieran, ya sólo faltaban de derribar dos obstáculos: Que sus creencias teológicas fueran consideradas aceptables por la cultura helénica y, la más difícil, que se encontrara una manera de compaginar el patriotismo romano con las creencias y las prácticas cristianas.

El primer obstáculo, la falta de respetabilidad intelectual, fue siendo superado en la Ciudad de Alejandría, la cual atrajo a varios conversos entrenados en filosofía, que luego fueron llamados "los apologistas". El primero de ellos fue el sirio San Justino, quien basándose en un compendio de los cuatro evangelios, escritos o traducidos al griego, hacia el año 140 él y un discípulo empezaron a darle una estructura racional a la teología cristiana, argumentando su verdad de acuerdo con las reglas de la lógica, aunque sus premisas fueron todavía débiles y defensivas. Luego Justino pasó a Roma donde murió como mártir.

Hacia el año 190 le siguió en Alejandría el ateniense San Clemente, quien forjó una estructura teológica más amplia y coherente, que juntaba la fe en los misterios revelados, tales como la Trinidad, la Encarnación y la Redención, con los conceptos filosóficos que los interpretaban en una forma racional. La síntesis resultante la destinó a instruir a los Supervisores (Epíscopos) u obispos, quienes ya para entonces encabezaban a todas las comunidades cristianas de casi todas las provincias de la parte oriental del Imperio y algunas pocas de la parte occidental, entre las cuales le habían acordado una cierta primacía al obispo de Roma. A veces los obispos se juntaban en sínodos para presentar un frente común contra las herejías o desviaciones doctrinales, como lo hicieron contra algunas facciones ultra-cristianas que pretendieron abolir el Antiguo Testamento, o para combatir el Gnosticismo, una doctrina pesimista, elitista y dualista derivada también del Judaísmo

Entre los años de 210 y 250 el egipcio Orígenes fue el apologista cristiano más prolífico, siendo excomulgado por un sínodo en 231, por el giro neoplatónico que le dio a su doctrina sobre la preexistencia del alma de Cristo. Sin embargo su manera de interpretar el Antiguo Testamento desde el punto de vista cristiano y su manera de leer toda la Biblia según las reglas y técnicas filosóficas, fueron aportaciones básicas para el naciente Cristianismo, sobre todo cuando la Iglesia se vio forzada a considerar que "el fin de los tiempos" se retiraba hacia un futuro indefinido y lejano, por lo que había que prepararse para una larga militancia en este mundo, institucionalizando los medios de salvación llamados sacramentos.

La última religión rival importante del Cristianismo en el ánimo de las clases altas del Imperio fue el Neoplatonismo, al cual el egipcio Plotino le dio su forma clásica y definitiva entre los años 250 y 270, cuando tuvo acceso a los altos círculos del poder en Roma. Era una metafísica trascendental a la que se llegaba mediante un arduo entrenamiento intelectual y moral hacia el interior del individuo, en la cual sintetizó toda la espiritualidad deducible por la pura razón, según depuradas técnicas filosóficas. La debilidad de esta doctrina estuvo en ser casi inaccesible para las clases populares, por lo que nunca arraigó en el pueblo.

5.8.- De la Anarquía Militar al Triunfo del Cristianismo

El acabamiento de la clase media en Italia, debido al aplastamiento del pequeño propietario agrícola por los latifundios esclavistas, que se inició al fallar las políticas de los Hermanos Gracos en 123 a.E.C., tuvo un dramático desenlace en tiempos del emperador Alejandro Severo, cuando un ejército ya completamente mercenario y en proceso de barbarizarse, y, por tanto tan caro como poco eficiente, mostró su ingobernabilidad, primero al asesinar al gran jurista Ulpiano delante del emperador y luego al propio emperador en la frontera del Rin, el año 235, culminando así un deterioro de más de 350 años.

Durante la Anarquía Militar, como se le llamó al terrible período entre los años 235 y 270, partes del Imperio se independizaron, en otras entraron los pueblos bárbaros germánicos y a veces había varios "emperadores", tratando de hacerse con el poder en una u otra parte del Imperio.

Por último, el ejército, desde sus jefes hasta los soldados, se dieron cuenta de que estaban matando a la fuente de sus ingresos y de su estabilidad, por lo que aceptaron seguir a una serie de buenos y patriotas emperadores, como Aureliano, Probo y Tácito, que entre 270 y 284 trataron de hacer marchar al Imperio según su antigua estructura, pero escasamente lo lograron, por las siguientes razones:

a) El comercio había reducido mucho su volumen y el tamaño de muchas ciudades, Roma entre ellas, se estaba reduciendo; b) Los esclavos ya hacía mucho que no se podían adquirir y habían ido mermando en número y en importancia; y c) La población total estaba disminuyendo, sobre todo en Italia. Por lo anterior, el gobierno imperial recaudaba cada vez menos impuestos, con los que no podía pagar bien al ejército, al que cada vez necesitaba más para defenderse de los cada vez más fuertes bárbaros germánicos en su frontera europea y del nuevo Imperio Persa Sasánida en su frontera asiática, quienes ya habían derrotado y apresado a un emperador romano.

Todos estos problemas fueron encarados frontalmente por el Emperador Diocleciano quien ascendió al trono en 284, llevando a cabo las siguientes tres grandes y muy necesarias reformas en la estructura del Imperio:

1.- Primero, reconoció que el Imperio ya no podía gobernarse desde Roma, por lo precario de sus comunicaciones en comparación con los problemas por resolver, por lo que decidió establecer dos nuevas capitales administrativas: Una para la Parte Oriental, la menos dañada, que situó en los estrechos del Mar Negro al Mediterráneo, entre las Penínsulas de Anatolia, en Asia, y de los Balcanes, en Europa, llamada Nicomedia, en la cual él se instaló. Para gobernar la Parte Occidental escogió a su compañero militar y paisano de Iliria, Maximiano, a quien le recomendó instalarse en Milán, donde quedaría más cerca de las legiones que defendían las fronteras del alto Danubio y del Rin. También decidió que ambos recibieran del Senado el título de Augustos y que cada uno designara oficialmente a su sucesor, dándole el título de César, para que les ayudara con las tareas administrativas y, sobre todo, para que así se evitaran las guerras sucesorias. A su César le encargó que residiera en Antioquia y en Alejandría, para ayudarle en Siria y en Egipto y al de Maximiano que residiera en Tréveris, en la frontera del Rin, para que lo ayudara con la administración de la Galia y de Britania.

2.- Segundo, en el nivel provincial separó las funciones administrativa y militar, que hasta entonces se le asignaban a la misma persona, pero que a partir de entonces el jefe militar sería independiente y estaría sólo a las ordenes de su comandante imperial. El jefe administrativo, por su parte, tendría la función primordial de recaudar los impuestos que fueran necesarios, ejerciendo duras medidas sobre la población: A cada distrito de su jurisdicción se le asignaría una determinada cantidad, la cual tendrían que entregar en forma solidaria, recaudándola entre ellos mismos. Si los campesinos de un área no podían o no querían recaudar así los impuestos, entonces pasaban al *status* de siervos de un señor, y él sería el encargado de pagar los impuestos.

Estas medidas se aplicaron y dieron resultados por casi 20 años, pero en el año 302 Diocleciano se dio cuenta de que lo que había estructurado era una especie de máquina para exprimir dinero de la población, pero sin "alma", es decir sin que la gente se sintiera motivada por patriotismo, ni aún enfatizando el *status* de divinos que se les otorgó a los dos "Augustos". Había que hacer, entonces, una tercera reforma. El problema principal radicaba en cómo tratar a los cristianos, quienes en Anatolia ya constituían poco más de la mitad de la población, en Siria y en Egipto alrededor del 40% y en Grecia y los Balcanes entre un tercio y un cuarto. En Occidente, en cambio, todavía eran muy pocos, quizás un 10% en Italia y 5% o menos en el resto.

El César Galerio del Este lo convenció de que la solución consistía en perseguir a los cristianos hasta que aceptaran hacer sacrificios de culto adoratorio al emperador, accediendo a ello Diocleciano en 303. Como era de esperarse, muchos cristianos se negaron a hacerlo, dando comienzo una sangrienta persecución en la parte oriental del Imperio. En Occidente, Maximiano aplicó el decreto con tibieza, mientras su César, Constancio Cloro, prácticamente lo ignoró. En 305 Diocleciano abdicó, pero el nuevo Augusto, Galerio, siguió con la persecución en Oriente, apoyado por su César Maximino Daya. Poco antes de morir en 311 Galerio publicó un edicto de tolerancia, que Daya dejó en suspenso. En Occidente, Constantino, hijo de Constancio Cloro derrotó a Majencio, hijo de Maximiano, en 311 y junto con su cuñado Licinio promulgó en Milán, en 313, el Edicto de Tolerancia a los cristianos. Licinio marchó a Oriente, derrotó y mató a Maximino Daya y dio fin a toda persecución contra los cristianos.

Independientemente de sus convicciones religiosas personales, que probablemente permanecieron paganas hasta el fin de sus días, Constantino y Licinio se dieron cuenta de que al aceptar y promover a los cristianos como nueva columna vertebral del Imperio, estaban introduciendo en el ámbito político a un nuevo tipo de personaje divino, ya que sus súbditos cristianos adoraban al único Dios como Creador, Providencia y Juez de todo el universo y, por tanto, de todos los pueblos y de todos los monarcas. Ambos Augustos tuvieron que aceptar esta propuesta porque la consideraron menos mala que seguir con la terrible sangría en el ya demasiado cristianizado Oriente.

Por su parte, los filósofos, pensadores y miembros de las clases altas veían con desmayo que se estaba introduciendo, por encima de los criterios de verdad y certidumbre que el Helenismo había forjado en su ya larga historia, un nuevo criterio de verdad "revelada" que los cristianos consideraban que tenía absoluta primacía sobre cualquier otro, aunque sus mejores pensadores aceptaban que lo que la Fe enseñaba no podía contradecir al orden natural que la ciencia y la filosofía estudiaban, ya que ese orden era también obra de Dios.

Sobre estas dos cuestiones, la política y la intelectual, Constantino y Licinio empezaron a diferir, el primero promoviendo con mucho celo el Cristianismo en Occidente, mientras que el segundo tratando de equilibrar en Oriente su política entre cristianos y helenistas de la vieja cepa. En el año 324 se llegó al rompimiento entre ambos Augustos, marchando Constantino al Este, donde derrotó a Licinio, a quien luego hizo matar.

Constantino, ya como emperador único, decidió trabajar con la jerarquía de la Iglesia para controlar desde adentro la ideología de la Cristiandad, pero entonces se dio cuenta de que la propia Iglesia no estaba muy segura ni era unánime en cuanto a sus creencias teológicas. Como al gobierno imperial no le convenía que hubiera discrepancias, ordenó a su "ministro del Cristianismo", el Obispo Osio de Córdoba, a que convocara a un Concilio Ecuménico, el cual se reunió y sesionó en Nicea, cerca de Nicomedia, el año 325.

La gran mayoría de los obispos eran de las partes orientales del Imperio, por lo cual se dividieron en tres "Patriarcados", Nicomedia, Antioquia y Alejandría, reconociendo otro, el de Roma, para todo el occidente. El problema principal del dogma o creencia oficial era "la naturaleza" de Jesucristo. Los obispos con mayor educación helenística habían seguido el camino trazado por San Clemente, en el sentido de la preexistencia de Jesucristo por toda la eternidad. El grupo más avanzado de entre ellos, encabezado por San Atanasio, Patriarca de Alejandría, proponía, siguiendo también al apologista latino Tertuliano, ya no sólo dos sino tres "personas" en Dios, la del Padre, la de su Hijo Jesucristo y la que había resultado de la interacción entre esas dos, a la que llamaron "el Espíritu Santo", pero siendo las tres "de la misma sustancia".

Pero en la propia Alejandría el obispo de uno de sus distritos, Arrio, originario de Libia, predicó hacia el año 321 una versión más estrictamente monoteísta, parecida a la del futuro Islam, de que el único Dios era el Padre, mientras que el Cristo, el Verbo, había sido creado en el tiempo y enviado para la salvación de los hombres.

En las sesiones del Concilio la propuesta de Atanasio obtuvo amplia mayoría, pero Arrio y un pequeño grupo de seguidores, libios como él, no cedió. Entonces el Concilio emitió en su acta final un resumen de la Doctrina Cristiana, que es el famoso "credo" que define la ortodoxia o doctrina correcta.

Constantino siguió apoyando al Cristianismo, terminó su nueva capital en el lado europeo del estrecho del Bósforo en 336 y sus herederos siguieron, aunque más tibiamente, su política, excepto su sobrino Juliano, quien en su corto reinado de 360 a 363 trató de volver a poner en igualdad jurídica al paganismo. Siguió la dinastía Valentiniana, plenamente comprometida con el Cristianismo, cuyos creyentes le daban al Imperio su plana lealtad en asuntos militares y administrativos, aunque reservaban su adoración sólo a Dios, pero aún así apuntalaban ideológicamente al gobierno, pues su doctrina les enseñaba que toda autoridad proviene originalmente de Dios, lo que les daba una visión "católica" o universal, que cuadraba bien con la estructura cosmopolita del Imperio y, en ese aspecto, continuaban la misma moral pública de los estoicos.

5.9.- La Oficialización del Cristianismo y las Invasiones Bárbaras

Para entonces los pueblos bárbaros germánicos se amontonaban en las fronteras del Imperio listos para entrar a la menor seña de debilidad en las defensas fronterizas. Al norte del bajo Danubio y por todo los que hoy es Ucrania se habían asentado los del gran pueblo Godo, una parte de los cuales los del oeste o Visigodos, inmediatos a la frontera, se habían convertido al Cristianismo, pero a la variedad arriana del mismo.

Sucedió que el año 374 unas hordas de pueblos mongoles, los Hunos, cruzaron el río Volga donde más se acerca al Don y atacaron a los godos orientales u

Ostrogodos, derrotándolos y haciéndolos sus esclavos militares. Viendo esto, los visigodos cruzaron el Danubio y pidieron asilo al Imperio en 375, permitiéndoseles que se asentaran en lo que hoy es Bulgaria. Sin embargo, el ejército romano los trató tan mal que se sublevaron en 378 y cuando el Emperador Valente acudió con sus legiones a tratar de someterlos, los visigodos hicieron historia militar al derrotar con su caballería a la infantería romana y matar al emperador, en la famosa batalla de Adrianópolis. De ahí en delante, por más de mil años, la caballería decidiría las batallas campales.

En esas terribles circunstancias subió al trono el hispano Teodosio, último que reinaría sobre todo el Imperio. Por lo pronto, contuvo a los visigodos, impidiéndoles tomar ninguna ciudad importante y negociando que se volvieran a asentar en paz más al oeste, en la actual Croacia.

Mientras tanto, bajo el liderato intelectual de "los Tres Capadocios", Basilio y los dos Gregorios, Padres de la Iglesia Oriental, se terminaron de fundir todo el dogma, la moral y al culto del Cristianismo en los moldes del saber filosófico y literario helénicos, los cuales a partir de entonces operarán ya sólo como vehículos de esa religión. Ellos y todos los obispos fueron citados por Teodosio a un Segundo Concilio Ecuménico, en Constantinopla en 381, en el cual se oficializó el Cristianismo y se prohibieron los cultos paganos y las Olimpiadas, la última de las cuales se celebró en 393. Para nuestro propósito de seguir la historia que nos guíe a la modernidad occidental van a ser más importantes la doctrina y los hechos de los llamados cinco Padres de la Iglesia Occidental.

El primero fue el activo y valiente San Ambrosio, quien fue electo por el pueblo como obispo de la nueva capital de Milán. Luego, en dura polémica con el Senador pagano Símaco, logró que el emperador Graciano retirara el Altar de la Victoria del Senado de Roma. En 388 Teodosio marchó al norte de Italia a combatir a un usurpador y se estableció en Milán; estando ahí hubo una sublevación en la ciudad oriental de Tesalónica en 390 y, exasperado, ordenó al ejército hacer una matanza de civiles como escarmiento. Al enterarse de ello, San Ambrosio le negó la entrada a las iglesias y el acceso a los sacramentos y no le levantó el castigo hasta que el emperador aceptó reconocer su crimen y hacer penitencia pública. Este hecho tuvo una importancia política fundamental en toda la posterior historia de Occidente, porque marcó la división del poder político en dos esferas independientes, correspondiendo al soberano laico lo que en latín se llama *potestas,* es decir el derecho de ordenar en las esferas militar y administrativa, mientras que a los jerarcas de la iglesia les corresponde la *auctoritas,* es decir la autoridad moral de definir lo que es bueno o malo, permitido o prohibido, según la Ley de Dios. En la Edad Media se llamarán Poderes Temporal y Espiritual y en los Estados modernos Poderes Ejecutivo, Legislativo y Judicial.

El segundo Padre de la Iglesia Occidental era paisano de San Ambrosio, ambos de Panonia, en la actual Austria, y se le conoce como San Jerónimo. Habiendo hecho su carrera sacerdotal como reformador de costumbres en Italia, en el año 380 se dio cuenta del ínfimo nivel cultural de muchos sacerdotes cristianos o presbíteros, y estudiando el problema concluyó que una gran carencia consistía en que no tenían acceso a las sagradas escrituras, por no haber traducciones de las mismas al latín. Anunció su propósito de dedicarse enteramente a ello y un grupo de damas consiguió el dinero para financiar su empresa, por lo cual pudo trasladarse a Tierra Santa, fundar monasterios de traductores, y conseguir los mejores originales del Antiguo y del Nuevo Testamentos en hebreo, arameo y griego. Poco antes de su muerte en 420 había terminado su versión de la Biblia al latín que se conoce con el nombre de "La Vulgata", la cual fue adoptada inmediatamente por la Iglesia.

El tercer Padre occidental, San Agustín, aunque coetáneo de los dos anteriores, era de muy diferente región del Imperio, del Norte de África, de Hipona (la actual Bona en Argelia), de familia acomodada, lo que le permitió estudiar retórica, literatura y filosofía, sobre todo el Neoplatonismo, que le convenció de la existencia objetiva de la realidad espiritual. Ingresó en Cartago al Gnosticismo Maniqueo, que había sido predicado por Mani en el Imperio Persa de 237 a 277 y luego había penetrado en el Romano. Sin embargo, luego le pareció demasiado fantasioso y extremista y lo dejó. Viajó a Milán donde se convirtió al Cristianismo en 386, con la guía de San Ambrosio. San Agustín concluyó que la inmensa distancia entre Dios y el hombre había sido superada sólo por la Encarnación, que nos había librado del Pecado Original. Esta doctrina fue combatida hacia el año 400 por el monje británico Pelagio, quien propuso que el hombre nace en estado de inocencia y que su perseverancia en la virtud depende de él mismo, visión muy parecida a la de los estoicos y a la del ateísmo moderno. Sin embargo, Agustín logró, hacia el año 412, que la Iglesia adoptara su doctrina. Para entonces, la ciudad de Roma ya había sido saqueada por los visigodos, por lo que los amigos paganos de Agustín se burlaban de él diciendo que eso había sido la funesta consecuencia de haberse adoptado el Cristianismo, que había debilitado irremediablemente a Roma. San Agustín decidió pasarse el resto de su vida demostrando lo falso que para él era esa acusación, aceptando para ello ser el obispo de Hipona, su ciudad natal, donde procedió a escribir su famoso libro "La Ciudad de Dios". En él llevó hasta sus últimas consecuencias la estricta separación de los asuntos de "este mundo", llámense seculares, temporales o terrenales, de los asuntos del "otro mundo", llámense espirituales o morales. Así que la victoria o la derrota no se miden por los resultados de "este mundo", como procedió a demostrarlo con la historia que entonces se conocía de los imperios pasados, sino sólo con el buen comportamiento, que siempre debe ser caritativo y que en tiempos de adversidad requiere de perseverar en la esperanza y en la fe. Aunque esta visión iba a hacer que la gente recurriera cada vez más a "la intervención divina", ayudó a evitar la desmoralización en los violentos y oscuros siglos de retroceso cultural que siguieron.

Antes de hablar de los dos restantes Padres de la Iglesia Occidental, tenemos que bosquejar los eventos socio-políticos que ocurrieron en el ínter, como sigue: En efecto, el orden político pronto iba a desaparecer en la Parte Occidental, pues al morir Teodosio en 395, el Imperio Romano ya jamás iba a recuperar su unidad de mando, pues él mismo lo repartió entre sus hijos Honorio y Arcadio. Los visigodos que él había logrado asentar en Iliria pronto dieron muestras de querer atacar Italia del norte, pero Honorio encargó la defensa al vándalo Estilicón, quien logro detenerlos. Sin embargo, para hacerlo había tenido que traer varias legiones que defendían las fronteras del Rin, circunstancia que aprovecharon todos los bárbaros cuando a principios del año 407 la superficie del Rin se congeló, por lo que una enorme muchedumbre de cinco pueblos, francos, suevos, alanos, vándalos y burgundios invadieron las Galias. Este fue el fin de la integridad territorial del Imperio en Occidente, pues ya jamás se recuperarían los territorios que iban conquistando los bárbaros, quienes se instalaron como aristocracias guerreras sobre la población romanizada. Honorio erró al mandar matar a Estilicón por vanas sospechas, por lo que cuando en 409 los visigodos, comandados por Alarico, atacaron el norte de Italia, ya no había quien los contuviera: Saquearon Roma en 410 y siguieron hacia el sur, donde murió Alarico. Honorio había cambiado su corte a Rávena, en el delta del Po, inaccesible a la caballería, y negoció con el nuevo jefe visigodo, Ataúlfo, su salida de Italia, a cambio de darle como esposa a su hermana Gala Placidia y a aceptar que formara un reino "federado" en el sur de las Galias y norte de Hispania. Así se hizo y se fundó el reino en 414.

Para entonces, en el norte de las Galias se habían instalado los Francos, que permanecieron paganos, y en el sureste los Burgundios, quienes se convirtieron al Cristianismo. En Hispania se instalaron, de norte a sur, Suevos, Alanos y Vándalos, pasando estos últimos también a Nor-África en 428, tomando Hipona en 431, donde había muerto San Agustín, y Cartago en 439.

Mientras, la Parte Oriental del Imperio estaba en relativa paz, pues pudo sobornar a los bárbaros para que respetaran su frontera danubiana. Sin embargo, sus provincias de antigua raigambre siriaco-irania, es decir Siria y Egipto, empezaron a dar muestras de inconformidad, pues había ocurrido que la cristianización de las masa había vuelto a dar vigencia a las lenguas nativas semíticas y camíticas, o sean el arameo y el copto, en las cuales se expresaban los ideales monástico y ascético que ahí se desarrollaron y que empezaron a estructurar los nacionalismos locales en forma de herejías que versaban sobre la naturaleza de Cristo, que era la parte más compleja de la religión y que menos gustaba en esas regiones con menor apego a la filosofía.

La chispa la prendió Nestorio de Antioquia, pues cuando fue a Constantinopla, ahí se dieron cuenta de que predicaba que hubo dos personas en Cristo, una divina y una humana. Para debatir eso, se citó, en 431 en Éfeso, al Tercer Concilio Ecuménico, que lo condenó, sin la asistencia de los demás obispos sirios, y proclamaron el dogma de "una sola persona en Cristo con dos naturalezas distintas". El siguiente en rebelarse fue el Patriarca Dióscoro de Alejandría, pues de acuerdo con otros obispos egipcios, proclamó el "monofisismo" o que Cristo tenía una sola naturaleza, por lo que hubo que citar el Cuarto Concilio Ecuménico, en

Calcedonia, en 451, que condenó esa doctrina y apoyó el dogma proclamado en Éfeso en 431: Que Cristo era "verdadero Dios y verdadero hombre". Los egipcios aceptaron a regañadientes, pero el siglo siguiente van a lograr separarse bajo su propia Iglesia Copta.

Mientras, los Hunos, bajo el mando de su gran rey Atila, habían sometido a todos los pueblos germánicos fuera de las antiguas fronteras romanas y en 451 decidió invadir Occidente a través de las Galias. Aparte de los tres reinos bárbaros que ahí se habían formado, como vimos, una amplia región alrededor de París todavía estaba bajo administración romana y al mando de un experto y patriota militar llamado Aecio, quien había reforzado las legiones del área con las que ordenó salir de Britania, aunque eso había costado que la gran isla fuera invadida por mar por bárbaros anglos y sajones. Aecio logro convencer a Francos, Visigodos y Burgundios de hacer un frente común contra los Hunos y demás pueblos sometidos que traía, por lo que se peleó en la actual región de Champaña una de las batallas más decisivas que ha habido, pues los Hunos de Atila y sus hordas de germánicos fueron rechazados. Atila se retiró a la llanura danubiana, invadió el norte de Italia en 453, pero se retiró y murió al año siguiente, deshaciéndose su poderosa confederación de pueblos bárbaros.

Poco consuelo fue ello para el Imperio de Occidente, porque para entonces los Vándalos, con base en Cartago, atacaron ahora por mar, saquearon Roma sistemáticamente y causaron la paralización del comercio para el año 455. Este fue el golpe de gracia, pues de ahí en delante sólo hubo sombras de emperadores en occidente "defendidos" por tropas bárbaros, hasta que el jefe de una de ellas, Odoacro, rey de los mercenarios Hérulos, despojó a Rómulo Augústulo de su capa púrpura en 476 y la envió a Constantinopla diciendo que ahí ya no necesitaban emperador, pues él se iba a hacer cargo de regir a Italia. Sin embargo todavía no acabó la administración romana en Occidente, pues en la Región de París el sucesor del ya fallecido Aecio, Siagrio, se mantuvo hasta el año de 486, cuando los Francos, al mando de Clodoveo, tomaron la región y la incorporaron a su reino.

5.10.- Occidente se Hunde, Oriente Perdura

Así que para el año de 486 todo el Occidente estaba sometido a pueblos bárbaros, que se lo repartían en "reinos" o áreas de dominio guerrero, mientras que Oriente seguía su vida casi normal, con algo de presión bárbara en el Danubio, con el poderoso vecino Sasánida en el Este y con la creciente desafección de Siria y Egipto. Para acabar de marcar este cambio en Italia, los Ostrogodos arrebataron el mando a los Hérulos y su jefe, el hábil y capaz Teodorico, asumió el título de Rey. Pero unos nuevos actores políticos se estaban formando en la mismísima Roma, los Papas de la Iglesia Católica.

De los cuatro Patriarcados originales de la Cristiandad, al principio Roma era el más pobre y con menos proporción de adeptos, pero su cabeza se había ido fortaleciendo por las siguientes circunstancias: En primer lugar nunca dejaban que las demás sedes olvidaran que eran los sucesores de San Pedro, el cabeza de los apóstoles, y como tales se habían comportado e intervenido con autoridad, tanto antes como después de la Legalización, aunque apenas habían asistido o figurado en los cuatro concilios ecuménicos. Luego ocurrió la caída del poder romano en Occidente, pero eso, en vez de debilitar a los Papas los fortaleció y prestigió, pues, por ejemplo en 453, en ausencia de toda acción imperial ante la invasión de Atila, el Papa San León I marchó a su encuentro en el norte de Italia y, en alguna forma, negoció la retirada de los Hunos. Otro ejemplo es que su relativa inaccesibilidad a las tropas de los emperadores romanos de Oriente les permitió condenar el monofisismo de los emperadores Zenón y Anastasio, lo que llevó a una ruptura de relaciones que se llamó el Cisma Acaciano, que duró de 484 a 519.

Así que cuando San Gelasio subió al papado en 492 (Teodorico se proclamó rey de Italia en 493) se puso a examinar el panorama religioso de Occidente, encontrando que Italia, Hispania y Nor-África estaban en manos de bárbaros cristianos, pero adeptos a la herejía arriana, por lo que poca presión podía ejercer sobre ellos y se dificultaba sobremanera el dirigir a la pobre y escasa clerecía de esos "reinos". Britania estaba invadida por anglos y sajones paganos. Por último, las Galias estaban divididas en tres "reinos", al norte los Francos paganos, al sudoeste los Visigodos arrianos y al sudeste los Burgundios en su mayoría católicos. Así que, concluyó, procedía hacer el máximo esfuerzo posible por convertir a los Francos al Cristianismo católico.

Esto lo planeó y llevó a buen término al negociar con el rey burgundio que aceptara que su hija Clotilde, católica, se casara con al pagano Clodoveo, para trabajar en su conversión. Clodoveo aceptó el matrimonio y cuando se convenció de que los rezos de su esposa habían influido en que derrotara a los Alamanes (all-men) al otro lado del Rin en 497, aceptó bautizarse, junto con toda su nobleza guerrera, en un arroyo en lo que después sería Reims, donde el obispo San Remigio también lo ungió como rey. Como en 507 derrotó a los Visigodos, expulsándolos a Hispania y en 523 su descendiente heredó la corona de Burgundia, resultó que para entonces ya toda la Galia, aunque frecuentemente partida, estaba gobernada por reyes católicos.

Por otra parte, en 519 ascendió como Emperador Romano de Oriente un católico, Justino, que aceptó prohibir el monofisismo y en 527 ascendió su hijo Justiniano, cuyo reinado tuvo una importancia excepcional. Luego de aplastar una sedición en Constantinopla y negociar paz con los persas en 532, envió a su general Belisario al Norte de África, donde destruyó el reino del los Vándalos y luego pasó a Italia en 535 y ocupó Rávena en 540. Desafortunadamente de 541 a 543 una epidemia de peste bubónica azotó al Imperio, lo cual detuvo el ímpetu de la recuperación de las antiguas tierras romanas de occidente (4). Sin embargo para 553 se había ocupado la Bética y Cartagena en Hispania y en Italia el último caudillo ostrogodo se sometió. Además sus juristas codificaron todo el derecho romano en "el Digesto" y sus arquitectos construyeron el domo más grande del mundo de aquel tiempo en la catedral de Santa Sofía.

Prosiguiendo ahora la historia de los dos Padres de la Iglesia Occidental restantes, diremos que poco antes de que Belisario entrara en Italia, en 529, o sea todavía en tiempo de los godos, un noble romano, luego conocido como San Benito de Nursia, llegó a la conclusión de que era necesario que todos, incluyendo los de alta cuna, se pusieran a trabajar, pues como ya no había esclavos y la población disminuía, nadie administraba el cultivo de la tierra, ni el mantenimiento de los caminos, las casas se caían por falta de reparación y hasta la ropa la traía la gente en harapos. Como todo en aquella época, buscó una solución religiosa y consistió en formar comunidades de hombres dedicados a Dios y a cultivar propiedades abandonadas, a veces ya cubiertas de bosque, en las que construían las casas y los muebles y tejían sus ropas, daban posada a los viajeros y refugio a los enfermos y lisiados. Así nació la primera de los cientos de "abadías benedictinas" que cubrirían gran parte de Europa Occidental, harían otra vez respetable el trabajo manual y harían avances tecnológicos. La primera abadía fue la de Monte Casino, en Campania, dirigida por él mismo y la segunda Vivario, en Calabria, fundada por Casiodoro, ex ministro de Teodorico, junto con Boecio.

En 560 recrudeció la peste en toda Eurasia, empujando a otro pueblo mongol, las Ávaros, hacia Europa, quienes avanzaron hacia la frontera del Danubio desplazando a los pueblos eslavos y éstos a los últimos germánicos que quedaban fuera del Imperio, los Lombardos, quienes invadieron Italia hacia el año 568, tres años después de la muerte de Justiniano, asentándose, en el norte, en lo que hoy son Lombardía y Toscana y en el sur en Benevento, pero sin poder desalojar a los bizantinos del Véneto, Rávena, Roma, y el resto del sur, por lo que al estabilizarse la situación, el mapa político de Italia se pareció a la de un tablero de ajedrez, formación que iba a conservar hasta el siglo XIX.

En esas nada halagüeñas circunstancias ascendió al Papado el año de 590 uno de los hombres más notables que lo ha ejercido, San Gregorio Magno, romano de buenas familias y quinto y último Padre de la Iglesia Occidental, título con el cual lo honró la posteridad por sus siguientes dos acciones: 1) A base de enviar supervisores y de negociar con los reyes, logró reestablecer la disciplina de toda la clerecía occidental, imponiéndoles la regla del celibato, con lo que impidió que se formara un a casta sacerdotal paralela a la guerrera y se reservara el sacerdocio, en teoría al menos, a quienes tuvieran vocación y aptitudes. 2) Luego, decidió que la Cristiandad no debía esperar pasivamente a que ser invadida por bárbaros para predicarles, sino que debía de enviar "misioneros" hacia los pueblos todavía paganos para convertirlos. Seleccionó para ello a doce nobles romanos, encabezados por quien después se conocería como San Agustín de Canterbury, los entrenó en trabajos manuales en una abadía y luego los envió a tierra de los Francos para que aprendieran la lengua germánica. Cuando estuvieron listos navegaron hasta la que ya se llamaba Inglaterra, desembarcando en el estuario del

Támesis en 597, donde el rey de la tribu Kent les cedió un terreno donde fundaron la Abadía de Canterbury y empezaron su obra de enseñanza y de conversión.

El esfuerzo misionero siguió después de la muerte de San Gregorio en 604, avanzando de Kent a Wessex, a Mercia y a Northumbria, hasta que se encontraron con el esfuerzo misionero de los irlandeses, que habían sido convertidos al Cristianismo por San Patricio a partir del año 450, luego habían pasado a la isla de Iona, en Escocia en 507 y hacia 650 se encontraron con los misioneros romanos. Los obispos de ambas corrientes se juntaron en el Sínodo de Whitby en el norte de Inglaterra en 664, los irlandeses aceptaron la fecha pascual romana y así ya fueron reconocidos como católicos, por lo que se consideró entonces completa la cristianización de todas las Islas Británicas.

En Hispania los Visigodos arrianos se convirtieron al catolicismo en 589, retomaron las posesiones bizantinas del sur en 625, por lo que unificaron políticamente la península y en 654 legislaron la completa igualdad jurídica entre visigodos y celtibero-romanos. En ese mismo año los Lombardos de Italia aceptaron el catolicismo, por lo que el arrianismo prácticamente desapareció.

El Reino de los Francos, que abarcaba toda la Galia y parte de Germania, se había dividido primero, en el siglo VI, en tres o cuatro administraciones, según, muchas veces, el número de hijos que tuviera el rey anterior. En el siglo VII ya se acostumbró dividir sólo en dos partes, Neustria en la parte oeste, la más cristianizada y Austrasia en la parte este, incluyendo muchas poblaciones todavía paganas en la parte de Germania.

El Imperio Romano de Oriente, mientras tanto, fue otra vez golpeado por epidemias de peste bubónica en los años 580 y 595, lo que aunado a la vileza y estupidez de un general llamado Focas, que el año 602 retiró tropas de la frontera del Danubio medio para ir a Constantinopla a usurpar el trono, permitió que una masa de pueblos eslavos invadiera el Imperio, perdiéndose para siempre las provincias de Iliria y Mesia (actuales Croacia, Bosnia y Servia). En vista de tamaña perfidia, el general a mando de las tropas y la administración de Cartago en África del norte, llamado Heraclio, embarcó a su ejército para Constantinopla, donde derrotó y mató a Focas.

Una vez coronado, Heraclio procedió a hacer una profunda reforma socio-política, aunque limitada a las greco-parlantes Anatolia y a Tracia, consistente en un reparto agrario, como los Gracos de hacía casi un milenio querían, otorgando las tierras a los veteranos de su ejército, reorganizando las provincias en *themas* militares. Cuando estaba a media reforma en 616 los Persas Sasánidas lo atacaron, ocupando las desafectas provincias de Siria y de Egipto, pero sin poder hacer mella en Anatolia. Después de una serie de peripecias derrotó a los persas y a sus coaligados ávaros, recuperando las provincias perdidas en 629 y concluyendo su gran reforma agraria.

Pero apenas siete años después de eso, salieron como de la nada los guerreros árabes imbuidos de la nueva fe monoteísta del Islam, y le arrebataron definitivamente Siria en 636 y Egipto en 640, muriendo de pena ese mismo año. Dos cosas le podían haber servido de consuelo: Los árabes nunca pudieron tomar a la reformada Anatolia, y sus rivales Sasánidas no sólo perdieron la mitad de su imperio, sino la totalidad, Mesopotamia en 637 y el propio Irán en 642.

Así que en la segunda mitad del siglo VII la antigua Civilización Greco-Romana había dejado de funcionar totalmente, sustituida en Anatolia y en parte de los Balcanes por la nueva Civilización Cristiana Ortodoxa o Bizantina, mientras que en Occidente estaba todavía por nacer una nueva civilización.

5.11.- Confrontación de Mil Años de Historia con la Hipótesis de Trabajo

Tenemos que hacer este análisis para unos mil años de historia, de 350 antes a 650 después de la Era Común, pero no en todo el mundo, sino sólo en la Cuenca del Mar Mediterráneo y en el Medio Oriente. La población del Mundo creció en ese lapso de unos 95 a unos 245 millones, mientras que la de la Cuenca del Mar Mediterráneo subió de unos 27 a unos 55 en el año 235 y luego disminuyó, de manera que se calcula que en el año 650 tenía ya sólo unos 40 millones. Esta disminución fue causada por los males que trajeron la anarquía militar, las invasiones de los bárbaros y las epidemias de peste bubónica. La parte del Imperio en la que más disminuyó la población fue la propia Italia, pues probablemente bajó a la mitad entre los años 235 y 650.

¿Qué podemos decir de la evolución de la moral en estos mil años? Si vemos, por ejemplo, el comportamiento moral de los campesinos aldeanos de Egipto durante estos mil años, notaremos muy poco cambio, y no sólo entonces sino también en comparación con los tres mil años anteriores. Sin embargo, las pequeñas modalidades y cambios en el comportamiento moral de la masa del pueblo pueden ofrecer características más visibles en la moral de sus gobernantes, por lo que conviene que veamos ese aspecto.

Antes de las conquistas de Alejandro, ya vimos que todo el Medio Oriente formaba parte del "único mundo" que fue el Imperio Persa Aqueménida. También vimos que las principales políticas de su gran organizador, Darío, fueron las de Tolerancia, Descentralización y Comunicaciones, las cuales aún a los modernos nos parecen muy satisfactorias, sobre todo en comparación con prácticas anteriores tan brutales, como las de los asirios. A este cambio en la valoración del individuo, que entre los judíos e iranios produjo el Monoteísmo y entre los griegos el Helenismo, lo definimos diciendo que la civilización ascendió del nivel de primera generación al de segunda.

¿Cómo evolucionó el comportamiento moral de los gobernantes en los mil años que estudiamos? Vimos que los gobiernos de las grandes monarquías helenísticas, Seléucida y Ptolemaica, tenían poca legitimidad, por pertenecer sus gobernados a culturas distintas. Sin embargo, notamos buena voluntad de los dirigentes helénicos para adaptarse a las costumbres de sus pueblos, fenómeno notable sobre todo en el Egipto Ptolemaico, aunque, por el contrario, algunos Seléucidas intentaron forzar una asimilación cultural, que entre los judíos de Palestina provocó la rebelión de los Macabeos.

¿Qué podemos decir de la moral pública de la República Romana? La institucionalización del derecho, tanto entre clases sociales como entre pueblos vecinos, será siempre su timbre de orgullo y un avance fundamental para estructurar en un nivel socio-político mucho más grande y complejo los derechos entre individuos que ya se otorgaban y respetaban unos a otros a nivel de clan u horda y también de tribu. Ese ascenso de la moral pública duró desde que en 475 a.E.C. se sacudieron el yugo de sus reyes etruscos, hasta que en el año 202 salieron triunfantes de la terrible 2ª Guerra Púnica y formaron una Italia unificada bajo "el derecho de gentes". A partir de ahí siguieron los triunfos fáciles, con el funesto auge del esclavismo, que en la propia Italia formó los latifundios que fueron aplastando al pequeño propietario agrícola y, por ende, a las clases medias, cayendo pronto el gobierno en manos de "los hombres fuertes" que pactaron triunviratos.

¿Cómo catalogamos la moral pública del Alto Imperio Romano? Paz general, fácil convivencia de muchos pueblos que los llevó a la plena igualdad jurídica, pero ya no democracia sino, al contrario, cada vez con más estratificación y con los esclavos en el fondo. Esta aplastante e irreversible circunstancia socio-política hizo que la gente buscara soluciones en las promesas de premios y castigos en "el otro mundo" que las nuevas religiones "de salvación" ofrecían.

Pero siguiendo con la moral, ¿Qué cambios hubo en el Bajo Imperio Romano y bajo las Invasiones Bárbaras? Pues que las gentes fueron reduciendo el radio de acción de su moralidad a su familia, parientes y comunidad, consistiendo para la mayoría sólo en la caridad a la que los obligaba el Cristianismo. Por eso fueron excepcionales las visiones amplias y generosas, aunque sencillas, como las de un San Benito de Nursia o de un San Gregorio I Magno Papa.

Así que, resumiendo, ¿Qué podemos decir de la moral en esos mil años? Pues que, a juzgar por las aldeas egipcias, su cambio fue imperceptible, mientras que viéndola en los comportamientos de los gobernantes, ocurrieron cambios en el radio de acción de los individuos, ampliándose cuando prevalecía la democracia y estrechándose cuando había inseguridad, sin que podamos percibir cambios notables en su contenido básico.

Contrastando con este escaso cambio en las costumbres morales de los hombres de la Cuenca del Mediterráneo, que creemos que son representativos de la estabilidad de las costumbres morales de toda la humanidad, los cambios en sus religiones fueron profundos, constantes y significativos

.

Poco antes de las hazañas de Alejandro, la situación religiosa en el Medio Oriente y la parte oriental del Mediterráneo estaba claramente definida: En el Imperio Persa Aqueménida prevalecía el monoteísmo según Zoroastro lo había reformado, aunque entre los pueblos sometidos continuaban las religiones politeístas. También, los persas habían liberado a los judíos, quienes ya habían elaborado en Babilonia la mayor parte de su Biblia, por lo que pudieron optar por regresar a Palestina o quedarse en la Diáspora.

En Grecia, en cambio, su religión Olímpica los había encaminado en dos direcciones que auguraban poco futuro para ella: Por un lado les había hecho pensar en la situación del hombre en este mundo, pues aunque actuaba con autonomía, por su propia voluntad, también estaba claramente sujeto a fuerzas o destinos que no controlaba, por lo que a veces parecía un títere que, cuando ya creía que iba a lograr algo, una potencia o destino le tiraba de los hilos: Esto se expresó magníficamente en la tragedia. Por otro lado, llegaron a la conclusión de que deberían conocer los fenómenos del mundo en una forma estrictamente racional, por lo que empezaron a estudiar los elementos, los números y las figuras. También su sistema democrático les exigió el tener que exponer sus intereses ante sus conciudadanos de la manera más convincente posible. La combinación de conocimientos del mundo y de retórica los llevó a la *Sofía* o sabiduría, y cuando se abusó de ella, Sócrates se encargó de anclarla firmemente en la verdad y en el bien, Platón de volar por el mundo de las ideas y Aristóteles de estructurar todos los conocimientos con el método racional.

El choque de ambas corrientes religiosas e intelectuales que provocaron las hazañas de Alejandro todavía repercute hasta el día de hoy, por lo que aquí sólo diremos que en el aspecto intelectual surgieron las filosofías endoaxiales de Epicúreos y Estoicos y en el aspecto religioso todas evolucionaron hacia religiones "de salvación" del individuo, al principio en este mundo, pero luego, tanto las politeístas como las monoteístas tendieron a ofrecer esa salvación en "el otro mundo". En esta evolución religiosa el Judaísmo tuvo una importancia desproporcionada a su poco número de creyentes, lo cual debe imputarse a la admiración que produjo en los demás su notable libro, que incluía historia, ética y profecía. Además, la dispersión geográfica de sus creyentes, permitió que se supiera de su libro en muchas partes.

La historia de los orígenes del Cristianismo, su triunfo y su supervivencia en el mundo de las invasiones bárbaras, tiene una importancia fundamental, pues fundió en una sola ambas corrientes, aunque dando clara prioridad a la revelación sobre la filosofía, pues, como diría Tertuliano, ¿Qué tiene que ver Jerusalén con Atenas?

Termina esta evolución religiosa con un giro sorprendente: Dos de las regiones en las que nació el primer Cristianismo, Siria y Egipto, encontraron en su conversión un nuevo orgullo nacionalista, que expresaron en sus lenguas nativas, arameo y copto, adoptando luego "herejías" simplificadoras del monoteísmo cristiano, las cuales mostraban disgusto con las elucubraciones trinitarias griegas. Cuando en 636 el Califa Omar tomó Siria y en 640 Egipto, la sorpresa que se llevaron los árabes fue la apabullante preferencia de la mayoría de población de ambos países por adoptar el sencillo monoteísmo del Islam. Otro tanto ocurrió en el Imperio Persa Sasánida, por razones diferentes, luego de las conquistas árabes de Mesopotamia en 637 y del Irán en 642.

Así que un mundo todavía mayoritariamente politeísta en 335 a.E.C., aunque ya dotado con tragedia y con filosofía, pasó a adoptar religiones "de salvación". Luego, el Cristianismo, vencedor del Neoplatonismo y del Gnosticismo y adaptador de gran parte de la moral estoica, se extendió por la parte oriental del Imperio Romano y mucho después por la occidental, por lo que apenas pudo sobrevivir las invasiones bárbaras, ayudado por la división del poder en temporal y espiritual, por la versión bíblica de La Vulgata y reconfortado en que sólo había que construir La Ciudad de Dios. Por último, hacia el año 650 el Medio Oriente, excepto Anatolia, adoptó el Islam.

¿Qué decir de lo que ocurrió en estos mil años en los aspectos intelectual, político y religioso? En cuanto al conocimiento del mundo y a la organización política, hubo un gran avance y luego un retroceso que va a llevar a Occidente a una Edad Oscura de medio milenio de duración.

¿Porque en esta ocasión no prevalecieron la ciencia y la democracia? En una palabra, porque fueron elitistas ¿Elitista la democracia antigua? Sí, porque la griega sólo incluía a hombres libres y nativos y ni siquiera pudieron ejercerla en ligas de polis. Roma si pudo hacerlo con su derecho de gentes, pero vimos como quedó sepultada la democracia bajo su propio éxito. ¿Y la ciencia? Creo que lo que más le hizo falta fue el uso del cero, pues nunca pudieron avanzar por el imprescindible camino cuantitativo.

Así que, si la democracia y la ciencia no pudieron prevalecer, no quedó más camino abierto que el de la religión, y ya dentro de las religiones, creo que el Cristianismo fue digno portador de sus herencias judía y helénica, la revelada y la racional y que, además, sus cinco Padres occidentales le completaron los medios necesarios para superar la barbarie en la que quedó envuelta.

VI.- Infancia y Juventud de la Civilización Occidental

6.1.- Nacimiento de la Civilización Occidental.

Vimos cómo en 654 se llegó a la igualdad jurídica entre visigodos y celtibero-romanos en Hispania, cómo ese mismo año los Lombardos de Italia aceptaron el catolicismo y cómo culminó la cristianización de las Islas Británicas en el Sínodo de Whitby del año 664. Pero ¿Y el Reino de los Francos que abarcaba no sólo todas las Galias romanas sino también una gran parte de Germania? Ese inmenso territorio era tan grande como la suma de todas sus periferias mencionadas y formaba el corazón de lo que hasta hoy llamamos Occidente.

Ese "reino" de los Francos cubría una enorme área boscosa de quizás un millón de kilómetros cuadrados, entre el Mediterráneo, los Alpes y el Mar del Norte y el Canal de la Mancha, y entre el Atlántico y Turingia y Baviera (pero no Sajonia), poblado por apenas unos 8 millones. Los de su región occidental o Neustria, eran galo-romanos más o menos cristianizados y los de su región oriental o Austrasia, celtas o germanos paganos. Sus "reyes" de la dinastía Merovingia se dedicaban a pelear entre ellos y a parrandear, dejando los pocos asuntos administrativos que hubiera a cargo de unos "mayordomos de palacio" uno para cada reino.

En esas oscuras circunstancias Pipino de Heristal asciende el año de 679 a la mayordomía de Austrasia, situada quizás en la actual Bélgica o en Renania. Pronto llegó a la conclusión de que para meter algo de orden en ese inmenso caos sólo había una solución posible: Hacer un acuerdo formal con la Iglesia Católica, cuya organización conocía y apreciaba, para que le ayudara a administrar el "reino" que estaba a su cargo, a cambio de lo cual ofrecería ayudarles en la labor misionera para la conversión de sus súbditos paganos. Para hacer más atractiva su propuesta invitó al mayordomo de palacio de Neustria, Berthair, a unirse a su plan, recibiendo una rotunda negativa. Las cosas llegaron al punto de rompimiento por una queja que presentó el obispo de Reims, de manera que los mayordomos "se declararon la guerra" teniendo lugar la batalla decisiva el año de 687 en el bosque de Tertry, unos 100 kms. al norte de París, donde Pipino derrotó y mató a su rival. En vista de su poder ascendiente fue nombrado mayordomo de ambos "reinos", adoptándose oficialmente su propuesta política en todo el Reino de los Francos. A Toynbee le parecía que esto marcó el inicio de la Civilización Occidental. (1)

Pronto la Iglesia comenzó tanto su ayuda administrativa como su obra misionera entre los germanos paganos, enviando como jefe de la misma al anglosajón Willibrord en 694, quien la llevó a cabo principalmente entre los frisones del bajo Rin.

Sin embargo el panorama se estaba nublando desde otra perspectiva, pues el Islam, bajo los califas Omeyas de Damasco estaba teniendo su segunda expansión, llegando por el Este hasta la India y Asia central y por el Oeste conquistaron África del Norte de 670 a 694 e invadieron Hispania en 711, poco antes de la muerte de Pipino en 715.

El problema sucesorio era doble, pues en primer lugar Pipino no era rey y en segundo no tenía un hijo legítimo, sino sólo uno natural llamado Karl o Charles. Ahí entró la Iglesia a ayudar, convenciendo a la realeza merovingia a que aceptaran su liderazgo y lo nombraran mayordomo único. Así lo acordaron hacer en 720, acuciados también por muchos señores hispanos refugiados, pues luego de haber conquistado la Península, en 721 los árabes entraron por los Pirineos a la parte sur del Reino de los Francos.

Charles, luego llamado Martell por su buen uso de la maza en batalla, procedió con calma y deliberación a preparar su ejército, primero en la historia de Europa cuyos caballeros iban a contar con estribos colgados de sus sillas cinchadas, lo que los convertía en máquinas de pelear más eficientes, pues ya pudieron afianzarse en sus pies para dar mandobles con su espada o su maza o para picar y tumbar con su lanza.

Cuando estuvo listo en 732, los árabes ya habían avanzado hasta media Francia, por lo que la batalla decisiva tuvo lugar en Poitiers, cerca del Loira, siendo una victoria completa para los cristianos y un afianzamiento de Charles Martell como líder indiscutido, prosiguiendo sus campañas contra los árabes hasta su muerte en 741.

Mientras tanto las misiones habían hecho grandes progresos en Germania, bajo la dirección del inglés Winfrid, educado en Roma donde lo llamaron Bonifacio, pues a partir de 716 se habían fundado las abadías de Paederborn, Fulda y St. Gallen, donde se les daba instrucción a los jefes y al pueblo germano que se iban convirtiendo, con lo que pasaban a ser plenos integrantes del Reino de los Francos. San Bonifacio fue nombrado su obispo en 730.

Los árabes también habían lanzados dos tremendas ofensivas contra el Imperio Romano de Oriente, la primera principalmente naval de 668 a 678, rechazada con "el fuego griego" y la segunda terrestre, combinada con los búlgaros, de 711 a 718. El emperador bizantino León III Isaurio, quiso evitar nuevos ataques islámicos congraciándose con su estricta prohibición de toda representación pictórica o escultórica de la divinidad, por lo que en 726 implantó su política Iconoclasta, que ordenaba la destrucción de todas las imágenes y crucifijos. Esa política fue rechazada por los Papas en 729, excomulgando al Emperador en 731, por lo que tuvieron que pedir ayuda contra las tropas Bizantinas a los lombardos, quienes gustosos aceptaron. Sin embargo, pronto se convirtieron en molestos vecinos de los Papas, quienes entonces volvieron sus ojos hacia el Reino de los Francos, sobre todo después de su resonante victoria de 732.

En 741 Pipino el Breve, hijo de Charles Martell, fue reconocido sin problemas como mayordomo único, pero para entonces ya aspiraba a ser el rey. En 747 convocó a un concilio nacional para la reforma de la clerecía, que presidió San Bonifacio, y en 750, aprovechando que los lombardos tomaron Rávena, sede del Exarcado Bizantino en Italia y que el Papa le pidió ayuda contra ellos, Pipino destronó al último rey merovingio y ordenó tonsurarlos a él y a su único hijo, quienes fueron encerrados en sendos monasterios en 751.

Ya sólo faltaba legitimar este acto, lo cual hizo abiertamente: Le escribió al Papa ofreciéndole ir en su ayuda a cambio de ser ungido rey; el Papa aceptó y envió a San Bonifacio, ya entonces llamado el Apóstol de Germania, a Reims, donde ungió a Pipino y a sus dos hijos en 752, en presencia de toda la nobleza y del pueblo. En 754 recibió la visita del propio Papa Esteban II, que lo coronó. Entonces organizó una expedición que cruzó los Alpes, y liberó a Rávena de los lombardos, reconociendo al Papa su posesión, así como la región de Latium o Lazio alrededor de Roma, en 756. Esta alianza Papado- Reyes Francos va a ser una constante en toda la Civilización Occidental.

6.2.- El Imperio Carolingio

Sobre el Imperio de Carlomagno, hijo mayor de Pipino, quién reinó de 778 a 814, diremos sólo cosas puntuales que sirvan para nuestro propósito, algunas poco conocidas.

En primer lugar, a partir del año 800 en que Carlos fue coronado "emperador romano", jurídicamente la extensión que abarcaba su Imperio era la misma que la Cristiandad Occidental. Con el Imperio Romano (o Cristiano) de Oriente se entablaron negociaciones de mutuo reconocimiento, trazándose los límites entre ambos en Italia: Para Occidente los tercios norte y centro, excepto Venecia y su laguna y para Oriente el tercio sur y Sicilia.

En Europa Occidental desde luego que su núcleo y componente principalísima siguió siendo el ya desaparecido Reino de los Francos, pero ahora agregado con dos tercios de Italia y con las siguientes adquisiciones: En Germania se agregaron Sajonia, en la parte nor-este, marcándose la frontera con los paganos daneses con una pequeña "Marca" fortificada. Frente a la llanura Danubiana, todavía poblada por Ávaros, se instaló la "marca" más grande y fuerte, la del Este u "Ostmark", después "Osterreich" o Austria. En el Oeste se agregó la Península de Bretaña y al sur de los Pirineos una franja fronteriza de entre 50 y 100 kms. de ancha contra el Emirato de Córdoba, llamada "Las Marcas Hispánicas". Esta era la enorme área, un millón y medio de kms.^{2} y unos 15 millones de habitantes, que eran administrados por el Imperio, pero el reconocimiento del Emperador como cabeza jerárquica y el muy real poder del Papado sobre todos los asuntos religiosos y las clerecías, abarcaba también a los reinos de las Islas Británicas y al pequeño reino de Asturias, que había sobrevivido en el norte de España a la invasión árabe.

Así que este país, todavía muy boscoso y con poca densidad de población, sólo unos 10 hab. por km.^{2}, casi sin comunicaciones, sin comercio y sin ciudades, puede imaginarse como una especie de esqueleto galvanizado, que funcionaba por un generalizado fervor franco-romano-cristiano. Todavía pudo seguir haciéndolo después de la muerte de Carlomagno durante el reinado de su hijo Luís o Ludovico Pío, hasta la muerte de éste en 840, pero entonces se partió entre sus tres nietos y a las muertes de éstos, alrededor del año 888, funcionalmente se partió en pedacitos, en lo que los historiadores llaman "El Caos Feudal".

Lo más malo de este derrumbe imperial fue que también arrastró a la organización de la Iglesia Católica, pues por su alianza con los Carolingios ambas administraciones eran prácticamente una sola. Así que la clerecía se hundió en el caos feudal y el Papado se convirtió en un juguete para los señores feudales cercanos a Roma.

6.3.- El Caos Feudal (2)

Imaginemos un área boscosa de unos 200 kms.^{2}, o sean unos 15 kilómetros por lado, poblada por unos 2,000 campesinos, agrupados en 400 familias. Pues el Imperio carolingio pudo haberse dividido en 7,500 de estas "células", desde el punto de vista funcional.

¿Cómo se manejaban? En el centro del área podía haber un cerro y sobre éste construida una casa fuerte, torre o "castillo", en donde vivía el pequeño señor, que si era laico podemos llamarlo "barón". A él acudían los 400 jefes de familias campesinas en busca de dirigencia y protección, pero él solo no podía proporcionárselas, así que tenía necesidad de unos 20 hombres de armas que supieran pelear a caballo. Pero ¿Cómo pagarles? No había circulación de moneda ni contactos comerciales con nadie. Pues asignando a cada caballero 20 campesinos cabezas de familia, que lo mantuvieran a él y a su familia con parte de lo que produjeran las 100 hectáreas que le asignaban "en feudo", es decir para su usufructo, no en propiedad. Entonces, cada campesino se hacía vasallo del caballero, diciendo en voz alta lo que estaba obligado a darle en especie y en servicios a él y a su familia, en una ceremonia "de homenaje" en que los otros 19 campesinos eran testigos; luego, el caballero también juraba ante todos proteger y ver por el bien de cada uno. A su vez, los 20 caballeros se hacían vasallos del pequeño señor o barón en ceremonias "de homenaje" semejantes, especificando sus servicios de armas, los caballos y escuderos que debía llevar y los tiempos en que debía hacerlo, recibiendo a su vez de su señor el juramento de protección y de ver por el bien de él y de su familia.

Este nivel básico y fundamental, que también podía ser religioso y en vez de caballeros, frailes y de barón, un abad, con el tiempo se fue continuando hacia arriba, cuando los (250) pequeños señores de una de las (30) antiguas provincias imperiales se juntaban en el castillo o la catedral del gran señor, que si era laico podía ser duque, marqués o conde y si religioso obispo o arzobispo, y celebraban con él contrato de vasallaje, estipulando cada parte sus obligaciones y actuando sus "pares", es decir sus iguales sociales, como testigos. Por último, todos los grandes señores se juntaban y los laicos elegían de entre ellos a uno que fuera emperador y los religiosos elegían al papa.

Como vemos el feudalismo, simplificando mucho sus múltiples variedades, consistía en dos pirámides de vasallajes, una laica y una religiosa, en cinco niveles, siendo común a ambas el más bajo, es decir el de los campesinos.

Desde el punto de vista funcional, puede decirse que el poder se ejercía en forma poli-céntrica, cada uno de los tres aspectos en la siguiente forma:

El aspecto judicial se ejercía en forma completa y autónoma en cada una de las unidades de todos los niveles, juzgándose cada caso con todos los demás vasallos no involucrados en él actuando como jurados y el señor como juez. Luego de oídas las partes, hechas las averiguaciones y discutido el asunto, se dictaba y se ejecutaba la sentencia.

El aspecto legislativo ya prácticamente no se movía, por lo que los casos se juzgaban según las costumbres de cada lugar, es decir según la mezcla de conceptos del derecho romano con los de las costumbres tribales o nacionales que hubieran quedado en esa región.

El aspecto ejecutivo consistía en la planeación y llevada a cabo de las faenas productivas comunes, más las intervenciones de defensa o de ataque que se ordenaran del nivel superior y que estuvieran estipuladas como obligaciones.

Durante el tiempo en que la Cristiandad Occidental fue un cuerpo amorfo, digamos entre los años 888 y 955, fue atacado desde el norte por navegantes vikingos, desde el este por hordas de húngaros a caballo y desde el sur por piratas sarracenos, pero como no tenía ni corazón ni cerebro, era muy difícil de matar, pues solo morían las células destruidas en cada ataque, que luego eran repuestas por expansión de las vecinas. Es en esta forma que en casos extremos de desorganización socio-política, el feudalismo cumple con su función de asegurar la supervivencia de la sociedad que lo adopta.

6.4.- La Salida del Caos Feudal.

Aún en pleno Caos Feudal en los años de 910 y 911 ocurrieron tres acontecimientos que fueron muy importantes para el ascenso sostenido de Occidente, que ya no va a tener serios descensos hasta el día de hoy.

El primero de ellos fue la fundación, por un legado ducal, de una nueva abadía, la de Cluny, en Borgoña, a la cual se la dotó de "inmunidad papal" contra interferencias tanto laicas como episcopales. Esto permitió a los abades y a los monjes a auto-imponerse otra vez los altos estándares benedictinos de laboriosidad, servicio y santidad. Este nuevo dinamismo atrajo a muchos hombres capaces, incluidos algunos de la aristocracia feudal, lo cual resultó en una serie excepcional de abades extremadamente capaces y decididos al mando de monjes muy motivados en servir a sus semejantes. Pronto se empezó a correr la voz y todas las abadías vecinas se fueron decidiendo a aceptar sus duras reglas para también gozar de "inmunidad" como "hijas" suyas. Así se fue extendiendo la Reforma de la Orden Benedictina durante un siglo y medio hasta que cubrió toda la Cristiandad Occidental y llegaría a reformar al Papado. Fue durante esta expansión cuando los monjes de esta Orden desarrollaron los arados múltiples montados sobre ruedas y tirados por caballos provistos de cómodos arneses de collar, un avance tecnológico que iba a permitir arar las tierras profundas de muchas áreas boscosas, que entonces se talaron para convertirlas en trigales.

El segundo evento fue que los duques de la parte norte de lo que hoy es Francia, agobiados ya por los constantes ataques de los vikingos, que ahí se les llamaba "normandos", y que se habían asentado en las zonas costeras, le hicieron un ofrecimiento a su caudillo Rolfo: Si aceptaba cristianizarse, junto con todo su pueblo, sería reconocido como duque, igual que ellos, y vasallo directo del descendiente de los Carolingios que era reconocido como "rey" en la parte occidental del "imperio" que hoy es parte de Francia. Aceptó Rolfo, se llevaron a cabo las ceremonias de vasallaje y de cristianización y empezó a funcionar el nuevo Ducado de Normandía, resultando los duques de esa línea ser muy buenos e innovadores administradores.

El tercer evento consistió en que los duques de las partes oriental y central del "imperio", lo que ahora son Austria, Suiza, Alemania, los Países bajos y la franja oriental de Francia, decidieron no hacer ya caso de los inútiles Carolingios y elegir como emperador a aquel de entre ellos mismos a quien consideraran ser el más capaz. Esto tuvo por objeto que uno coordinara los esfuerzos de todos, para detener las constantes incursiones de los temibles jinetes húngaros. Así procedieron y aunque tardaron 44 años en poder derrotar a los húngaros, hasta el año 955, comenzaron con un nuevo principio de orden para rehacer el Sacro Imperio, que llamaron "Romano-Germánico".

Luego de su victoria sobre los húngaros el Emperador Otón I de Sajonia marchó a Italia para reincorporarla al Imperio y encontró al Papado en un grado tal de relajamiento que se creyó obligado a imponerle su autoridad, con lo que, por un tiempo, le quitó al Papado su categoría de "Poder" independiente. Sin embargo, con esta incorporación del norte y centro de Italia al Imperio, logró que más de dos terceras partes del antiguo Imperio Carolingio volviera a tener una nueva, aunque débil y precaria, administración. Sin embargo, la parte centro-oeste de lo que hoy es Francia definitivamente quedó fuera del Imperio en su aspecto administrativo, pero no en el jurídico, pues en 987, cuando murió el último Carolingio, eligieron como rey al Duque de la Isla de Francia (París y región aledaña), comenzando así la nueva dinastía de los Capetos. Sin embargo, seguía habiendo una sola Cristiandad Occidental, en la que el Emperador y el Papa, con el segundo algo supeditado al primero, eran cabeza, y eso incluía no sólo a Francia, sino a las Islas Británicas y al Reino de Asturias-León, como ya se llamaba, sino que también incluirá a todas las nuevas regiones que se le iban a ir incorporando, ahora que la Iglesia iba renaciendo, empujada por la Reforma Cluniaciense, que arriba vimos.

Las principales incorporaciones fueron las de países paganos, del centro y el norte de Europa, cuyos jefes se habían visto forzados, bien por derrota militar o porque así les había parecido conveniente, permitir el trabajo de los misioneros y una vez que su labor había madurado, se escenificaba la cristianización oficial del jefe de la confederación tribal, quien recibía el título de rey, y la de toda su nobleza guerrera y de su pueblo. Tal había ocurrido desde la época Carolingia con los Checos de Bohemia, y ahora ocurrió con los Polacos en 966 y con los Húngaros en 1001 y poco después con los Daneses y los Suecos.

En su parte sur la Cristiandad Occidental también iba ganando terreno, pero ahí lo hacía a costa de estados civilizados, habiendo ocurrido así: El tercio sur de Italia le fue arrebatado al Imperio Romano de Oriente por aventureros franco-normandos y al legalizar el Papa y el Emperador esa situación, sobrevino la ruptura entre ambas Cristiandades, llamada "El Cisma de Oriente", en el año de 1054, que dura hasta el día de hoy.

Por otra parte, en la Península Ibérica se fueron formando, aparte del Reino de León-Asturias, los de Navarra, Aragón, Castilla y Portugal, que poco a poco fueron haciendo avanzar su "Reconquista" sobre los reinos moros herederos del Califato de Córdoba, que se deshizo el año de 1031.

Otro cambio muy importante que hubo fue el acercamiento de Inglaterra al núcleo de la Cristiandad, en vista de que su trono fue conquistado en 1066 por una dinastía francesa, precisamente la del Duque Guillermo de Normandía, quien llevó en sus filas a 12,000 caballeros franceses y cambió profundamente la textura socio-política de Inglaterra, pues al darles sus premios en tierras a los franceses, a expensas de los anglo-sajones, les impuso la condición de que no ejercieran la justicia en sus señoríos, sino que el rey la iba a administrar en forma centralizada: De ahí nace la *Common Law* inglesa, es decir una sola ley común para todos los súbditos, lo cual propició otros s avances democráticos. Así que esa conquista resultó, al fin, muy benéfica.

Con todos estos avances, a esta nueva y pujante Cristiandad Occidental ya no le faltaba más que recuperar su división de poderes, para volver a ser aquella magnífica institución heredera del saber antiguo, que seis siglos antes se había lanzado a actuar al mundo de las Invasiones Bárbaras. La recuperación del Poder

Espiritual fue obra de un gran hombre llamado Hildebrando, quien desde que en 1059 ocuparon el trono papal monjes de la Reforma Cluniaciense, él fue ayudante de dos de ello y luego subió a Papa con el nombre de Gregorio VII y en el año de 1075 lanzó su "bomba": Fue una "bula" o carta dirigida al Emperador, con copia a todos los reyes con administraciones autónomas, que decía, en esencia, lo siguiente:

"A partir de ahora, la Iglesia va a ejercer de nuevo su derecho a nombrar sacerdotes, frailes, abades y obispos o arzobispos." Parecía muy sencillo y procedente, pero iba en contra de dos arraigadas costumbres: 1) Si vemos que a partir del maridaje de ambas instituciones, la imperial y la papal en tiempos de los Carolingios y luego con la disolución de toda la estructura administrativa en el Caos Feudal y aún desde su penosa reestructuración dentro del orden feudal, todo el personal de la Iglesia era, de hecho, jurídicamente vasallo de un personaje superior; y 2) Como la misma Iglesia había impuesto el celibato a sus sacerdotes y, legalmente, seguía en vigor, entonces para ocupar cualquier cargo de abad para arriba los clérigos recibían el nombramiento o "investidura" de su equivalente laico y, como ya para entonces la Iglesia recaudaba las contribuciones, llamadas "diezmos y primicias", entonces una buena parte de ellas eran entregadas a los laicos que ejercían el Poder Temporal.

El Emperador Enrique II se negó en redondo a acatar la orden papal y preparó en Alemania un concilio ecuménico para deponerlo, pero Gregorio contestó escribiendo a todos los duques del Imperio liberándolos de su juramento de vasallaje al Emperador, por lo que pronto se pusieron de acuerdo y se sublevaron contra él. Enrique tuvo que huir a Italia con sólo una escolta. En el camino se encontró en el castillo de Canossa con Gregorio, quien se dirigía hacia Alemania, en el frío mes de febrero de 1077. El Papa dejó por tres días al Emperador en el patio, en la escena quizás más famosa de todo el medioevo, hasta que se compadeció de él y le levantó la excomunión.

No podemos seguir aquí las peripecias, pero el pleito, llamado "La Querella de las Investiduras", era tan fundamental e importante que bástenos decir que duró hasta mucho después de la muerte de ambos contendientes y no se arregló en definitiva con el Imperio hasta el Concordato de Worms de 1122 y con el resto de la Cristiandad Occidental hasta el IX Concilio Ecuménico del año siguiente, primero que se hacía sin la Iglesia Oriental, ya separada. Así que para finales del Siglo XI, los europeos occidentales ya estaban, más o menos, en condiciones de voltear hacia el exterior y ver lo que estaba pasando, sino en todo el resto del mundo, cuando menos en sus inmediaciones.

6.5.- Las Cruzadas y el Nacimiento de la Burguesía

La primera parte del título se refiere a eventos muy famosos, pero la segunda a un proceso que sigue siendo básico hasta el día de hoy. Para comprender su importancia podemos volver al modelo de pequeño señorío que vimos en el inciso 6.3. El mosaico que formaba el conjunto de esos señoríos no cubría todo el territorio disponible, sino que entre los intersticios entre uno y otro, sobre todo en las encrucijadas, se formaban comunidades de gentes que no eran vasallos ni protegidos de nadie, llamadas villas y sus habitantes villanos. Su principal fuente de ingresos era el viajar en busca de mercancía o aprovechar el tránsito de quienes pasaban por su villa, de manera que entre ellos circulaba la poca moneda que había.

Sin embargo, no podían ni les convenía estar en una posición tan precaria, por lo que pronto intentaban ser proveedores de baratijas a las gentes de los señoríos vecinos. Para ello, negociaban con el pequeño señor un permiso o "privilegio" para entrar a vender su mercancía y recibir, por ejemplo, grano o animales a cambio. Al principio el comercio era casi por trueque, pero luego volvió la circulación monetaria, primero extranjera y luego ya nacional.

Conforme la agricultura se desarrollaba con los avances tecnológicos que ya vimos, la población aumentaba y este pequeño comercio de buhoneros creció aún más rápidamente, utilizando ya la arriería y la navegación fluvial. Con el paso del tiempo, algunas villas llegaban a ser tan importantes, tanto por el volumen de su comercio como por la manufactura de sus artesanías, que algunas de ellas, a veces ruinas de antiguas ciudades, llegaban hasta poder cercar la villa con una muralla, con lo cual ya se le puede llamar "un burgo" y a sus principales comerciantes e industriales "burgueses".

Robert Lopez cree que Europa Occidental fue única región del mundo que, aparte de una migración campesina para llenar áreas despobladas, que ya vimos, también apreció la importancia de los comerciantes, de la maquinaria y las técnicas y adquirió la capacidad de negociaciones e iniciativas locales, en razón de su gran disgregación política.[3]

En cuanto a las Cruzadas, lo que las provocó fue el cambio en la dirigencia del Islam de los árabes a los turcos, quienes en su patria de Asia Central se habían convertido a ese monoteísmo a partir del siglo VIII, luego habían acudido en masa a servir en los ejércitos de los califas de Bagdad, hasta que el año de 1055 se hicieron con el poder. Poco después, pero ya con una base considerable, intentaron lo que los árabes nunca lograron, arrebatar Anatolia al Imperio Romano de Oriente, cuyos dirigentes habían dejado degenerar la trama social de pequeños propietarios que Heraclio había forjado cuatro siglos antes. Los turcos derrotaron al emperador bizantino en Manzikert, en 1071, una de las batallas más decisivas de la historia, pues les valió el control de más de la mitad de ese país, que ahora se llama

Turquía. Luego, conquistaron Siria y Palestina, prohibiendo o molestando mucho a los peregrinos cristianos, razón por la cual Occidente tomó nota de lo que ahí estaba ocurriendo.

En resumen, los principales eventos y circunstancias de la Primera Cruzada fueron: Su predicación por el Papa en 1095, en un torneo en el sur de Francia, pues no podía tratar con el Emperador ni con los reyes, porque seguía la Querella de las Investiduras. Como resultado, la mayoría de los duques de toda la Cristiandad se pusieron de acuerdo, eligieron al de Lorena como jefe y marcharon en un desorden terrible en 1097, por lo que casi pelean con los ya cristianos y católicos húngaros y no se diga los bizantinos, quienes les cerraron las puertas de Constantinopla. Sin embargo viendo que podían sacar ventaja de la bravura que ese fervor religioso inspiraba, accedieron a transportar a los Cruzados a la parte de Anatolia que les quedaba y a guiarlos a que enfrentaran a los turcos, con la condición de que todas las tierras que reconquistaran en Anatolia, se las tenían que regresar a los griegos, pero podían quedarse con las que conquistaran en Siria y en Palestina. Así se hizo, los Cruzados recuperaron las partes sur de Anatolia que necesitaban para seguir a Siria, se siguieron abriendo paso por la costa que hoy es Líbano, llegaron a Palestina y tomaron Jerusalén en julio de 1099.

En lo que nadie había pensado era cómo mantener esas posesiones tan adentro del Medio Oriente, una vez que la gran mayoría de los duques y sus vasallos se regresaron, luego de haber cumplido su juramento. La solución que se encontró fue la de formar sacerdotes guerreros organizados en las famosas Órdenes religioso-militares de los Templarios, los Hospitalarios y los Teutónicos, los primeros a cargo principalmente de la defensa terrestre y los segundos de mantener abiertas las rutas marítimas.

La Segunda Cruzada, en 1147-1149, la predicó un santo, Bernardo de Clairvaux, quien estaba dando un segundo impulso a la reforma benedictina. Lo hizo acuciado por los maestres de las Órdenes, que le dijeron que si los cristianos no tomaban Damasco como base, terminarían por perder la Tierra Santa. Como ya se había arreglado la Querella de las Investiduras, el santo conminó por carta al Emperador y al rey de Francia a que fueran y así lo hicieron, pero no pudieron tomar Damasco y se regresaron.

En 1152 asciende como emperador Federico I "Barbarroja", muy capaz e imbuido de la mística feudal, que tuvo gran éxito en Alemania, al dirigir la conquista de la parte del noreste, entre el Elba y el Oder, contra pueblos eslavos paganos. Sin embargo, al pasar a Italia no se dio cuenta del gran avance que las ciudades del norte habían tenido como centros de manufactura de telas, armas y artesanías, con las cuales comerciaban las repúblicas aristocráticas de Venecia y Génova, sobre todo con el Medio Oriente, como consecuencia del tráfico marítimo que las Cruzadas habían abierto. El Emperador quiso tratarlas como meras vasallas, fijándoles contribuciones excesivas, por lo que, dirigidas por Milán, formaron una

Liga Urbana, cuya jefatura honorífica ofrecieron al Papa, quien la aceptó. Luego de arduas campañas, las milicias urbanas vencieron, en Legnano en 1176, al ejército feudal de Barbarroja. Federico cedió y aceptó la paz, en que se comprometía a respetar la autonomía de las ciudades, a cambio de contribuciones pactadas. El Papa quedó tan satisfecho que en 1178 citó al XI Concilio Ecuménico para recomendar arreglos parecidos a los reyes de las demás partes de la Cristiandad Occidental con sus respectivas ciudades. Todo esto marcó la entrada formal y oficial de la burguesía a la política europea.

Poco después ocurrió que el Sultán turco de Egipto también se apoderó de Siria, rodeando por todos lados a los Estados Cruzados y en 1187 derrotó a las órdenes religioso-militares y les arrebató Jerusalén. Esto causó la Tercera Cruzada, a la que Barbarroja fue por tierra, llegó hasta Anatolia y ahí murió. Los reyes de Francia, Felipe Augusto, y de Inglaterra, Ricardo Corazón de León, viajaron por mar a Palestina, el primero se regresó al año y el segundo pudo pactar una tregua con Saladino, en que no recuperaron Jerusalén, pero quedó libre el acceso a ella a los peregrinos cristianos. Además, se habían obtenido: en la costa la fortaleza de San Juan de Acre y la Isla de Chipre.

En 1198 ascendió al trono papal Inocencio III, conocido como el Papa políticamente más poderoso en toda la historia de la Iglesia. Primero, ordenó en el año de 1204 que la Cuarta Cruzada, que había predicado y organizado, en vez de ir contra los musulmanes fuera contra la cristiana Constantinopla y entrara en ella aprovechando una pugna dinástica. Así se hizo y se formó un pequeño Imperio Latino de Oriente, pero los griegos formaron a su alrededor otros tres, los de Nicea, Trebizonda y Acaya, situación que sólo duró poco más de medio siglo. Segundo, ordenó una "Cruzada" contra herejes maniqueos en el sur de Francia, llevándose a cabo a sangre y fuego durante dos décadas. Tercero, convenció a los cinco reinos cristianos de España a que unieran sus fuerzas, más otras que les mandó de fuera, para que combatieran al Emir de los Almohades, a quien derrotaron en batalla decisiva el año de 1212.

No todo le salió bien a Inocencio III, pues Felipe Augusto de Francia le había quitado las provincias de Normandía, Anjou y Aquitania al rey de Inglaterra, a quien entonces llamaron Juan "Sin Tierra". Entonces, autorizó a Juan a hacer alianza con el Emperador y que entre ambos atacaran a Francia, lo que así hicieron, pero Felipe los derrotó en 1214. Juan regresó humillado a Inglaterra y, aprovechando eso, los grandes señores del reino le obligaron a firmar la Magna Carta en 1215, en la que el rey se comprometía a compartir con ellos el gobierno de la nación, considerándose eso como la creación de la Cámara de los Lords y el inicio de la democracia inglesa. Inocencio III muere en 1216.

El impulso del mundo Germánico hacia el noreste, iniciado por Barbarroja, lo prosiguen dos organizaciones muy distintas. Primero, la Orden Teutónica, al no tener ya ocupación en Palestina, cambió su área de acción hacia las costas del

Báltico, pobladas todavía por paganos, aniquilando a los prusianos, siendo rechazados por los lituanos, pero sometiendo más al norte a los letones. Por otra parte, las ciudades portuarias del norte, como Róterdam, Bremen, Hamburgo, Lübeck y Danzig, siguiendo el ejemplo de Italia, formaron una Liga para comerciar, principalmente con los países escandinavos y Rusia y colonizar la costa Báltica, fundando Riga en 1202 y Königsberg en 1255. Los Daneses y los Suecos participaron en ese movimiento colonizando Estonia y Finlandia.

6.6.- El Apogeo Medieval

Se considera que los 55 años que van de 1219 a 1274 marcan el Apogeo Medieval de la Civilización Occidental. En 1219 ascendió al trono imperial uno de los tres personajes más notables de este período, Federico II de Suabia; este lapso cubrió todo el reinado de San Luís IX de Francia, otro notable; y culminó en 1274 con el XIV Concilio Ecuménico, en que se oficializó la *Summa Theologica* del tercer personaje, Santo Tomás de Aquino.

El Imperio Romano-Germánico podía ya contar entonces con unos 23 millones, 14 al norte y 9 al sur de los Alpes, pues ya incluía también el tercio sur de Italia y Sicilia. Ahí había nacido Federico II, quien aprendió árabe y griego, y fue tan poco religioso que se negó a ir a la Quinta Cruzada, que fracasó en Egipto. Cuando el Papa lo excomulgó, fue a negociar con el Sultán turco la devolución de Jerusalén, que conservó por sólo unos 20 años, con lo que quedó perdonado. Sin embargo, su propósito férreo de administrar eficientemente todo el Imperio, como se hacía en el sur, lo puso en contra de los intereses feudales y papales, por lo que surgieron los choques, hasta que un Papa logró que el XIII Concilio Ecuménico, celebrado en Lyón en 1245, lo volviera a excomulgar y entonces los del partido papal o Güelfos ya consiguieron suficientes tropas para derrotar a los del partido imperial o Ghibelinos, muriendo Federico II en batalla en 1250. En los siguientes 23 años no hubo emperador, por lo que se llamó el Gran Interregno, asignándosele el reino de Nápoles y Sicilia a la casa de Anjou.

San Luís IX fue rey de una Francia que tenía unos 10 millones de habitantes. Procedió a centralizar la justicia en las provincias que eran del "Dominio de la Corona", a hacer las paces con sus vecinos ingleses y españoles y a dirigir las dos últimas Cruzadas, la Sexta a Egipto y la Séptima a Túnez, fracasando ambas por epidemias, muriendo en la última en 1270.

La población en el resto de la Cristiandad Occidental en este período se estima como sigue: Inglaterra 4 millones, Europa del norte 1, España cristiana, que en 1266 ya había reconquistado más del 90% de la Península, 7 millones y Polonia y Hungría 5, lo cual nos da un total de 50 millones, más del triple que en tiempos del Imperio Carolingio, ya que territorialmente también había crecido casi al doble.

Santo Tomás de Aquino (1225.1274) hizo un análisis sistemático de todos los principios o bases del conocimiento de su tiempo, según el método escolástico, con el fin de estructurar un esquema racional de Dios, la naturaleza y el hombre. Esto lo logró mediante la titánica labor de conciliar y fundir en un nuevo molde las dos corrientes intelectuales y culturales de que en su tiempo se disponía, que fueron, por un lado, el conocimiento lógico deducido por el Helenismo, según la síntesis de Aristóteles y, por la otra, los dogmas revelados y la sabiduría moral y cultural que se había transmitidos por los Padres de la Iglesia. Para explicar todo el conjunto formuló un esquema legal que abarcara todas las cosas: Puso en la cúspide lo que el llamó la Ley Eterna, o sea el plan de Dios para haber creado el mundo, el cual desconocemos; de ella se desprenden dos Leyes paralelas, una la Ley Natural, que vienen a ser las del mundo de la materia y de la vida, tal como se comportan por disposición divina, orden que podemos conocer mediante la observación y el estudio. La otra Ley paralela es la Revelación, que viene a ser aquella parte de la Ley Eterna que a Dios le ha parecido conveniente darnos a conocer. Por último, supeditadas a estas dos leyes paralelas están las leyes humanas, las cuales son legisladas por quienes Dios les ha dado autoridad para ello, aún si no son cristianos, y no pueden ir en contra de ninguna de las dos a las que están supeditadas.

Este fue el último gran esfuerzo que podría hacer el hombre para compaginar la fe en las "revelaciones" con el estudio de la naturaleza. Tuvo éxito por lo mucho que todavía se ignoraba de la naturaleza y por la disposición deliberada de hacer de la filosofía la *ancilla* o servidora de la teología. Por varios siglos este esquema va a parecer inconmovible, y por lo pronto inspiró grandes obras literarias, siendo la más conocida "La Divina Comedia" de Dante Alighieri.

6.7.- La Edad Media Tardía hasta 1360

En 1282 los Aragoneses le arrebataron Sicilia a los Anjou en contra de órdenes papales; en 1291 se perdió definitivamente San Juan de Acre, último bastión cristiano en Tierra Santa; en ese mismo año se sublevaron tres cantones Suizos contra las autoridades imperiales, exigiendo su autonomía; a partir del año1295 el rey de Inglaterra consideró prudente aceptar la entrada de representantes burgueses o "comunes" en el Parlamento, para negociar con ellos los impuestos, con los que pudo conquistar el País de Gales. Por último, en 1296 se inicia un gran pleito legal entre el Papado y los reinos de Francia y de Inglaterra, precisamente por determinar cuál de los dos "Poderes", el Espiritual o el Temporal, tenía el derecho de imponer aportaciones o pagos a la clerecía.

Todos estos eventos indicaban que las dos principales instituciones medievales, el Papado y el Imperio, iban en decadencia y que los poderes ascendentes iban a ser las monarquías, que pronto serían "nacionales", sobre todo cuando estaban apoyadas por una fuerte y próspera burguesía, como era el caso de Inglaterra, Francia y Aragón, que luego será parte de España. En cambio las aún más prósperas burguesías del norte de Italia y de los Países Bajos, no pudieron formar monarquías "nacionales", quedando sólo en "provinciales", precisamente por el estorbo que para ellos significaron el Papado y el Imperio.

Así que en todo esto debemos de ver una declinación de la estructura medieval y una difícil búsqueda de otro orden que lo sustituyera, sobre todo si vemos cómo terminaron estos conflictos:

El pleito por los impuestos a la clerecía, durante el cual se esgrimieron argumentos teológicos por ambos bandos, terminó en un triunfo tan completo de la monarquía francesa, que en 1305 logró el cambio de la Sede Papal de Roma a Aviñón, a orillas del Ródano. Las Órdenes religioso-militares, las cuales ya no tenían que hacer en Tierra Santa, la de los Teutónicos ya vimos que emigraron al Báltico y siguieron funcionando contra los paganos; los Hospitalarios siguieron defendiendo las rutas marítimas en Chipre, Rodas y Malta; pero los Templarios, quienes no encontraron a dónde emigrar ni qué hacer, se convirtieron en un peligro para la monarquía francesa, a donde se retiraron, por lo que el rey le exigió al papa que la disolviera, lo que se hizo mediante juicios perversos y crueles suplicios, que se extendieron hasta 1314. Los suizos lograron su autonomía en 1315 y Aragón no sólo conservó Sicilia sino que le agregó Cerdeña en 1325.

De 1323 a 1338 el Papado de Aviñón perdió otro pleito teológico-legal con el Imperio, por lo que los papas quedaron excluidos de intervenir en las elecciones imperiales. La controversia fue más interesante porque intervinieron dos intelectuales de altura, uno, Marsilio de Padua, propuso una completa exclusión de la Iglesia en el manejo de los asuntos "temporales", mientras que Guillermo Occam, jefe de los franciscanos ingleses, propuso libertad de cátedra y de investigación, sin la intervención autoritaria de los obispos.

En 1337 los reyes de Francia y de Inglaterra se enzarzaron en una guerra dinástica que iba a durar, en total, 116 años, pero en sus comienzos ocurrieron eventos que van a tener hondas repercusiones en toda la Cristiandad. En 1346 en la batalla de Crecy, ocurrió que un regimiento de ingleses que habían sido entrenados por años en desarrollar la musculatura necesaria para disparar con precisión los grandes arcos galeses, masacraron a los caballeros franceses al penetrar su férrea armadura y las protecciones de sus caballos. Esta fue la primera vez en casi diez siglos que una batalla no la decidía la caballería.

Dos años después la población entera de ambos países y la del resto de la Cristiandad Occidental fue atacada por la Peste Negra, una infección bubónica que de 1348 a 1352 mató a un estimado 25% de la población.

En 1356 los ingleses, con sus arqueros, derrotaron todavía con más contundencia a los franceses, pues tomaron prisionero al rey y a gran parte de la nobleza. Para colmo de tantos males, empezó una sublevación campesina y los burgueses de

París arrojaron a las autoridades reales, por lo que en 1360 una Francia postrada tuvo que pedir una tregua a Inglaterra, cediéndole la provincia de Guyena, en el suroeste alrededor de Burdeos, sin vasallaje feudal.

Así que la Cristiandad Occidental, luego de haber subido a 63 millones de habitantes, en 1360 bajó a 51 millones, lo mismo que ya tenía 100 años antes.

6.8.- La Edad Media Tardía de 1360 a 1453

En este período de casi 100 años, en el aspecto geográfico la Cristiandad Occidental cayó en cuenta de que más al oriente y al sur del Islam había otros mundos poblados por hombres de razas mongólica y negra.

En primer lugar, desde principios del siglo XI habían entrado en contacto con un vástago del Imperio Romano de Oriente que había nacido en el gran bosque nórdico o "taiga" rusa, pero luego el Cisma de Oriente, la ocupación de la gran pradera ucraniana por pueblos jinetes asiáticos y la terrible conquista mongola que destruyó varios principados rusos y sometió a tributo al resto, los dejó en casi completo aislamiento, sobre todo luego de que tanto los Caballeros Teutónicos de Letonia y los Suecos de Finlandia fallaron en someter a los rusos a mediados del siglo XIII.

En segundo lugar los occidentales se habían dado cuenta de que los mongoles habían conquistado gran parte del Islam, como Asia Central, Irán y Mesopotamia, por lo que pensaron en aliarse con ellos, pero antes de que pudieran actuar sobre esta posibilidad, los turcos musulmanes evitaron la conquista mongola de Siria y de Egipto en 1260 y luego lograron la conversión al Islam de los mongoles de Irán, Mesopotamia, Rusia y Asia Central.

A partir del año 1300 los turcos otomanos terminaron de arrebatarles a los griegos el dominio de toda Anatolia, en 1356 pusieron pie en Europa en la Península de Galípoli en Los Estrechos, en 1361 tomaron Adrianópolis, que la hicieron su capital y en 1389 derrotaron en Kosovo a Servios y a Búlgaros, apoderándose de toda la Península de los Balcanes. Una "Cruzada" occidental trató de detenerlos en 1396, pero fue derrotada en Nicópolis. Afortunadamente para los cristianos, el conquistador centro-asiático Tamerlán derrotó en 1402 al sultán otomano en Anatolia. Eso retrasó la toma de Constantinopla hasta 1453.

En tercer lugar, al otro extremo de la Cristiandad los portugueses tomaron Ceuta en la orilla sur del Estrecho de Gibraltar en 1415, negando así la salida al Atlántico a los marinas musulmanas, y procedieron a explorar el Océano, descubriendo la isla de Madeira en 1418 y las Azores en 1431, bordeando luego la costa desértica del Sahara, hasta que en 1444 la rebasan llegando al río Senegal, arribando por primera vez una expedición europea a tierra de negros. Luego doblaron el Cabo extremo occidental del Continente Africano y descubrieron enfrente las Islas del Cabo Verde en 1455.

Por su parte, vikingos noruegos habían colonizado Islandia y Groenlandia, desde donde habían pasado a las costas de la Península de Labrador y de la Isla de Terranova en Norte América, sin saberlo, pero el recrudecimiento del clima y los ataques de indios y de esquimales resultaron en la pérdida de todas esas colonizaciones antes de 1450, excepto Islandia.

En la Cristiandad Occidental propia, el polo de crecimiento más notable y avanzado fue el norte y centro de Italia, seguido por los Países Bajos, con los que estableció comercio marítimo a partir de 1340. En Italia, el sistema feudal se erosionó pronto, convirtiéndose muchas relaciones de vasallaje en otras de intercambios de bienes y servicios y, en lo político, de ciudadanía extendida

La unidad prevaleciente en Italia, que podemos llamar "estado-provincia", tenía ya características post-feudales: 1) Un campesinado asalariado, con opciones de convertirse en villanos. 2) Una clase de soldados y sacerdotes que dependía del gobierno, con opciones de convertirse en maestros o artesanos. 3) Los pequeños señores podían optar entre permanecer como propietarios rurales o lanzarse a ser comerciantes, marinos u oficiales del gobierno. 4) El gran señor era, por regla, la cabeza del estado, el "príncipe" de Maquiavelo, teniendo que gobernar con el consentimiento y aceptación de la mayoría de la ciudadanía, que siempre se contaba en decenas de miles y en algunos casos en centenas de miles. No había esclavitud, pero sí un principio restrictivo, por lo que generalmente se formaban dos "partidos" uno patricio y otro popular, que operaban con poca formalidad, con el sistema de "clientelas" y sus conflictos a veces degeneraban en luchas callejeras, pero eso era la excepción, porque la regla fue que poco a poco se llegara a un estado de derecho, que fue capaz de regular la vida económica y de proteger y propiciar el esfuerzo individual, lo cual llevó a un "Renacimiento" de las ciencias y las artes.

Los principales eventos político-religiosos de este período, fueron los siguientes:

1.- En 1378 se eligieron dos papas, uno en Aviñón y otro en Roma, por lo que dio inicio el Cisma de Occidente, al que sólo se le pudo dar fin por el XVI Concilio Ecuménico de Constanza, en Suabia, donde los delegados votaron "por naciones", es decir por Alemania, Italia, Francia, Islas Británicas y España reconocidas como tales. Inclusive, se propuso que el Concilio siguiera funcionando como una especie de parlamento europeo. Esta propuesta mostró su utilidad, porque la condenación y quema por el Concilio del gran reformador Jan Hus, seguidor del inglés Wycliffe, provocó la sublevación del pueblo Checo, que en 1420 se organizó militarmente y, bajo el mando de Jan Zizka, mantuvo a raya a todas las tropas imperiales y papales que contra ellos se mandaron. Así que en 1431 se tuvo que convocar al XVII Concilio Ecuménico en Basilea, el cual llegó en 1433 a un arreglo reformista con la fracción más moderada, venciendo entre ellos y las tropas imperiales y papales a los extremistas en 1434. Desafortunadamente, la tendencia conciliar, parlamentaria y reformista, no pudo prevalecer, por lo que el Papado se lanzó hacia el

Renacimiento y cada "nación" a cuidar sus propios intereses. Con ello, esta clara posibilidad de unificación moderna europea se desperdició totalmente y hubo que esperar al estallido Protestante para efectuar tanto la Reforma como la Contrarreforma.

2.- La guerra dinástica entre Francia e Inglaterra a partir de 1360 pasó por períodos poco notables de actividad y tregua, hasta que en 1410 la dinastía francesa se escindió en dos, pues la rama que detentaba Flandes y Borgoña se separó e hizo alianza con los ingleses. Éstos aprovecharon la situación, llevaron en 1415 otro ejército con arqueros y volvieron a masacrar a los caballeros franceses. Esto les permitió, con ayuda de los "borgoñones", apoderarse de todo el norte de Francia, incluyendo París, además del suroeste que ya tenían, dejando al rey de Francia, que estaba loco, sólo la región al sur del río Loira. En vista de lo que parecía irremediable, en 1420 la reina firmó con los ingleses un tratado por el cual, a la muerte de su marido incapacitado, reconocería al rey inglés, ya que su propio hijo, confesó, era ilegítimo.

La muerte del rey francés ocurrió en 1422 pero, desafortunadamente para los ingleses, su rey victorioso también había muerto dos meses antes, por lo que coronaron rey de ambos países a un infante de nueve meses. Los Regentes ingleses no prosiguieron la guerra activamente, por lo que "el delfín" de Francia pudo languidecer por otros 6 años al sur del Loira. Entonces, en 1428, ocurrió una de las cosas menos esperadas de la historia: Una campesina de Lorena, que había viajado a caballo, se presentó ante el delfín y le dijo que Dios la había encargado de salvar a Francia; obispos y jefes militares la examinaron y el rey decidió enviarla a la sitiada ciudad de Orleáns, con una partida militar que llevaba ayuda. Así lo hicieron, la fama los precedió, los motivados franceses levantaron el sitio y poco después derrotaron en batalla campal a los ingleses. Luego, a petición de la campesina, se armó una expedición militar hacia el noreste, hasta la ocupada Reims que liberaron, y ahí, donde Clodoveo, Pipino y Carlomagno habían sido ungidos y coronados, lo fue el delfín. Poco disfrutó del triunfo Juana de Arco, pues ella era, ya que poco después fue capturada por los borgoñones y vendida a los ingleses, quienes lograron que fuera juzgada y quemada por los obispos del norte de Francia.

Sin embargo, el impulso estaba dado y el Duque de Borgoña y de Flandes, que estaba en proceso de adquirir casi todo el resto de lo que ahora son Holanda, Bélgica y Luxemburgo, hizo la paz con el flamante Rey de Francia en 1435, a cambio de que se le reconociera como soberano independiente. Los franceses pronto pudieron recuperar París y gran parte del norte, excepto Normandía, firmando una tregua con los ingleses en 1438.

Ese mismo año puede decirse que Francia fue el primer país de la Cristiandad Occidental que se independizó financieramente del Papado, al promulgar el rey una ley solemne en la que ordenaba a toda la clerecía francesa entregar todos los diezmos y primicias a sus agentes. Con ese dinero pudo financiar la construcción de la primera artillería eficiente y montarla sobre armones tirados por caballos, de manera que podía ser transportada y dispuesta para batallas campales. Con esa nueva arma Francia derrotó a los ingleses, arrebatándoles Normandía en 1450 y Guyena en 1453, dando fin a la Guerra de los Cien Años.

En la Península Ibérica ya vimos en el oeste a Portugal iniciando la navegación oceánica; en el centro, el reino de Castilla-León todavía tenía estructura señorialista; pero en el este el activo y comercial Reino de Aragón arrebató a los Anjou el tercio sur de Italia de 1453 a 1443, formando así bajo su dependencia el Reino de Nápoles, que incluía también a Sicilia y a Cerdeña.

En el norte y centro de Italia, después de una larga pugna las tres "potencias" mayores, Venecia, Milán y Florencia, firmaron la paz en 1454, poniendo así las bases políticas para que el Renacimiento desplegara su auge, que iba a durar más de 70 años, alimentado además por el invento de la imprenta de dados metálicos móviles, que Gutenberg desarrolló en Alemania ese mismo año.

6.9.- El Renacimiento de 1453 a 1516

La nueva era que comenzó en Europa Occidental a mediados del siglo XV trataremos de visualizarla a través de tres "Impulsos" para la actuación de los hombres de ese tiempo y región, notorios sobre todo a nivel de la clase media y de la pequeña nobleza, cuyos integrantes actuaron con un nuevo dinamismo.

Este dinamismo de las gentes se notó sobre todo en los tres estados líderes de Italia, pues en los 40 años de 1454 a 1494 ninguna potencia intervino en el norte y el centro de esa Península. Venecia, que ya incluía todas las tierras del noreste, tenía el mayor comercio marítimo con Siria y Egipto y aún con los otomanos, cuando no estaba en guerra con ellos. Milán era el centro industrial más poderoso de Europa, sobre todo en fabricación de armas, por lo que se involucraba mucho en la política transalpina. Florencia, aunque sin tanto comercio o industria como sus rivales, se convirtió en el centro de las finanzas de Europa. Los Estados de la Iglesia, que abarcaban el Lazio, Umbría, las Marcas y la baja Emilia, era una potencia a considerar, por las aportaciones financieras de la Cristiandad que todavía recibía y por su enorme autoridad moral que todavía ejercía. Además, entonces se convirtió en el gran mecenas de las artes y, como siempre, era el máximo lugar de peregrinaje. Sin embargo, ese poder residual cegó a la Iglesia y le impidió realizar su función principal de santidad y servicio, por lo que nunca emprendió su propia reforma, que le va a tener que ser impuesta desde fuera.

Este "Impulso" principal lo podemos llamar el Humanismo. En su parte medular, era simplemente la mayor confianza en sí mismos que adquirieron los hombres instruidos y emprendedores, pues ese sentimiento les podía hacer decidir a tratar de sobresalir en las artes, la literatura y la historia o en la navegación y el comercio. Sin dejar de considerar al hombre como una criatura de Dios, apreciaron mejor la maravilla que era y lo que podía lograr hacer. Pero, sobre todo, querían el perfeccionamiento moral del hombre.

Fueron varias las herramientas que tuvieron disponibles: El redescubrimiento del saber antiguo en traducciones medievales o en manuscritos obtenidos por intelectuales bizantinos que huyeron de Constantinopla, el aprendizaje de la lengua griega y, como ya dijimos, los nuevos libros de imprenta. Todo ello en un mundo relativamente próspero, en que los dirigentes políticos y religiosos estaban dispuestos a pagar bien por los buenos resultados.

En el resto de la Cristiandad Occidental poco se avanzó en las ciencias y las artes en este lapso de 40 años en que Italia estuvo en paz, precisamente porque se estaba deshaciendo parte de su estructura feudal y dando a luz a las nuevas naciones de Francia, España e Inglaterra, pero no de Alemania ni de la propia Italia, por los obstáculos que ahí tenían del Imperio y el Papado.

Los Países Bajos borgoñones trataron de nacer de 1467 a 1477 con Carlos el Temerario en guerra contra Francia, pero al morir en batalla lo único que se logró fue que esa magnífica herencia pasara a los Habsburgo de Austria, al casarse el futuro emperador Maximiliano con su hija María de Borgoña y hacer la paz con Francia en 1483.

Con ello Francia reafirmó su soberanía y fijó su frontera del noreste, por lo que puede decirse que entonces se convirtió en el primer estado-nación, ya que unificó políticamente a casi todos los europeos occidentales que hablaban el francés y había logrado ya, como vimos, su independencia fiscal.

Inglaterra, por su parte, luego de que sus ejércitos fueron expulsados definitivamente de toda Francia, sufrió una guerra civil casi continua, la de "las Dos Rosas", de 1450 a 1485, entre dos ramas de su dinastía franco-normanda. Luego de perecer casi toda la alta nobleza de habla francesa, vino a heredar el trono un pariente lejano de la familia Tudor, quienes ya hablaban inglés y se sentían como tales, acortándose así la distancia entre el pueblo y la nobleza.

En España, dos de los tres grandes Reinos, el de Castilla y el de Aragón, pero no el de Portugal, se unieron dinásticamente en 1479. Luego, procedieron juntos, a partir de 1481, a ir tomando sistemáticamente el único reino moro que quedaba en la Península, el de Granada, lo cual lograron el 2 de enero de 1492, fecha en que puede decirse que nace la España de los "Reyes Católicos", título que entonces les otorgó el Papa.

Alemania, estorbada por el Imperio e Italia, por el Papado, conservaron su estructura medieval, por lo que van a dar nacimiento a lo que podemos llamar "estados-provincia", para compararlos con los "estados-nación".

En la periferia nórdica y oriental había otros reinos "pequeños", que eran Escocia, Dinamarca, Suecia, Polonia y Hungría.

A partir de 1494 cambia el panorama político, pues empiezan lo que podríamos llamar "las guerras europeas modernas", pues lo eran por dos tipos de razones: Primero, porque sus objetivos ya no tenían nada que ver con los de la Cristiandad Occidental en general, sino que empiezan a ser nacionalistas. Segundo, su arma principal ya no va a ser la caballería noble, sino las infanterías disciplinadas, con picas o espadas, pero también con armas de fuego portátiles, y apoyadas por la artillería de campo móvil, que ya vimos.

Las primeras infanterías disciplinadas modernas habían sido las de los Suizos, con las cuales se defendieron del borgoñón Carlos el Temerario quien los quiso incorporar y con las que luego, ayudados y financiados por Francia, lo derrotaron y mataron en Nancy en 1477. Por un tiempo, ningún estado-nación las utilizó, pero como Francia inició las guerras modernas entrando a Italia y arrebatándole el Reino de Nápoles a España, en 1494 y otra vez en 1501, entonces España formó sus famosos "tercios" de infantería, que entraron en combate en 1503, expulsando a los franceses del sur de Italia. Pronto, Francia y el Imperio en Alemania, formaron sus propias infanterías disciplinadas, con las que se siguieron peleando las guerras de Italia, hasta la paz de 1515.

Acuciados por hacer la paz entre las potencias, las cuales ya no les hacían caso en asuntos políticos, un Papa convocó a Concilio Ecuménico y otro llevó a cabo el que fue el número XVIII, pero sólo trataron asuntos mundanos, llegando al descaro de prohibir criticar por nombre a los clérigos corruptos o simplemente pecaminosos, con lo cual se perdió lastimosamente la que iba a ser la última oportunidad de satisfacer el "Segundo Impulso", el de Reforma de la Iglesia, en forma interna, antes de la revuelta Protestante.

Para entonces, el Tercer Impulso, el de Exploración Oceánica, había dado los siguientes frutos: Los portugueses habían pasado el Ecuador en la boca del Río Congo en 1483 y llegado al Cabo de Buena Esperanza en el extremo sur de África en 1487. Prepararon cuidadosamente la siguiente etapa, repartiéndose la exploración del mundo con Castilla ante el Papa. Luego llegaron a la India en 1498, regresando en triunfo en 1500, descubrieron la costa de Brasil en 1501, expulsaron a las marinas musulmanas del Océano Índico, fundaron Goa en 1510, Malaca en 1511 y llegaron a China en 1517.

Los castellanos, quienes habían colonizado las Islas Canarias, descubrieron América en 1492, iniciaron la compra de esclavos negros para colonizar las Grandes Antillas, pues los nativos no sabían de agricultura y murieron de epidemias, descubrieron el Istmo que separa a los Océanos y empezaron a colonizar La Tierra Firme de Sudamérica.

6.10.- La Reforma Religiosa de 1517 a 1560

Los nueve Papas que reinaron de 1455 a 1517, durante el apogeo del Renacimiento Italiano, se vieron demasiado inmersos en política y en negocios, lo cual a mucha gente instruida de allende los Alpes les parecía una vida ostentosa y mundana, que escandalizaba sobre todo a los piadosos germanos que acudían a Roma en peregrinaje. Esto era más difícil de aceptar en una época en que ya funcionaba la imprenta y en la que la mitad de los libros impresos antes del año 1500 trataban sobre temas religiosos, como la famosa Imitación de Cristo de fray Tomás de Kempis y los estimulantes y elocuentes escritos de Erasmo de Rótterdam, los cuales tendían a fortalecer a las conciencias individuales y a colocarlos en una posición más crítica de la Clerecía. Por otro lado, el descubrimiento de la filosofía y de la historia de la Antigüedad y los avances de las artes y de las ciencias, tuvieron el efecto de dar una perspectiva más amplia y más profunda de lo que había hecho y de lo que era capaz de hacer el hombre, desplazando con ello, inevitablemente, al dogma y a la posición magisterial de la Iglesia.

En 1517 los monjes dominicos iniciaron, por orden papal, una campaña de venta de indulgencias en Alemania "para obras piadosas", las cuales había margen para sospechar que pudieran terminar en fasto de altos jerarcas de la Iglesia. En octubre, cuando llegaron al Electorado de Sajonia, el monje agustino Martín Lutero, quien creía en la total impotencia del hombre para salvarse si no contaba con el auxilio de la Gracia de Dios, la cual sólo se podía obtener por la fe, se les opuso y expresó su desacuerdo en 95 tesis que clavó en la puerta de la iglesia del castillo de Wittenberg, donde estaba adscrito. Al año siguiente empezó la confrontación con la Iglesia y en 1519 se llegó al punto de ruptura sobre la autoridad para interpretar las Sagradas Escrituras. En 1520 Lutero se lanzó a fondo al ataque con su "Mensaje a la Nobleza Cristiana de la Nación Alemana", en el que acusó a la Iglesia de privar al pueblo cristiano de la verdadera religión y de cambiar de sentido a los sacramentos. Por ello fue excomulgado por el Papa, cuya bula quemaron los seguidores de Lutero.

Quedaban por ver los efectos políticos y sociales que iban a tener el genio y la valentía de este individuo, cuya supervivencia física dependería de lo que se decidiera en la Dieta Imperial de Worms que se citó para abril de 1521.

Para entonces, los Habsburgo habían forjado una poderosa monarquía, pues su vástago, Carlos, había heredado las coronas de Aragón y Castilla, unidas ya como España, con su dependencia del reino de Nápoles, y en 1519 había sido electo Emperador de la Cristiandad Occidental, aunque efectivo como máximo señor feudal sólo en Alemania y como monarca soberano sólo en sus dominios patrimoniales de Austria y de los Países Bajos.

En la Dieta de Worms, presidida por Carlos, Lutero defendió calmada y valientemente su posición doctrinal, por lo que su vida pendió de un hilo, pero el inmediato entusiasmo popular que se extendió por toda Alemania hizo que muchos grandes señores le pidieran a Carlos que respetara su salvoconducto, y decidió al Elector de Sajonia "raptar" a Lutero y mantenerlo escondido un año.

Muchos duques y otros grandes señores de Alemania empezaron a ver la enorme ventaja que tendría para ellos dirigir el entusiasmo popular para zafarse de la autoridad de Roma, pues eso los pondría en control directo de las tierras de la Iglesia y les daría más autonomía en sus tratos con el emperador. También vio esa ventaja el Gran Maestre de los Caballeros Teutónicos, que pronto quedaron secularizados y en control de Prusia y de Letonia. Lo mismo hizo Gustavo Vasa en el Reino de Suecia y luego el rey de Dinamarca.

Sin embargo otros duques, como el de Baviera, y varios Arzobispados se mantuvieron "católicos", es decir en la obediencia de Roma y, desde luego, los Países Bajos y Austria, a los que se agregó en 1526 Bohemia, donde fue electo rey el hermano de Carlos. Al oriente del Imperio también se mantuvieron católicos los Reinos de Polonia y Hungría.

De las grandes "naciones", permanecieron católicos todos los estados italianos, España y Portugal y Francia, pero Inglaterra, bajo su segundo rey Tudor, se separó de Roma en 1532-1534.

Europa occidental pronto se polarizó en dos campos y se preparó para pelear. Podría pensarse, por sus respectivos tamaños y población, que el bando católico todavía era mucho más poderoso que el protestante, pero esto es engañoso por las siguientes dos razones:

Primera, al ser la nueva potencia de los Habsburgo la que encabezó al bando católico, Francia no sólo no se alineó con ellos sino que los combatió con todas sus fuerzas, para no quedar englobada en el nuevo Imperio, lo que en 1525 le costó perder el Ducado de Milán y su alianza con Génova. Después de eso recurrió a aliarse con los protestantes de Alemania y hasta con los turcos.

Segunda, el Imperio Otomano llegó entonces a su máximo poderío militar, pues en 1517 se había adueñado de Siria y Egipto y, ya bajo el mando de Solimán, en 1526 conquistó Hungría y en 1529 dirigió su gran ejército contra Viena, donde apenas pudo ser rechazado. Siguió una dura e intermitente guerra, tanto terrestre como naval, pues los otomanos se extendieron hasta Argelia, transando en 1547 por quedarse Solimán con dos tercios de Hungría y cederle a los Habsburgo el tercio inmediato a Austria.

Así que tras 30 años de guerras, la Potencia de los Habsburgo no pudo vencer al conjunto de Francia, los protestantes de Alemania y el Imperio Otomano, pero tampoco pudo ser vencida, por lo que había que hacer la paz dentro del Imperio. En la Dieta de Augsburgo de 1555 se llegó al compromiso de que la religión del gran señor local definiera la religión de los súbditos de sus dominios, según la famosa fórmula *cuius regio eius religio*. Al año siguiente Carlos abdicó de sus coronas, dejando a su hermano menor Fernando las tierras patrimoniales de Austria, Bohemia y un tercio de Hungría, más el título imperial y las alianzas con Baviera y los Arzobispados soberanos. A su hijo Felipe II le dejó su Corona de España, con el "reino" de Nápoles, el Ducado de Milán y sus tierras patrimoniales de los Países Bajos.

Poco después Felipe II derrotó a Francia y aseguró su futura neutralidad, pero perdió la oportunidad de reinar en Inglaterra por muerte de su católica esposa María, por lo que tuvo que dejarle el trono a la anglicana Isabel, retirándose él a gobernar desde España.

6.11.- Confrontación de los Eventos Históricos de 687 a 1560 con la Hipótesis de Trabajo

¡Qué cambio tan tremendo el que vimos que ocurrió en Europa Occidental en este lapso de casi 900 años! De una área boscosa de un millón de kms.^{2} y unos 8 millones de habitantes, la mitad de ellos semi-cristianizados y los demás todavía paganos, cuyo líder informal le pidió a la Iglesia Católica que fuera su *mater et magistra,* a una Europa Occidental de más del triple de tamaño y con unos 68 millones de habitantes, poseedores de la imprenta y de armas de fuego, acostumbrados a que el poder se dividiera en dos instancias paralelas, pero descontentos de las dos estructuras de origen feudal, el Imperio y el Papado, que la mitad de ellos quería reemplazar con estados-naciones o estados-provincias y la otra mitad conservar, ambas dispuestas a lo que hubiera que hacer para lograr sus propósitos.

¿En qué cambió la moralidad de los europeos en ese milenio? Parecería que en mucho si sólo nos fijamos en aspectos tales como el orden institucional, pues partimos de una época cuando las invasiones de los pueblos bárbaros originales apenas se estaban asentando y todavía faltaban otras, como las de los vikingos y los húngaros. Pero ¿Sería ese un buen criterio para juzgar la moralidad? Creo que no, pues al final del período hubo más de medio siglo de guerras intermitentes, con una violencia y ferocidad comparables, pero cuya "razón" quizás suene más aceptable a oídos modernos: defensa de la religión o de la nación, en vez de *habitat, lebensraum* o supervivencia.

De hecho, la misma cristianización de los bárbaros, al examinar cómo ocurrió realmente el proceso, por ejemplo en el magnífico libro de Fletcher (4), vemos que las razones que tuvieron para convertirse, consistieron en considerar, después de maduras reflexiones, que el tipo de vida que los misioneros ofrecían, y del cual daban ejemplo práctico en las abadías que construían, era mejor para la convivencia dentro del mundo que habían invadido, que sus propias costumbres tribales. Se transparenta en los relatos de los cronistas, como Gregorio de Tours o el Venerable Beda, que los argumentos teológicos apenas los entendían, pero que los aceptaban porque comprendían que eran parte del "paquete espiritual" en el trato de su conversión, que muchas veces también implicaba el reconocimiento de un soberano "temporal".

La religión, en este caso el Cristianismo Católico Romano, tampoco cambió mucho en la apreciación de la gente en los seis siglos entre el nacimiento de esta civilización y su apogeo medieval, sino simplemente se fue consolidando, imbricándose la estructura política con la religiosa en el período Carolingio y luego adquiriendo una estructura feudal de dos pirámides paralelas. Poco antes y durante su auge medieval, tuvo el choque frontal de las Cruzadas con el Islam, saliendo del mismo con una nueva noción sino de tolerancia sí cuando menos de saber que otros pueblos tienen distintas creencias religiosas y que no es nada fácil quitárselos, cuando también son monoteístas. Ya en la Edad Media tardía empezó a surgir un deseo de reforma de la Iglesia, tratando de que cumpliera bien su misión de santidad y de servicio y no la sacrificara en aras del poder y de la vida mundana. Esto nunca se logró, por lo que sobrevino primero la revuelta Husita que pudo ser sofocada y 100 años después el estallido Luterano, que polarizó a Europa occidental en dos bandos contrarios, aunque mal definidos y cambiantes.

Resumiendo, en estos 900 años los cambios en moralidad y en religión que hubo en los primeros 600 años fueron concomitantes al desarrollo socio-político y, por tanto, sólo circunstanciales. Sólo en los últimos 300 años se va a notar un creciente deseo de "moralizar la religión", deseo que al no poderse llevar a cabo "por las buenas" se tuvo que hacer "a la fuerza".

VII.- La Edad Moderna de 1560 a 1830

7.1.- Panorama del Mundo en el año 1560

Los principados rusos se había podido ir liberando de sus conquistadores mongoles desde 1380, cuando liderados por el de Moscú se atrevieron a enfrentarlos. Luego, dejaron de pagarles impuestos en 1480, al tiempo que terminaron de forjar su unificación. Como todo el Imperio Bizantino estaba ya en manos turcas, a partir de entonces Moscú se consideró como la cabeza de la Cristiandad Ortodoxa. En 1503, después de muchos encuentros armados, acordó su frontera con su vecino occidental, el Reino de Polonia-Lituania. En 1547 asciende al trono el zar Iván "el Terrible", quien fortalece el poder central a expensas de los nobles "boyardos" y conquista los Janatos de Kazán y Astraján.

El Imperio Otomano a la muerte de Solimán "el Magnífico" en 1555, era una enorme potencia que ocupaba en Europa: la Cuenca media y baja Danubiana, la Península Balcánica y el Janato de Crimea; en Asia: Anatolia, el Cáucaso, Mesopotamia, Siria y Arabia; y en África: Egipto, Libia, Túnez y Argelia. Además, tenía un ejército y una marina poderosos. Sin embargo, ya no buscó más que expansiones localizadas y su estructura administrativa se fue deteriorando.

Hacia el oriente seguía la Persia Safávida, ya estabilizada en las fronteras del moderno Irán. Luego sigue el Sub-continente de la India, cuya parte norte desde 1192 había estado gobernada mayormente por sultanes turcos y la parte sur, más marítima y comercial, por rajáes hindúes. A partir del año 1556 todo el norte y el centro va a estar unificado por la dinastía de los Grandes Mogoles, cuyo Imperio, el más rico del mundo, va a durar hasta 1707.

En la Península de Indochina predominaban los reinos budistas, todavía muy aislados del comercio marítimo, mientras que el Archipiélago Malayo estaba adoptando la religión islámica y como era el proveedor mundial de muchas especies, estaba siendo visitado por los portugueses, quienes en siglo XVII serán desplazados de ese comercio por los holandeses. En las Islas Filipinas en 1565 los españoles establecieron una colonia que se manejaba desde México y que comerciaba con China.

China estaba gobernada por la Dinastía de los Ming, que había expulsado a los mongoles en 1368 y que iba a durar hasta 1644. En 1557 adjudicaron la base de Macao a los portugueses y recibieron a misioneros cristianos en 1610. Japón, en cambio, había recibido la visita de comerciantes y misioneros portugueses en 1543, pero se empezó a cerrar en 1587 y lo hizo en forma hermética a partir de 1640.

En América los españoles conquistaron el Imperio Azteca y todo el resto de Mesoamérica de 1517 a 1545 y luego colonizaron La Gran Chichimeca que se convirtió en el corazón mestizo de México. En Sudamérica, a partir de Tierra Firme y del Istmo de Panamá, conquistaron el Imperio de los Incas y luego fueron colonizando lo que serán los países del Cono Sur. Mientras, los portugueses fueron colonizando Brasil, con ayuda de los esclavos que adquirían en la costa de África.

A principios del siglo XVII empezaron las colonizaciones francesas, inglesas y holandesas en Norte América y el Caribe.

7.2.- Europa Occidental en 1560 y las Guerras de Religión

El principal cambio operado en los europeos occidentales, sobre todo en sus clases medias y pequeña nobleza, fue la de despertar sus conciencias sobre la importancia de la religión en sus vidas, pues estaba tan ligada a la moralidad que sus creencias y prácticas definían la normatividad de sus vidas públicas y privadas. Los que adoptaron el Protestantismo se sintieron liberados de la presión sacerdotal porque pudieron leer la Biblia que Lutero mismo tradujo al alemán en su año de encierro, pero entonces se sintieron más directamente responsables de su buen comportamiento. Los que abominaron ese "libertinaje" y permanecieron fieles al Catolicismo, también se sintieron llamados a comprenderlo y practicarlo mejor. En ambos casos le resultó muy difícil a la gente aceptar gobernantes que no compartieran su postura religiosa.

A partir de ese sentir general de la gente, teólogos tanto calvinistas como de la nueva orden católica de los Jesuitas, argumentaron que un gobernante que tuviera creencias "erróneas" (es decir las contrarias a las de la mayoría del pueblo) podía ser depuesto. Por su parte, los dirigentes político-religiosos de ambos bandos procedieron a darle a su religión una refinada estructura filosófica, los protestantes en el gobierno teocrático del Cantón de Ginebra, en Suiza, dirigido desde 1542 hasta su muerte en 1564 por Calvino y los católicos en el XIX Concilio Ecuménico de Trento, que sesionó intermitentemente en 3 etapas entre 1545 1564, curiosamente en paralelo con sus acérrimos rivales.

La doctrina calvinista de "la predestinación", que en ciertos casos puede causar una apatía existencial, en el caso de los protestantes causó lo contrario, un deseo de cada creyente de mostrar, con su vida ejemplar de trabajo y sobriedad irreprochables, que él era de "los elegidos", de "los santos" y que, como tales, él y sus iguales tenían el derecho a gobernar a la masa todavía no regenerada. Fue el principio de lo que Max Weber llamó "la moral burguesa" [1] y, por tanto, será una componente de la democracia moderna, una vez que se libere de su rigidez dogmática.

La Doctrina de la Contrarreforma Tridentina, por el contrario, ponía la interpretación de las sagradas escrituras y de la tradición firmemente en manos de la Iglesia Católica, sostenía el pecado original, la justificación y la obtención de la gracia por medio de los siete sacramentos, el sacrificio de la misa, la transubstanciación, el orden y la jerarquía sacerdotales, las indulgencias y la veneración de imágenes. Este conjunto tendía, en lo político, hacia el autoritarismo y, en lo intelectual, hacia el dogmatismo esterilizante.

Sin embargo, esta polarización religiosa extrema no borró los grandes avances hechos por el Humanismo renacentista, en cuanto a la perspectiva histórica del hombre y sus posibilidades de acción, ni disminuyó la nueva perspectiva geográfica y cultural que la navegación oceánica había abierto: Por ello, la situación socio-política varió según las circunstancias de cada una de las grandes naciones, por lo que conviene verlas por separado.

En la Península Ibérica se estaba llegando al apogeo militar y marítimo, pero descuidando los aspectos productivos y administrativos, por tanta actividad disponible en las carreras de las armas y la navegación o las eclesiásticas y misioneras, al haberse comprometido a la defensa de las dos instituciones medievales, el Papado y el Imperio, que ya eran obsoletas. El descuido de la industria y el comercio significó también el deterioro de la educación, por lo que el pueblo bajo quedó abandonado a sí mismo, cada vez más oprimido y explotado y forzado a sumirse en la ignorancia. Podríamos explicarnos este caso como típico de los que Toynbee catalogó como "Némesis de la Creatividad" (2), pues los españoles siguieron apegados a su fervor religioso intransigente con el que lograron su "Reconquista", en una época en que más les hubiera convenido el conocimiento sistemático y la negociación.

En Italia el impulso del humanismo, de las artes y de las ciencias fue quedando aplastado por el militarismo español, sobre todo en Milán, y por el autoritarismo que propiciaba y no sólo en Nápoles y en los Estados Papales, sino también en Florencia y en otros ducados. Venecia se conservó próspera e independiente e impuso controles a la inquisición, pero su nivel era sólo bueno relativamente, además de que la pérdida de sus posesiones en oriente la hicieron entrar en decadencia.

En Francia el don más preciado del pueblo era el de la unidad nacional, razón por la cual el primer movimiento protestante, el luterano, que estuvo a cargo de grandes señores contra su monarca, se consideró retrógrado y subversivo. Sin embargo, el posterior movimiento calvinista fue muy bien recibido por una parte de la clase media y la pequeña nobleza del sur de Francia, lo que va a ocasionar las terribles guerras de religión.

En Alemania ya vimos que en 1555 se logró la paz religiosa, por lo que la contienda entre católicos y luteranos se va a pelear más con predicación y educación, quedando del lado católico a cargo de los Jesuitas, quienes lograron que para el año de 1600 la proporción de católicos en Alemania subiera del 30% al 40%.

En los Países Bajos, cuyo monarca era Felipe II, también rey de España, parte de la población adoptó la variedad calvinista del protestantismo, entrando de lleno en las guerras de religión.

En las Islas Británicas, Inglaterra y Gales afianzaron su catolicismo Anglicano bajo el reinado de Isabel Tudor, aunque una parte de la población adoptó el calvinismo, llamándoles los demás "puritanos". Escocia adoptó la variedad más extrema de calvinismo, la presbiteriana, que no admitía obispos, mientras que Irlanda, bajo dominio inglés, permaneció católica.

Las Guerras de Religión tuvieron tres escenarios principales: Francia, los Países Bajos y las Islas Británicas. España, por su parte, estuvo involucrada en los tres.

En Francia hubo 8 guerras civiles entre 1559 y 1598, entre el gobierno de los tres débiles reyes hijos de Enrique II y de Catalina de Medicis como dirigentes de la Liga Católica de la alta nobleza del norte apoyada por España, en contra de la pequeña nobleza y clase media del sur llamados "hugonotes" por su religión calvinista. En 1576 Jean Bodin publicó un libro llamando a ambas facciones a someterse a un monarca absoluto sólo en el ámbito público, pero que estuviera dispuesto a garantizar el libre ejercicio de la religión de sus súbditos, la cual, como su familia y negocios, caería en el ámbito privado. Esta idea se fue abriendo paso, hasta que el líder de los hugonotes, Enrique de Borbón y de Navarra, heredó la corona de Francia y aceptó abjurar de su protestantismo (¡Bien vale París una misa!), promulgando el Edicto de Tolerancia en Nantes en 1598.

En los Países Bajos empezaron a chocar calvinistas y católicos en 1564, enviando Felipe II un ejército de "tercios" españoles cuyo comandante sometió las protestas con tanta severidad que los calvinistas del sur (Bélgica) huyeron hacia el norte (Holanda), donde protegidos por el terreno inundable pudieron recibir ayuda tanto de los hugonotes franceses como del gobierno inglés. En 1581 la situación empezó a estabilizarse, con el sur sólidamente católico y Holanda abjurando de su monarca y empezando a actuar como estado independiente en 1585.

Los escoceses presbiterianos depusieron a su reina María Estuardo, a quien terminaron apresando y vendiéndola a su prima Isabel, quien la mantuvo en prisión hasta que la mandó ejecutar en 1585. Eso causó que Felipe II de España, quien ya era también rey de Portugal, enviara contra Inglaterra la famosa Armada Invencible, con 8,000 marineros y 19,000 soldados en 1588. Al llegar esta flota al Canal de la Mancha fue hostigada por barcos de guerra ingleses equipados con culebrinas de mayor alcance que los gruesos cañones españoles. Este hecho no era en sí decisivo, pero hizo que el inepto comandante español, seleccionado sólo por ser de la alta nobleza, tomara una serie de pésimas decisiones: No intentar la invasión de las Islas Británicas con los tercios estacionados en Flandes, sino rodearlas por mar, en cuya travesía se perdieron por tormentas la mitad de los efectivos. Este encuentro marcó el declive de los ibéricos y el ascenso de los británicos.

7.3.- La Ciencia a partir del Renacimiento hasta 1650.

En cuestiones de astronomía el Renacimiento heredó de la Antigüedad sólo las teorías de Ptolomeo, que contenían dos errores importantes: Primero, el considerar a la Tierra como el centro de todos los movimientos celestes y, Segundo, aunque ya sabían que era un cuerpo redondo, Ptolomeo calculó sus dimensiones en una cuarta parte de lo real, a pesar de que Eratóstenes ya las había calculado bien unos 400 años antes que él. Este segundo error guió a Colón en 1492 en su descubrimiento de lo que él creía ser las costas de Asia. Los portugueses ya habían calculado las verdaderas dimensiones del Planeta desde que cruzaron el Ecuador en 1483, las cuales cuando Amerigho Vespucio mandó hacer su mapa en 1507, quedaron establecidas y aceptadas. Quedaba el primer error por corregir. Lo hizo desde 1530 Nicolás Copérnico, en Polonia, a quien, como a otros matemáticos, no le parecían "naturales" los aparentes movimientos retrógrados de los planetas. Cuando hizo el estudio de sus órbitas suponiendo al sol como centro de sus movimientos, encontró lo que parecieron ser movimientos circulares perfectos. Sin embargo, sabiendo que la Iglesia se arrogaba la *auctoritas*, es decir el poder de definir lo que era o no cierto según su interpretación de pasajes bíblicos, y que los ánimos sobre cuestiones religiosas estaban entonces muy caldeados, difirió la publicación de su obra hasta que se sintió viejo y entonces, en 1547, la envió al Papa como un simple estudio doble, uno con la tierra en el centro y los planetas haciendo "rizos" en el cielo y el otro con el sol en el centro, con todos los planetas, inclusive la Tierra, trazando círculos perfectos en derredor. Pero, efectivamente, había otros asuntos por qué pelear y como ningún bando tomó el Heliocentrismo por bandera, ahí quedó por un tiempo.

Aunque la práctica de la química algo avanzó en el siglo XVI, gracias sobre todo al suizo Paracelso y se dispuso de mejores hornos y laboratorios, la teoría venía tan enredada con la alquimia y con la filosofía aristotélica, que quienes le siguieron querían encontrar una explicación para todos los cambios en la materia que a su vez estuviese respaldado por la Biblia, por lo que nunca encontraron tal teoría. Sin embargo, algo avanzaron en la preparación de medicinas y en la aplicación de abonos agrícolas, por lo que sus métodos de análisis y experimentación prepararon la tecnología para futuros avances.

En cuanto a conocimientos biológicos, el Renacimiento se basó primero en la obra del romano Plinio el Viejo, cuyos errores y descripciones de monstruos corrigió Barbaro en 1493 y otros después. A lo largo del siglo XVI empezaron a aparecer monografías de la flora y la fauna de los países descubiertos o visitados. Pero la verdadera revolución en este ámbito la llevaron a cabo los colonizadores y los navegantes, pues los primeros poblaron toda América con especies domésticas europeas, como el ganado bovino, equino, asnal, caprino y ovino y las aves de corral, y los segundos llevaron a Europa el tomate, la papa, el maíz, el tabaco y el cacao de América.

En cuanto a anatomía y fisiología humanas y, consecuentemente, curaciones e intervenciones quirúrgicas, el Renacimiento heredó sobre todo la teoría y la práctica de Galeno, pero en esta área sí se hicieron avances notables, sobre todo en la universidad de Padua, donde el flamenco Vesalio, quien había estudiado en París, fue elaborando una serie sistemática de láminas sobre anatomía humana que consiguió que fueran dibujadas con una técnica depurada en el taller del Ticiano, en Venecia, siendo el resultado el famoso *Humani corporis fabrica,* que fue editado en 1543, libro que revolucionó los estudios en toda Europa, porque hizo evidente la maravilla que era el cuerpo humano. En su cátedra de Padua le siguieron Falopio, y otros que completaron su trabajo, y fuera de ahí el médico español Servet descubrió la circulación pulmonar y el médico inglés Harvey completó la descripción de las dos circulaciones y el papel que el corazón juega en ello (1628). (3)

Con esto, nos acercamos ya al nacimiento de lo que llamamos "el método científico moderno" (4) y creo conveniente que distingamos tres aspectos del mismo, según las aportaciones de tres hombres geniales más o menos contemporáneos, pues sólo el conjunto de las tres nos da una idea completa de los obstáculos que tuvieron que salvarse para que naciera la ciencia moderna.

En términos generales diremos que Francis Bacon les dio a los estudios científicos respetabilidad política, Galileo Galilei les dio contenido físico-matemático y René Descartes le dio rigor filosófico formal.

Francis Bacon (1561-1626) fue ministro de Jacobo I de Inglaterra, por lo tanto del monarca de la única de las grandes naciones totalmente fuera del control formal de la Iglesia Romana y que tampoco estaba comprometida a seguir lo que los teólogos luteranos o calvinistas dictaminaran. Por ello la idea de Bacon de separar formalmente los campos intelectuales de la religión y de la ciencia, cada uno respetando las áreas de acción del otro, no sólo no causaron escándalo en Inglaterra, sino que fueron bien vistas por la mayoría de los estudiosos del resto de Europa. El área de la ciencia la delimitó como aquella basada en observaciones sistemáticas y en experimentos diseñados para entender las regularidades de los procesos naturales. Esta propuesta eminentemente razonable estaba pensada para evitar choques entre ambas disciplinas, las ciencias absteniéndose de pronunciarse en aspectos teológicos o de normatividad de conductas humanas, y la religión confiando en que el método de la ciencia era el adecuado para conocer la obra del Creador y que si llegaba a haber puntos de discrepancia, se atendería la posibilidad de un posible sentido alegórico bíblico. En general, esta postura prevaleció, más entre pensadores protestantes que católicos, por lo que en los países del norte hubo menos choques entre ciencia y religión, por lo menos por un buen tiempo.

Galileo Galilei (1564-1642) fue catedrático e investigador en Italia, y su hazaña intelectual máxima fue la de llegar a comprender que las leyes de la mecánica, las cuales una observación cuidadosa del cielo permitía expresar por medio de fórmulas matemáticas, también regían aquí en la Tierra, y que tanto allá como acá un cuerpo en reposo tendía a quedarse así excepto que alguna fuerza lo moviera y si se movía, tendía a seguir su mismo movimiento rectilíneo, sólo que aquí la fricción impedía ver esto, pero se podía deducir matemáticamente. Así que ni el mundo terrestre era tan imperfecto, ni los cielos tan perfectos, pues con los primeros telescopios se veían montañas y valles en la Luna y satélites girando alrededor de Júpiter. De hecho, la Tierra era parte de los cielos, pues giraba alrededor del sol, ya que Galileo adoptó la teoría heliocéntrica de Copérnico, la cual Kepler ya había corregido, pues en vez de círculos perfectos los planetas y la Tierra describían órbitas ligeramente elípticas, con el sol en uno de los dos focos. Esta irrupción de la ciencia en todo el universo no sólo atacaba la noción monoteísta de "el cielo arriba, el mundo aquí inmóvil y el infierno abajo" sino que también deshacía el mundo Platónico de las Ideas e introducía deducciones que parecían ir contra el sentido común, como la de la inercia de todos los cuerpos, los movimientos de la Tierra y la imperfección de los cielos. Así que la Iglesia impuso su *auctoritas* y obligó a Galileo a retractarse ("y sin embargo se mueve" dicen que dijo).

René Descartes (1596-1650) fue un oficial, investigador y filósofo francés, famoso por su *Discurso sobre el Método,* en el cual trata de empezar de nuevo toda la estructura del conocimiento, sobre una base filosófica firme, *cogito ergo sum,* ("pienso, luego existo") y luego ir paso por paso armando todo el saber, avanzando en las deducciones con ayuda de las matemáticas. Aunque sólo en una parte limitada del saber es posible avanzar con éste método, su mayor valor reside en la obligación que propone de dar a conocer a los demás estudiosos todo lo que cada uno vaya avanzando, siguiendo estas reglas estrictas y aceptadas de demostración, para que todos entiendan qué fue lo que se hizo y a qué conclusión se llegó y que los demás queden en posición de repetir o diseñar nuevos experimentos o de hacer nuevas observaciones que vengan a confirmar, a modificar o a rechazar la hipótesis que se propuso.

Así que para 1650, la recién nacida ciencia había logrado sacar a la religión de decidir lo que era o no cierto, en cuanto se refiere a la descripción, cuantificación y predicción del comportamiento de la materia, tanto en los cielos como en la tierra y en un aspecto muy limitado también el aspecto biológico. Pero lo había logrado a cambio no sólo de abstenerse de opinar sobre lo que era teológicamente cierto o "revelado" y lo que era moralmente bueno u obligatorio, sino también de aceptar, cada uno en lo personal, lo que al respecto determinara ya sea la Iglesia, en el caso de los católicos, o lo que viniera escrito en la Biblia, en el de los protestantes.

7.4.- Guerras e Ideas Políticas de 1598 a 1660

Francia a partir de 1598 empezó a administrarse según presupuesto y prioridad de obras, tales como las comunicaciones, gracias al ministro Sully de Enrique IV, y a dirigir sus energías hacia empresas de caza, pesca y colonización en Norte América. Inglaterra también hizo lo propio al fundar Virginia y Massachussets en el reinado de Jacobo I.

España y Holanda siguieron peleando hasta 1607, pero luego firmaron una tregua de 12 años, que Holanda aprovechó para dirimir sus cuestiones políticas internas básicas, como las relaciones entre las autoridades civiles y religiosas y entre el gobierno central y las provincias. También empezaron a desplazar a los portugueses del comercio con las Indias Orientales. A España no se le ocurrió nada mejor que expulsar de la Península a las últimas comunidades de moriscos, los de la Huerta de Valencia.

Alemania e Italia estuvieron en paz de 1598 a 1618. Pero entonces empezó, en Praga, capital de Bohemia, en las tierras patrimoniales de los Habsburgo, una guerra muy destructiva qua iba a durar 30 años. Al principio fue una confrontación entre el Emperador apoyado en sus tierras patrimoniales y con Baviera de aliada, contra los grandes señores protestantes, pero en 1621 se involucraron España (y sus posesiones en Italia) y Holanda y en 1625 Dinamarca, ganando los católicos hasta 1629. Sin embargo faltaba la entrada de dos potencias, Francia e Inglaterra. La segunda nunca entrará en esta guerra por su propio conflicto que luego veremos, mientras que Francia, bajo el ministro Richelieu de Luís XIII, estaba muy ocupada arreglando sus problemas internos con los "hugonotes" y no se sentía preparada.

En 1630 Francia ya se sintió suficientemente fuerte para financiar y apoyar con diplomacia la intervención de la Luterana Suecia. Su rey, Gustavo Adolfo, resultó ser un magnífico militar y organizador y proveedor de ejércitos, lo que le hizo ganar tres grandes batallas a los católicos, pero pereció en la última y sus generales fueron derrotados por los tercios españoles y las fuerzas imperiales combinadas en 1634.

Esto decidió a Francia a entrar como aliada militar de los protestantes, por lo que de 1635 a 1640 la guerra se generalizó, peleándose en cinco frentes terrestres y en los mares de las Indias occidentales y orientales. La pelea estuvo muy reñida y las aportaciones en hombres y en dinero que tuvieron que hacer las poblaciones de todos los países involucrados fue de tal magnitud, que el factor decisivo pasó a ser, a la larga, la calidad de las instituciones socio-políticas de los contendientes, resultando ser mejores las de los países en que los burgueses y clases medias estaban predominando, como Francia, Holanda y Suecia, y algunos grandes señoríos como Brandemburgo en Alemania y Saboya en Italia, en comparación con vetustas y anquilosadas monarquías Habsburgo, la Imperial y la Española.

El derrumbe español se inició en junio de 1640, cuando la población de Cataluña, harta de soportar el tránsito de ejércitos, se sublevó contra su rey y pidió ayuda a Francia, que inmediatamente acudió. En diciembre de ese año, Portugal aprovechó para independizarse de España, abriendo un frente en la Península y tratando de salvar a Brasil de los holandeses que lo habían invadido. En mayo de 1643 vino el golpe de gracia, cuando los tercios españoles de los Países Bajos fueron aniquilados por el bien artillado y provisto ejército francés. España ya no podría reponer su infantería disciplinada, pues el síndrome del "señorialismo" había acabado con su clase media. Todavía se peleó por otros cinco años, pero cuando el "reino" de Nápoles se sublevó contra España en 1648, el Imperio pidió la paz y las negociaciones comenzaron.

Durante el lapso que duró esta guerra, el holandés Hugo Grocio (Groot) compuso lo que puede llamarse el primer tratado de derecho internacional, basado en la imperiosa necesidad de respetar los tratados formales entre naciones. También argumentó la necesidad de que los beligerantes se comportaran con justicia y caridad con respecto a los civiles, a los prisioneros y a los heridos. Para Grocio, el mantenimiento del orden social es el origen de la ley, ya que la naturaleza nos impele a vivir en sociedad, y tenemos que obedecer esa "ley" o instinto, según el esquema legal de Santo Tomás.

En las negociaciones que llevaron a la Paz de Westfalia, estas ideas políticas fueron tomadas en cuenta y, por contraparte, ninguna Iglesia fue llamada a participar, ni la Católica ni las Protestantes y se acordó la tolerancia religiosa en toda Alemania y la autonomía de todos los príncipes alemanes. Francia y España pelearon por otros 11 años, hasta que la segunda recuperó Cataluña.

Mientras tanto en Inglaterra el rey Carlos I Estuardo entró en disputas sobre atribuciones con el Parlamento, por lo que dejó de convocarlo a partir de 1629; pero entonces no pudo obtener recursos para intervenir en guerras. Cuando lo volvió a convocar para solicitar fondos en 1640, ya no pudo controlarlo, el conflicto creció hasta la ruptura y se llegó al enfrentamiento entre el ejército real y las milicias puritanas, quedando éstas vencedoras en 1645. El rey fue enjuiciado y ejecutado en 1649. Siguió la dictadura de Oliver Cromwell hasta su muerte 9 años después y la restauración de la monarquía en 1660.

Durante este conflicto surgieron numerosas ideologías político-religiosas a favor de los rebeldes y una gran obra a favor del absolutismo, la de Thomas Hobbes. Las primeras suelen dividirse en cinco grupos: 1) La de la pequeña nobleza que integraba el gobierno y el parlamento y que buscaba una reforma agraria para proteger al pequeño propietario. Recuerda las ideas de los Gracos romanos.
2) El grupo de los "Puritanos" Calvinistas, que querían plena libertad religiosa.
3) El grupo de sectas extremistas, como Bautistas y Cuáqueros, que querían desaparecer toda estructura eclesiástica y dejar solos a los fieles. 4) Los "Niveladores" o soldados rasos de las milicias; y 5) Los "Cavadores" o campesinos de clase baja que querían el derecho de ocupar tierras.

Del libro de Hobbes, podemos decir lo siguiente: Es una argumentación a favor del absolutismo mejor y más coherente que la de Jean Bodin y que incorporaba mucho del mantenimiento del orden en la sociedad que pedía Grocio, pero estaba basada en lo que él suponía que había sido "en el estado de naturaleza" la vida del hombre primitivo: "...solitaria, pobre, terrible, brutal y corta". Esto le hizo cometer el error fundamental de suponer que cada individuo actúa sólo por estricto egoísmo personal, sin tomar en cuenta, como ya vimos en el Capítulo II, que en nuestra evolución como homínidos fuimos condicionados a formarnos y a vivir en sociedad, de manera que nuestros instintos de conservación, identidad y curiosidad están referidos tanto al grupo como al individuo. Este error le hizo sobrevalorar la importancia de la cabeza del estado, a la cual no se le ocurrió que se pudiera sujetar a controles.

Sin embargo, la argumentación de Hobbes reforzó grandemente la separación entre política y religión, haciendo de la segunda un asunto personal y de la primera un instrumento de tolerancia para todas aquellas creencias y prácticas que no contravinieran ni hicieran peligrar el orden público.

7.5.- Panorama del Mundo en 1650 y Arribo al Gobierno Limitado de 1660 a 1715

Un poco antes de comenzar este período, en 1650, la población de las diferentes partes del mundo se estima como sigue:

REGIÓN	Millones de Habitantes
Europa Occidental	78.5
Rusia	12
Imperio Otomano (en Europa, Asia y África)	40.5
África al sur del Sahara	32
Irán, Asia Central, Tibet, Mongolia y Siberia	22
India, S.E. de Asia y Oceanía	162
China, Corea y Japón	221
América	12
TOTAL	580

Algunas cifras de esta tabla nos pueden parecer casi increíbles: Por ejemplo, América, que actualmente tiene casi un 14% de la población del mundo, entonces apenas pasaba del 2%, y era porque de su población calculada en unos 35 millones en tiempos de las civilizaciones Mesoamericana y Andina, había disminuido catastróficamente a sólo 12 millones, a causa de epidemias. También puede impactarnos la enormidad del Imperio Otomano, pero que a pesar de su gran tamaño ya había entrado en decadencia, pues cuando en 1683 lanzó contra Europa el segundo Sitio de Viena, pudo ser rechazado y luego, tras 16 años de guerra, Austria recuperó toda Hungría hasta los montes Cárpatos y el curso medio del río Danubio, frente a Belgrado.

Pero las cifras que más deben impactarnos son las siguientes: Vimos en el Inciso 5.11 que la población del mundo aumentó de 95 millones que tenía en 350 a.E.C. a unos 245 millones en el año 650 de la Era Común, o sea que en esos mil años aumentó 2.58 veces. Ahora estamos viendo que en los siguientes mil años que van de 650 hasta 1650 la población del mundo sólo aumentó hasta 580 millones, es decir que tuvo un aumento casi igual de 2.37 veces. Gran parte de la culpa de eso la tuvieron las catastróficas epidemias del siglo VI, la Peste Negra europea de mediados del siglo XIV y la catástrofe demográfica de América a partir de la conquista española. Por ello el crecimiento poblacional a partir del año 1650 es tremendamente impactante: En un lapso de sólo 350 años, un tercio de duración que los lapsos anteriores, hasta el año 2000, la población del mundo se multiplicará más de 10 veces, de 580 a más de 6,000 millones, es decir a un ritmo 28 veces más rápido que en los 2000 años anteriores a 1650.

¿A que se debió esa aceleración que nunca antes había ocurrido? Pues a una serie de "revoluciones" o cambios drásticos en la eficiencia de "la manera colectiva de actuar", que podemos llamar revoluciones comercial, política, industrial e informática. Todas ellas se gestaron y llevaron a cabo en Europa Occidental o en sus vástagos de ultramar, antes de ser adoptadas, a veces sólo parcial y selectivamente, por pueblos de otras culturas.

Por lo anterior, seguiremos los acontecimientos significativos para nuestro propósito en Europa Occidental de 1660 a 1715. En la escena política de estos 55 años refulge la figura de Luís XIV, el "rey sol" de Francia, pero los eventos de mayor importancia para la política y la ciencia del futuro ocurren en Inglaterra.

En breve: Luís XIV logró llevar la frontera nororiental de Francia hasta sus límites actuales, pero no pudo incorporar ni los Países Bajos Españoles, ni la Renania ni tampoco someter a Holanda, así que firmó la Paz en 1698.

Mucha de esta actividad política pudo ejercerla Luís XIV de 1660 a 1685, porque fueron los años de "la Restauración" de Carlos II Estuardo en Inglaterra, quien gustaba de negociar en términos financieros, tanto recibiendo pagos de Luís para abstenerse de intervenir "en el Continente", como pagando a los miembros clave del Parlamento, para que lo dejaran gobernar a su gusto. Pero este cómodo arreglo terminó con la muerte de Carlos, porque su hermano y heredero, Jacobo II tuvo la pésima idea, políticamente hablando, de convertirse al catolicismo, por lo que fue unánimemente repudiado por la "Revolución Gloriosa" de fines de 1688 y tuvo que huir. ¿Qué hacer, se preguntaron los ingleses? ¿Volver a la república y a la guerra civil? Decidieron el curso intermedio y genial de conservar la monarquía, pero limitarla clara y formalmente. Para ello invitaron a una hermana del rey, llamada María Estuardo, como su célebre bisabuela, pero protestante y casada con el *estatúder* Guillermo de Orange de Holanda. Ambos serían reconocidos como reyes si aceptaban las limitaciones del famoso *Bill of Rights* o Carta de los Derechos, que en la esencia de sus tres primeros artículos dice:

1.- Todas las leyes las hace el Parlamento.

2.- El Parlamento consta de dos Cámaras, una hereditaria, la de los Lords y una electiva, la de los Comunes.

3.- Ningún inglés puede ser detenido ni encarcelado sino es mediante el debido procedimiento judicial.

Guillermo y María firmaron la Carta en febrero de 1689, la cual sigue en vigor hasta el día de hoy, siendo, por mucho, la constitución vigente más antigua del mundo y la que inició el gobierno limitado en una de las grandes naciones europeas, que la fue llevando hacia la democracia.

El autor de la teoría que inspiró este gran avance político y el que lo siguió defendiendo y prestigiando, fue John Locke, quien entendió que aunque en todas las disciplinas intelectuales del humanismo, la política entre ellas, nunca es posible llegar a una conclusión tan cierta como las de las ciencias físico-matemáticas, sí es posible irse acercando cada vez más a la verdad, si se tiene la disposición de ir examinando los resultados con una mente abierta y tolerante y disciplinándose a hacer las modificaciones que procedan.

Para entonces, en química, Boyle y Mariotte, por separado, estaban llegando a la conclusión de que, en los gases, el volumen que ocupen es inversamente proporcional a la presión a la que estén sometidos, siempre que la temperatura sea constante. En física, Isaac Newton llegó a su famosa ley de la gravitación universal, la cual enuncia que los cuerpos se atraen en razón directa de su masa e inversa al cuadrado de su distancia.

A fines del año 1700 murió en España, sin descendencia, el último rey de la dinastía de los Habsburgo, dejando en su testamento como sucesor a un pariente que era nieto de Luís XIV de Borbón. Esto sumió a Europa en una guerra en que por un lado estaban Francia, España (e Italia) y por la otra Austria e Inglaterra, ya unida con Escocia en el Reino de Gran Bretaña e Irlanda, la cual ya participó con ejércitos en el Continente, auxiliando a sus también aliados Holanda y a Brandenburgo, hasta que lograron la Paz en 1713.

Austria, que fue la principal participante, habiendo recuperado toda Hungría de los turcos, como ya vimos, recibió de España los Países Bajos (Bélgica), el ducado de Milán y el reino de Nápoles, aunque perdió este último en 1734. Brandenburgo, que tenía tierras tanto en el noreste de Alemania como en Renania, ganó el título de Reino de Prusia.

Francia no perdió casi nada y veía extenderse su dinastía a España, pero a condición de que el nuevo rey, Felipe V de Borbón, renunciara a la corona de Francia. España conservó todas sus colonias de América y ya había aceptado la separación de Portugal, el cual también había recuperado Brasil.

En 1714, por falta de descendencia de la reina Ana, hija de Guillermo y María, pasó la corona del Reino Unido al Elector de Hannover, Jorge I. En 1715 murió Luís XIV, heredando el trono un bisnieto menor de edad. Empezaba una nueva época.

7.6.- La Revolución Comercial y la Ilustración de 1715 a 1763

Una de las formas de deducir cuál era la situación de fuerza, digamos, ideológica, de las religiones organizadas en Europa Occidental en el período que aquí comenzamos, es tomando nota de la Masonería, que se fundó en Londres entre 1716 y 1723 ¿Quiénes la integraban y porqué? Políticos y pensadores liberales que consideraban que algunos aspectos de su ideología eran tan "avanzados", que serían rechazados por cualquier iglesia cristiana, por lo que convenía guardarlos en secreto y promoverlos en forma confidencial, apoyando públicamente sólo aquellas posturas que no provocaran escándalo.

Podemos también darnos cuenta del grado de respeto a la libertad de opinión y de creencias que había en cada país por la forma de reaccionar ante el avance de la masonería. En Gran Bretaña se la consideraba como tendencias o clubes con prácticas de tradiciones esotéricas dentro de los partidos políticos, que luego se dividieron en ritos escocés y yorkino. En Francia la situación era diferente, pues los primeros iniciados, como Montesquieu y Voltaire, tuvieron que escudarse en el anonimato para editar sus Cartas Persas e Inglesas, y aún así fueron perseguidos y tuvieron que expresar sus ideas con suma prudencia. En la parte católica de Alemania, la situación era parecida a la de Francia, mientras que en la parte Luterana, en Prusia, hasta el mismo rey, Federico II, entró a formar parte de una masonería que él mismo controló. En Italia, España y Portugal estuvo prohibida durante todo el siglo XVIII, por lo que cualquier actividad de este tipo fue ilegal.

En cuanto a la capacidad para comerciar de cada sociedad, debemos examinar su capacidad para formar empresas lo suficientemente grandes para poder construir o comprar barcos, dotarlos de tripulaciones capaces y confiables tanto en la navegación y el comercio como en el combate, tener el capital necesario para cubrir su mantenimiento durante el viaje y dotarlos de mercancías y dinero para la compra de especias y de otros bienes valiosos. En este aspecto los países más avanzados, como Holanda y Gran Bretaña, eran los que habían aplicado su tradición Calvinista a formar las "virtudes sociales" de honestidad, confiabilidad, cooperación y sentido del deber hacia los demás miembros de su comunidad. Francia tendía más a tener empresas familiares, por lo que para armar grandes expediciones siempre le fue indispensable la participación del gobierno absolutista. (5)

¿Cuándo comenzó la Revolución Comercial? Los historiadores no están de acuerdo ni en su existencia, menos en sus fechas, pero podemos decir lo siguiente: El comercio oceánico o ultramarino se inició con el viaje de descubrimiento de la Ruta a las Indias Orientales, pues Vasco da Gama regresó a Lisboa en 1500 con tres de sus barcos cargados de especias. Pero es claro que esto y todos los viajes portugueses durante el siglo XVI todavía no alcanzaron para "revolucionar" las actividades comerciales de los europeos.

Alrededor del año 1550 los españoles empezaron a sustituir el oro saqueado en las civilizaciones americanas u obtenido en sus fuentes tradicionales con la plata de las minas de Potosí, Zacatecas y otros lugares, que fluyó a partir de entonces sin parar, aunque con altas y bajas. Este flujo de metales preciosos sí agregó mucha fluidez monetaria al comercio europeo, sobre todo a los proveedores de equipo militar, en lo que mucha de la plata se gastaba.

Alrededor del año 1600 los holandeses rompieron el monopolio del comercio de las especias de los portugueses y pronto los fueron desplazando. Sin embargo, creo que no debemos marcar el inicio de la Revolución Comercial hasta que las dos grandes naciones que iban en ascenso, Francia e Inglaterra, entraron de lleno al comercio y la colonización ultramarinos. Aunque durante el resto del siglo XVII ambas potencias siguieron con su colonización de Norte América y le quitaron a España varias islas del Caribe, donde las plantaciones de caña de azúcar, trabajadas por esclavos negros, generaron un comercio de exportación, en la India no pudieron tener una presencia comercial importante mientras duró el Imperio de los Grandes Mogoles, es decir hasta 1707.

Es, entonces, a partir de 1715 cuando ambas potencias hicieron el mayor esfuerzo por quedarse con el comercio de la India y de Norte América, decidiéndose ambos a favor de la Gran Bretaña, por haber vencido sus escuadras a las francesas, durante la Guerra de los Siete Años que concluyó en 1763. Así que 1715 parece una buena fecha para señalar el inicio de la Revolución Comercial, sobre todo tomando en cuenta que los imperios coloniales de España y de Portugal duplicaron su población durante el siglo XVIII y que fueron administrados más eficientemente. Rusia, a partir del gobierno de Pedro el Grande, empezó a figurar en el escenario europeo, tanto comercial como militarmente. De China puede decirse que el siglo XVIII fue el del apogeo de la Dinastía Manchú, por lo que su comercio marítimo con los occidentales y terrestre con los rusos, también empezó a ser importante. No así los de Japón ni de Corea, que siguieron herméticamente cerrados.

En Europa Occidental hubo primero un período pacífico de 25 años, de 1715 a 1740 seguido de dos Guerras generales, la de la Sucesión de Austria de 1740 a 1748 y la de los Siete Años, de 1756 a 1763, siendo sus principales resultados los coloniales y navales que ya vimos, quedándose la Gran Bretaña con la India y Canadá y convirtiéndose en "reina de los mares". En Europa sólo hubo un cambio territorial y poblacional importante: Prusia logró arrebatarle a Austria la rica provincia de Silesia, que había sido polaca, pero que entonces ya era casi completamente alemana y luterana. Este cambio emparejó tanto el poderío de ambas potencias, que a partir de entonces hubo ya que hablar de un "dualismo", en el que la Católica Austria van a competir con la Luterana Prusia por el liderato de los restantes estados germanos.

En cuanto a ideas filosóficas, el escocés David Hume escribió en 1740 una teoría del conocimiento en la que distingue, como Leibnitz, entre dos tipos de verdades:

1) Las estrictamente lógicas de las ciencias matemáticas, que son necesarias y cuyos opuestos son imposibles o inconcebibles y 2) Las "de hecho", que son aseveraciones sobre eventos donde la explicación sobre la ocurrencia o su causa puede llegar a ser de una alta probabilidad, pero nunca una certeza, por lo que son contingentes, ya que su contrario no implica una contradicción lógica. 3) A estas agrega un tercer tipo que él llama "valores", tales como bondad, belleza, justicia, libertad o utilidad cuya definición o relaciones contienen factores que no pueden demostrarse racionalmente, a los cuales denominó "convenciones".

En consecuencia, a Hume le parecía absurdo tratar de llegar por la pura razón a determinar sistemas de religión, de ética o de política. Le perecía que la historia demuestra que son los instintos y las pasiones los que han guiado al hombre a fijar sus propósitos y metas. Por ello, creía que la política debía basarse en el estudio de la naturaleza humana y de los hechos sociológicos, tales como intereses, costumbres y opiniones de los gobernados. Esta postura tan "avanzada" cayó bien hasta en los medios conservadores británicos, a pesar de que Hume combatió las supersticiones y no creía en la inmortalidad del alma humana individual.

En 1748 Montesquieu publicó *El Espíritu de las Leyes* cuya argumentación se basa en considerar que "las leyes son las relaciones necesarias que se derivan de la naturaleza de las cosas", por lo que dichas relaciones tienen que cambiar con las circunstancias, para que conserven su calidad de necesarias. Examina todo el curso de la historia, y cuando llega a la Europa de su tiempo argumenta sobre la superioridad del constitucionalismo, las libertades, la tolerancia y la uniformidad de las leyes británicas, en comparación con el absolutismo, la arbitrariedad, la intolerancia y la gran diversidad de leyes locales de Francia. Para lograr la meta deseada recomienda para su patria una transición en la forma de repartir el poder, que de haberse seguido hubiera llevado a la famosa división entre poderes ejecutivo, legislativo y judicial.

En Francia la teoría económica se basaba en una especie de individualismo ilustrado, para el cual Helvecio recomendó un sistema de educación para toda la población, mientras que Quesnay sacó la conclusión contraria, de que el estado debía abstenerse de intervenir y dejar que operaran libremente las leyes "naturales" de la oferta y la demanda. Turgot, futuro ministro, introdujo el concepto de "progreso", que se daba por acumulación de la experiencia que iba formando y enriqueciendo a las civilizaciones. Todas estas ideas tuvieron una amplia difusión en Europa gracias a su sistematización en la Enciclopedia, cuya edición dirigieron Diderot y D'Alembert.

Las colonias británicas en la costa atlántica de Norte América se habían ido desarrollando, formando dos grupos diferentes:

En el norte, predominaban las colonias de inmigrantes desafectos a la Iglesia Anglicana, que querían iniciar una nueva forma de comunidad, basada en el trabajo libre. Simultánea a la primera de ellas, Massachusetts, se había formado la colonia holandesa de Nueva Ámsterdam. Luego se le separaron Connecticut y Rhode Island y se formó Nueva Hampshire más al norte. En 1664 los ingleses ganaron la colonia holandesa, rebautizando la parte principal como Nueva York y la parte sur como Nueva Jersey. Por último, se concedió la colonia de Pennsylvania a la secta de los Cuáqueros en 1682.

En el sur predominaban las colonias asignadas por decreto real, cuya economía básica era la de plantaciones trabajadas con esclavos negros. A la primera de ellas, Virginia, se habían agregado Maryland, de católicos, en 1632, luego las dos Carolinas en tiempo de la Restauración, además de adquirir Delaware de los suecos y se acababa de agregar Georgia en1732, vecina ya de la española Florida.

Aún en comparación con la sociedad de su madre patria, que era la más avanzada del mundo, las colonias británicas (y holandesas y suecas) en América tenían un grado mayor de avance en la democratización de sus instituciones, sobre todo en el norte, ya que en Gran Bretaña todavía estaba muy en evidencia el molde aristocrático del que estaba saliendo, ya que la clase baja que no tenía propiedades, no podía votar. En Norte América, en cambio, no había alta aristocracia ni tampoco una masa campesina, ya que todo inmigrante tenía derecho a su *homestead,* o terreno que podía ser de su propiedad si ahí hacía su casa y labraba la tierra.

Además, su gran capacidad para formar empresas, les permitió participar significativamente en el comercio marítimo, siendo el principal uno de trigo y madera hacia las antillas, de azúcar, ron y melazas hacia Europa y regreso con mercancías europeas.

Hasta 1763 los colonos británicos estuvieron muy contentos con su metrópoli, pues había derrotado al poder francés en Norte América y eso abría a los colonos británicos amplias perspectivas para colonizar la región boscosa al oeste de los montes Apalaches sin interferencia de potencias europeas.

Así que en 1763 muchos franceses quedaron agudamente concientes de lo inadecuado que era su sistema socio-político, en comparación con el británico, que les había hecho perder la guerra marítima y colonial a manos de una potencia de sólo poco más de la mitad de su población. Los británicos, en cambio, se sintieron eufóricos y eso los va a llevar a tomar medidas autoritarias contra sus coloniales, lo que los empujará a la sublevación.

7.7.- Los Inicios de la Revolución Industrial de 1763 a 1795

En 1763 el mundo también había quedado listo para principiar su Revolución Industrial, y es precisamente en Gran Bretaña donde sucede, pues al tener su marina de guerra el dominio de los mares y su marina mercante habiéndose multiplicado seis veces (6) desde que, un siglo antes, Cromwell había decretado que todas las importaciones debían hacerse en naves inglesas, todo eso generó una enorme demanda de productos por exportar, para a cambio de ellos obtener el dinero para comprar los productos de ultramar.

La primera en reaccionar ante esa demanda fue la industria textil que fabricaba telas con algodón importado de Egipto, pero lo hizo todavía en una forma artesanal, es decir utilizando sólo la fuerza y habilidad humanas. El problema se fue resolviendo con la invención en 1764 de máquinas que hilaban varios husos con algodón en forma continua, pasando luego los carretes de hilo a los telares. Para mover todo eso se requería una gran fuerza, por lo que algunas fábricas a partir de 1769 aprovecharon o se situaron donde había corrientes de agua, cuya fuerza de empuje utilizaron en una turbina, transmitiendo su fuerza giratoria por un eje que instalaron en el interior de la fábrica, donde cada máquina hiladora o telar se conectaba al eje giratorio mediante poleas y bandas. (7)

Pero esto era todavía muy precario, por lo que se requería disponer de fuerza motriz que no estuviera tan limitada en localización y en potencia, como las corrientes de agua. En auxilio de los fabricantes de textiles vendría la máquina de vapor unos 30 años después, como la primera y más útil de las aplicaciones prácticas del método científico moderno, que ya había madurado lo suficiente como para empezar a dar frutos tecnológicos.

Desde mediados del siglo XVII se había empezado a manejar y calcular la fuerza de la presión y del vacío que se podía obtener con vapor de agua recalentado, al expansionarse, y se habían construido calderas y máquinas de cilindro y pistón para aprovecharlo, pero su eficiencia era muy baja por tener que detenerlas para condensar el vapor al final de cada recorrido del pistón.

En mayo de 1765 un estudiante de la Universidad de Glasgow, en Escocia, llamado James Watt, dio con la solución del problema, que fue la de dotar a la máquina cilíndrica con válvulas para expeler el vapor ya expansionado al momento en que el pistón terminara su recorrido y admitir nuevo vapor recalentado. El vapor de salida era enviado a un recipiente vecino, en el cual se condensaba en agua, la cual podía circularse otra vez hacia la caldera y vaporizarse y recalentarse cuantas veces se requiriera.

Pasaron 12 años desde que este invento se patentó, hasta la entrada en operación de la primera máquina construida con este diseño para extraer agua de las minas, pues el empresario Matthew Boulton a quien Watt propuso su diseño, tuvo que vender la idea a los dueños de minas. Luego, la construcción en sí de la máquina tomó mucho tiempo pues se requirió de personal y herramientas especializadas, para que el cilindro vertical, cuyo pistón debía ser empujado por el vapor para producir un movimiento forzado, tuviera una precisión tal que no se desperdiciara casi nada de la potencia al expansionarse el vapor recalentado.

Luego, había que transmitir esa fuerza por medio de un balancín, para que en su otro extremo accionara el pistón del cilindro por donde se succionaría el agua hacia arriba, lo que también requirió de ajustes de mucha precisión. Una vez vencidos todos los obstáculos, se instaló la primera máquina de vapor eficiente del mundo en el año de 1777, en una mina de estaño en el condado de Cornwalles, donde trabajó durante 125 años. (8)

Otros años se requirieron para inventar y construir el mecanismo biela-manivela que permitió convertir el movimiento reciprocante del pistón en un movimiento giratorio. Con ello, a partir de 1795 ya se pudo instalar un conjunto caldera-máquina de vapor-condensador para mover el eje de una fábrica textil. Para dar estabilidad al movimiento giratorio, se instaló en el eje una polea libre con un "volante de inercia". (9) Apenas a tiempo vino esta mejora, porque en 1793 Eli Whitney inventó la máquina despepitadota de algodón, con lo que la producción de este textil creció mucho en el sur de los Estados Unidos.

La Revolución Industrial empezó a tomar impulso una vez que sus distintas componentes empezaron a facilitar el desarrollo de otras. La máquina de vapor requería de abundante y barato carbón para su caldera y de la producción de acero para su fabricación. Para que el carbón fuera abundante y barato había que transportarlo en barcazas que navegaran por ríos canalizados o por canales, lo que a su vez requería que se construyeran acueductos y puentes de acero. Para producir acero se requería carbón de coque, cuya combustión requería del soplado de corrientes de aire dentro del alto horno. Esa corriente de aire necesaria se fue logrando producir eficientemente entre los años 1776 y 1780 por medio de máquinas de vapor, con lo cual aumentó la producción de acero, con lo que se abarató la construcción de canales y puentes. Así, se fueron ayudando unas componentes a otras, en un "círculo virtuoso".

7.8.- Los Eventos Políticos y Sociales de 1763 a 1830

Al terminar la Guerra de los Siete Años en 1763, el rey Jorge III, primero de los Hannover nacido en Gran Bretaña, prácticamente había vuelto a adueñarse del poder ejecutivo, al nombrar ministros que no eran líderes de la mayoría parlamentaria. Una de las medidas que les pareció necesario tomar fue la de hacer que las Colonias cooperaran en los gastos de defensa, pues, en primer lugar, ya tenían una población considerable, más de dos millones contra nueve de la metrópoli y, además, gran parte de los gastos navales y militares se erogaban en su defensa. Como las Colonias no aceptaron cooperar en 1765 se taxaron los documentos legales. Nueva negativa y nuevo retroceso de Londres en ese impuesto, sólo para decretar uno nuevo sobre la importación de té, que provocó un fingido ataque de indios en el puerto de Boston a fines de 1773.

En 1775 empezaron los encuentros armados y al año siguiente todas las Colonias se pusieron de acuerdo y declararon su independencia. En 1778 lograron su alianza con la Francia monárquica y Holanda y España también intervinieron, por lo que Gran Bretaña fue batida en el mar, por primera vez en un siglo. Con eso, Francia pudo desembarcar tropas en Norte América, las cuales, junto con los rebeldes americanos, lograron la victoria de Yorktown, en Virginia, con la capitulación de siete mil soldados británicos.

Por el Tratado de Versalles de 1783, Gran Bretaña reconoció la independencia de las Colonias Americanas y su propiedad sobre el territorio boscoso entre los montes Apalaches y el río Mississippi, devolvió a Francia y a España algunas de sus colonias y reconoció la libertad de los mares. Esta humillación significó también el fin del reinado personal de Jorge III y la vuelta a los ministros parlamentarios.

En la Convención Federal de 1787 los nuevos Estados Unidos de América acordaron un sólido sistema de gobierno, basado tanto en los principios de la buena convivencia como en aspectos prácticos que toman en cuenta las fragilidades humanas y que proveen un mecanismo para enmendar los errores, por medio de un balance de poderes, tanto entre los individuos y el estado, como entre los estados y el gobierno federal y entre los 3 poderes del mismo.

Esta Constitución fue ratificada por los estados en julio de 1788 y se puso en vigor por los funcionarios electos en abril de 1789, con George Washington como presidente, un mes antes de que comenzara la Revolución Francesa.

La intervención de Francia en ayudar a los norteamericanos le permitió a mucha gente conocer ese nuevo tipo de sociedad igualitaria y amante de la libertad, pero capaz de sacrificarse por los otros cuando fuera necesario, lo cual tuvo el efecto de acelerar sus propias ideas democratizadoras.

Probablemente la institución más impopular de Francia era la de la alta nobleza, pues no participaba en el comercio ni en la industria, sino sólo en funciones de gobierno, ejército e iglesia, en las cuales, por su mediocre actuación durante un siglo, estaban perdiendo su último prestigio.

En cambio, la clase media, que ya englobaba a la pequeña nobleza, había crecido mucho y tenía aspiraciones de dirigencia de los asuntos públicos que el gobierno real, anquilosado, no encontraba modo de satisfacer, sin poner en peligro toda su estructura. Fue por ello que al sobrevenir grandes crisis financieras, el rey se vio forzado a convocar a Estados Generales, equivalentes a un parlamento, en el mes de mayo de 1789, lo que sería su fin.

Son bien conocidos los acontecimientos que se fueron precipitando en Francia, por lo que sólo haremos las siguientes observaciones:

1.- Al ser muy grande el ajuste socio-político que se tuvo que hacer, el movimiento reformador adquirió su propia inercia y se convirtió en revolucionario, excediendo el justo medio y no deteniéndose hasta El Terror.

2.- Aún en el grado imperfecto de democratización en que estaba el país y del desorden que prevalecía en septiembre de 1792, la nación francesa en armas pudo triunfar contra una Coalición de toda Europa, en la batalla de Valmy.

El mismo principio se siguió confirmando en los siguientes tres años hasta 1795, cuando Francia no pudo ser derrotada por nuevas coaliciones, sino que, al contrario, se le incorporaron Bélgica y la Renania, donde las medidas democratizadoras fueron muy bien recibidas, a pesar de que parte de la población hablaba flamenco o alemán. En Holanda, donde se formó la República Bátava, las ventajas fueron menos evidentes, por ser una sociedad más avanzada y por la pérdida que les significaba el bloqueo británico.

En 1795 la Gran Bretaña estaba dirigida por el joven y eminente estadista William Pitt, quien había logrado que se recuperara de su derrota de 12 años antes y propuso que no se reconociera al régimen revolucionario que consideraba ilegítimo.

Prusia, con provincias vecinas de Francia en el Rin, optó por reconocerla en la Paz de Basilea de 1795 y lo mismo hizo España, su vecina del sur. Pero no así Austria, que incluía a Bohemia y Hungría y que ya en algo se había modernizado. Italia seguía dividida, Portugal con Brasil. Hacia el este estaban Rusia, que había absorbido parte de Polonia, y el Imperio Otomano.

De 1796 a 1815 ocurrieron las Guerras Napoleónicas, en las que la gran vitalidad despertada en el pueblo francés se empleó en una gran aventura militar, la cual, aunque terminó en un fracaso formal, conmovió hasta sus cimientos a la sociedad europea, por lo que conviene ver cómo reaccionaron los distintos pueblos, según su tipo y nivel de civilización.

Si vemos el mapa político de Europa que resultó de la Paz de Tilsit de 1807, caeremos en cuenta de que el conjunto del Imperio de Napoleón más sus estados "protegidos" abarcaba todo el núcleo de la Civilización Occidental con excepción de la Gran Bretaña, ya que todo lo demás que no abarcaba, como la Península Ibérica, el sur de Italia y Escandinavia, podía clasificarse como periferia, mientras que Rusia y Turquía pertenecían a otras civilizaciones.

Dentro de dicha área, el régimen napoleónico había sido bien recibido, hasta cierto punto, en Alemania Occidental y en Italia del Norte, porque ahí había puesto fin a regímenes políticos arcaicos que impedían el desarrollo de esos pueblos, cuyas sociedades ya estaban maduras para un régimen democrático.

En cambio, en los regímenes "protegidos" de Prusia y Austria, aunque sus sociedades estaban más atrasadas que las dos arriba citadas, los pueblos sintieron que la hegemonía napoleónica tenía que ser resistida y no estuvieron dispuestos a aceptar "las novedades" de la revolución.

Los casos de oposición más decidida y heroica de gran parte del pueblo, se dieron en Gran Bretaña, España y Rusia. Ya vimos que los dirigentes de la primera veían una perversión demagógica en el militarismo napoleónico, el cual se evidenció por su descarada ambición para él y sus familiares. España, en cambio, rechazó a los franceses por las razones contrarias, por considerarlos unos descreídos "que en otros tiempos fueron cristianos", de quienes no estaban dispuestos a recibir nada por la fuerza. En el caso de Rusia, simplemente se trataba de civilizaciones diferentes, por lo que sentían que someterse equivaldría a renegar de su esencia cultural.

La reacción más sorprendente fue la de los propios franceses, a quienes "la gloria" de los triunfos napoleónicos los cegó y aturdió de tal manera, que fueron incapaces de detectar la profunda demagogia con la que actuó el genial aventurero, por lo que los ingleses les parecieron egoístas, los alemanes ingratos y los españoles afectados de una locura inexplicable.

Sin embargo, muchas lecciones napoleónicas, como el patriotismo que supo inspirar y el código civil que igualó a todos bajo la ley, serán cosas que todos los pueblos adopten, pero al alto precio de hacerlo cada pueblo para sí, en un nuevo fenómeno llamado nacionalismo, que nos podemos explicar porque los efectos de la educación pública y de la administración centralizada permitieron a los pueblos tomar conciencia de sí mismos.-

El período de "La Restauración" de 1815 a 1830 es notable por el contraste entre la vetusta estructura política que trataron de imponer a los pueblos los vencedores de Napoleón y los avances tan profundos que habían modificado a las sociedades las Revoluciones Industrial, Americana y Francesa.

Por ejemplo: Alemania Occidental se consolidó en una media docena de estados modernos, cuyo nivel de democratización avanzó mucho y algo parecido ocurrió en Italia del Norte, excepto que en su gran mayoría quedó dependiendo políticamente de la conservadora Austria. Francia expulsó del trono a los reyes "de derecho divino" en 1830 y puso en vez "un rey burgués".

Gran Bretaña, fortalecida por el triunfo que había logrado y con su propia industrialización ya muy avanzada, avanzó en su democracia con leyes que permitieron la formación de sindicatos, la liberación política de los católicos y la abolición del tráfico negrero.

7.9.- Evolución de la Ideas Filosóficas y Religiosas hasta 1830

Refiriéndose a los políticos y pensadores occidentales de alrededor del año 1763 dice Mark Lilla (10) que ya todos se habían adaptado a los principios de lo que él llama "La Gran Separación" y que "Esos principios no necesariamente cuestionan la verdad de la Revelación Cristiana, o de ninguna otra, sino simplemente afirman que para los propósitos de la filosofía política y de su argumentación, toda referencia a una revelación divina será considerada ilegítima". (11) Sigue diciendo que eso nos pone "en la otra rivera" con respecto a todas las demás civilizaciones pasadas o presentes (que siempre han ligado teología con política) y que nuestro cruce "a la otra orilla" ha sido muy difícil.

Sin embargo, toma nota de que desde que entró el siglo XIX fue notoria en Europa una nostalgia por su pasado religioso y una ilusión por lograr un mejor futuro religioso. ¿No se convencieron de los abusos del clero que, por ejemplo, Voltaire puso en evidencia? Sí, pero consideraron que eso no demuestra que la conciencia sea una ficción: Los hombres se sienten como entes morales, y como el funcionamiento de la conciencia es algo misterioso, se sienten inclinados a atribuirla a un Dios benevolente. (12)

Buscando los orígenes de esa nostalgia, llega a Rousseau, a quien describe como "un moderno decepcionado" que ve todos los errores de su tiempo y que entre él y Kant (que adelante veremos) empezaron una grieta en el modo de juzgar las ideas en lo que concierne al problema teológico-político, entre los anglo-americanos, por un lado y los protestantes germánicos, por otro. (13)

La postura teológica de Rousseau la ejemplifica con *La Profesión de Fe del Vicario Saboyano* personaje que educa al protagonista de su novela *Emilio*, de la cual celebra su conciencia, su caridad para con el prójimo, su virtud y su piadoso asombro, pero también hace ver su nula relación con la revelación, ya que brota de la intrínseca bondad de la naturaleza humana. (14)

Así que su *Emilio* no es naturalmente religioso, sino naturalmente ético y Rousseau se convierte por ello en el primero en ofrecer al hombre una religión sin revelación, a la que se llega por los siguientes tres pasos: 1) Las facultades del hombre son limitadas. 2) El hombre ansía respuestas que exceden a su capacidad para contestarlas.3) Puede llegar a tener alguna clase de respuestas mientras las formule con referencia a su propia certeza moral. (15) Esta apertura a una religión sin revelación les pareció tan peligrosa a las autoridades políticas y religiosas, que por ello fue perseguido Rousseau.

Lilla considera que la doctrina moral de Kant es una argumentación filosóficamente disciplinada de la perspicaz visión de Rousseau. (16) y que su *Crítica de la Razón Pura* (1781) es, a su vez, una visión nueva y profunda a todas aquellas cosas que caen fuera de la posibilidad de la experiencia.

Pero cree que luego, en su *Crítica de la Razón Práctica* (1788), Kant pone las bases, sutilmente, quizás sin pretenderlo, de una nueva teología política. Lo hace porque cree que seguir el curso moral correcto sería demasiado problemático para cualquier persona, por la existencia del mal, del "enemigo" al que hay que combatir, por lo que propone sus famosos dos postulados, que cree necesarios para no caer en la desesperación: 1) Que Dios es la causa suprema de la naturaleza y que da la felicidad de acuerdo como haya sido el comportamiento moral, y 2) Que el alma de cada individuo es inmortal. Pero ¿Por qué existe el mal? Kant no lo sabe, pero ve al hombre desgarrado por dos fuerzas contrarias, soberbia egoísta y cruel remordimiento. (17)

Ya podemos intentar explicarnos la existencia del "mal" según las últimas investigaciones y opiniones que vimos en el Capítulo II y que no estaban disponibles en tiempos de Kant: Cuando el hombre arribó a la plena conciencia, se dio cuenta de que él mismo o ella misma, y los demás también, eran capaces de cometer acciones que podían ser muy dañinas a ellos mismos, a su familia, a sus amigos o a todo su grupo. Creo que esto es lo que llamamos "mal" o "maldad" en el sentido humano, nuestra capacidad para hacerlo o para abstenernos de hacerlo, como cosa diferente de las catástrofes naturales o del ciego azar. Y podemos agregar esto a lo que bien dijo Kant: Si hacemos el mal, es por "soberbia egoísta" que nubla la razón y da rienda suelta a la pasión, y si nos abstenemos de hacerlo, es porque logramos disciplinar a la voluntad y dar un buen propósito a las pasiones, para no incurrir en "crueles remordimientos".

Volviendo a Kant, y a Rousseau, Lilla cree que entre ambos abrieron una rendija por donde la teología se volvió a adherir un poco a las ideas políticas de los alemanes: Entre ambos crearon una nueva teología puramente moral, ya sin "muletas dogmáticas", pero capaz de ayudar al hombre en sus tremendos problemas de conciencia, curiosidad y esperanza. Rousseau propuso utilizar las iglesias sólo como compañía adecuada para socializar, pero Kant fue más lejos y más profundo, pues asignó a las iglesias luteranas la obligación de trabajar en la consecución de la felicidad para toda la humanidad, de manera que, aunque respetando los principios de "La Gran Separación", abrieron la posibilidad intelectual de "hacer un puente" entre ambas orillas.(18)

Mientras, los iniciadores de romanticismo aspiraban a que el hombre formara otra vez una misma unidad con su mundo, o sea "reconciliarse" en vez de seguir alienados de su ambiente; y trataban de lograr esto mediante la experiencia estética, la introspección mística y la estructuración de mitos y de "saltos de fe". El joven Hegel escribió en 1795: "Necesitamos una nueva mitología de la Razón", y Lilla cree que eso fue lo que, en última instancia, vino a violar los principios de La Gran Separación, al reintroducir "la reconciliación con el mundo" en la política, pues, en sus posteriores escritos, Hegel declaró que ya había sido lograda, en sus aspectos principales, por el estado burgués que estaba naciendo en ese tiempo. (19)

En su *Fenomenología* de 1807, Hegel propone que el drama moral del hombre sigue una secuencia dinámica de negatividad, alienación y reconciliación que le va permitiendo ascender niveles en forma de espiral. Sugiere también que la historia es el desarrollo colectivo de ese drama, al crear un grupo humano una estructura socio-política adecuada para una situación determinada, deteriorarse ésta por cambios en las circunstancias, hasta llegar a una situación crítica que hay que corregir y hacer lo necesario para llegar a otro nivel adecuado.

El error principal de Hegel fue el creer que la fuerza fundadora de las sociedades es la religión, cuando vimos en el Capítulo II que la investigación y el pensamiento modernos asignan esa fuerza fundadora a la moralidad, que viene a ser, precisamente, la disciplina social para lograr la convivencia y el desarrollo de los grupos humanos. Por ello, la moralidad es antiquísima, mientras que la religión es, relativamente, reciente, información que no estaba disponible para Hegel.

Hegel consideró que la religión más avanzada era el Protestantismo Luterano, por lo que propuso que los buenos ciudadanos deben someterse a sus prescripciones éticas y que la Iglesia debe subordinarse claramente al Estado (en su caso a Prusia, pues en 1818 fue llamado a dar clases en la Universidad de Berlín, lo que hizo hasta su muerte en 1831). Con esto, Hegel estaba dando al traste no sólo con La Gran Separación (de política y teología), arduamente ganada desde que la filosofía prohijó al método científico moderno, sino también a la que, imitando a Lilla, podemos llamar "La Gran Separación de Poderes", desde que San Ambrosio se enfrentó a Teodosio en Milán en el ya lejano año de 390.

Así que, de entonces en delante, propuso Hegel, los "grandes" estados serán ya los protagonistas de la historia mundial, pues le parecía que la forma y la organización del mundo de su tiempo, podía verse como el despliegue de la voluntad de Dios. (parecido al "Destino Manifiesto" de los norteamericanos).

Estas propuestas de Hegel las juzga Lilla, en un comentario lapidario, que lo que realmente encontró fue un bien diseñado y muy razonable Dios burgués y una muy barata reconciliación con el mundo. [20]

7.10.- Panorama del Mundo en 1830 y Confrontación de los Eventos Históricos de 1560 a 1830 con la Hipótesis de Trabajo

Al terminar en 1830 el período reaccionario de La Restauración, después de las Guerras Napoleónicas, la Revolución Industrial estaba saliendo de su cuna en Gran Bretaña y pasando hacia Europa continental, por lo que conviene ver las cifras de población de esa región en algún detalle.

PAÍS O REGIÓN	Millones de Habitantes
Gran Bretaña	21.5
Países Escandinavos	5.5

Francia	32
Países Bajos y Suiza	9
Prusia y demás Estados Alemanes	26
Austria, incl. Bohemia y Hungría	28
Estados Italianos	19
Península Ibérica	17
EUROPA OCCIDENTAL	158
Imperio Ruso	70
Imperio Otomano y Nor-África	54
África Sub-Sahariana	45
Persia (Irán)	14
La India	210
Sureste de Asia y Oceanía	38
China	350
Japón y Corea	41
RESTO DEL ANTIGUO CONTINENTE	822
América Sajona	16
América Latina	24
AMÉRICA	40
TOTAL DEL MUNDO	1020

Así que el mundo acababa de pasar la cifra de los mil millones de habitantes, con lo que había multiplicado por 1.76 la población que tenía en 1650 (tabla, inciso 7.5), pudiéndose hacer las siguientes comparaciones:

1.- La población de Europa Occidental también se había duplicado (de 78.5 a 156), pero la del Imperio Ruso se había multiplicado casi por 6 (de 12 a 70), pues ya incluía la mayoría de Polonia, los Países Bálticos y Siberia y la cifra incluye a Asia Central.

2.- El Imperio Otomano, África Sub-Sahariana e Irán prácticamente no habían incrementado su población (ese conjunto pasó de 94.5 a 113).

3.- India, el Sureste de Asia y Oceanía se incrementaron de 142 a 162, mientras que China, Corea y Japón subieron de 221 a 391.

4.- América más que triplicó su población (de 12 a 40) y la recién independizada parte Latina tenía un 50% más de población que la Sajona.

¿Qué podemos decir de las evoluciones de la moralidad y de la religión en el período de 270 años entre 1560 y 1830?

Como siempre, es muy difícil apreciar si realmente existió algún cambio significante en la moralidad de los humanos, por ser tan estable y universal en su núcleo. Sin embargo, se la vio practicar en trasfondos y circunstancias tan diferentes en estos 270 años de exploraciones, primeros contactos entre humanos de muy diferentes tipos y niveles de cultura, conquistas, guerras de religión y comercio, piratería, esclavitud, trabajo misionero, intercambio de productos agrícolas y de especies animales domesticadas, comidas, bebidas, costumbres de fumar, nuevas enfermedades y nuevos remedios, nuevas crueldades y nuevos heroísmos, choques instintivos o amistades y lealtades inquebrantables entre gentes muy diferentes, que lo único que podemos decir con certeza es que los pensadores europeos variaron en su apreciación del hombre primitivo entre dos extremos: El de Hobbes, por una parte, cuya opinión pesimista de que su vida era "solitaria, pobre, terrible, brutal y corta" ya vimos en el inciso 7.4, y la de Rousseau, cuyo meollo optimista de la intrínseca bondad de la naturaleza humana acabamos de ver en el inciso 7.9 y que lo llevó a su paradigma del "noble salvaje". ¿Quién de los dos tenía razón? Yo creo que ambos en parte y ninguno en su totalidad.

Con esto quiero decir que lo que llevamos estudiado nos muestra claramente que los primeros hombres que ya tuvieron plena conciencia eran como somos nosotros, sólo que en condiciones primitivas y nosotros somos como ellos, sólo que en condiciones de civilización avanzada. Entonces ¿No avanza nada la naturaleza humana? No en 10,500 años de sedentarismo ni aún en 50,000 de plena conciencia, pero sí puede avanzar mucho nuestro conocimiento de nosotros mismos y, por tanto, los propósitos que nos fijemos y la disciplina social necesaria para alcanzarlos, lo cual propondré con la mayor precisión posible en el Capítulo XI final.

En cambio, como siempre, nos es fácil apreciar la evolución de la religión, ya que creo que también ha quedado demostrado que no es, ni más ni menos, que el sentimiento de indefensión ante el mundo y la certeza de la propia muerte, sentimientos que son concomitantes al ascenso a la plena conciencia del ser humano. Estos cambios en la religión son todavía más fáciles de apreciar si nos limitamos a Europa Occidental y a sus vástagos de ultramar, pues es ahí donde más avanzó el proceso que podemos llamar "moralización de la religión", que consiste en ir minimizando su aspecto teológico y maximizando su papel de árbitro de la normatividad de la conducta humana:

Luego de 40 años de reformas y contrarreformas que trataron todavía de ser generales, en 1560 los dos campos "de honor" se dividieron tajantemente, aunque, afortunadamente y gracias sobre todo a Francia, no estrictamente a lo largo de líneas religiosas. También fue en Francia donde se visualizó la primera alternativa a la guerra sin cuartel: Absolutismo en lo público y tolerancia en lo privado. Mientras, España iba sucumbiendo al "señorialismo" no productivo y a la intolerancia esterilizadora del pensamiento, Italia ahogada en el militarismo y el autoritarismo y Alemania irremediablemente dividida. Los avances más firmes hacia la democratización se dieron en Holanda, Escocia e Inglaterra.

Ya en el siglo XVII, Galileo hizo que la ciencia del cielo bajara a la tierra y empezó a demostrar que *la natura é scritta in lingua mathematica,* Bacon empezó a separar formalmente los campos intelectuales de la religión y de la ciencia y Descartes a dar una base filosófica firme a toda la estructura del conocimiento. Con todo esto se logró sacar a la religión de decidir lo que era cierto en cuanto a la descripción, cuantificación y predicción de la materia, pero a cambio de dejarle los campos teológico y moral.

Con Grocio empieza a formarse un derecho internacional "laico", que empezó a imponerse calladamente, al no ser invitados los representantes de ninguna iglesia a las pláticas que llevaron a la Paz General de 1648 y con Hobbes se llega a una sólida argumentación para expulsar de la política interna de los países toda referencia teológica. Por fin, en 1689 se arribó en una gran nación al gobierno formalmente limitado, que llevará a la democracia, inspirado y defendido por Locke, mientras Boyle y Newton ponían las bases de la química y la física modernas.

¿Cómo estaban las religiones durante el siglo XVIII? Ya vimos que aún en la liberal Gran Bretaña y en sus colonias de Norte América, la Iglesia Anglicana y las distintas sectas Calvinistas tenían tanta influencia que los políticos de ideas avanzadas recurrieron al secreto de las logias masónicas, por temor a provocar sus iras. Lo mismo podemos decir para los casos de Holanda y de Suiza.

En Francia, había una monarquía católica, que bajo Luís XIV había sido constructiva y popular y que había demostrado su independencia política con respecto al Papado. Pero luego "el rey sol" sucumbió a su propio autoritarismo, al abolir el Edicto de Tolerancia en 1685. Caro pagó Francia por esa dañina medida, pues muchos hugonotes de clase media y alta emigraron a Prusia y a Inglaterra, perdiéndose su valiosa aportación. Con ello, el catolicismo retrógrado afirmó su posición en Francia y esa tendencia fue contra la que lucharon los filósofos y enciclopedistas de la Ilustración.

En la Prusia de Federico II se dio el síndrome, que después Hegel iba a estructurar filosóficamente, de que el Estado fuera el único protagonista, por lo que debía controlar tanto a la Iglesia Luterana como a las Logias Masónicas.

Austria hubo de esperar hasta el reinado de José II de 1780 a 1790 para que se aboliera la servidumbre feudal, se diera un nuevo código penal, se reformaran los impuestos, se quitaran trabas al comercio, se establecieran hospitales, asilos y orfanatos y se promulgara un edicto de tolerancia para los ortodoxos y se ejerciera un control estricto sobre la clerecía católica. En Italia estas medidas se aplicaron en la Lombardía austriaca y existían leyes parecidas en los demás Estados del norte.

Sin embargo, en los Estados de la Iglesia, el reino de Nápoles y las monarquías de España y Portugal, tanto en la Península como en América, siguió imperando el catolicismo intolerante, cuya expresión más típica era el tribunal de la Inquisición.

Pero aún ahí hubo una sorda lucha entre "regalistas" y "papistas" que recordaba a los ghibelinos y güelfos medievales, los primeros algo más influidos por la Ilustración, pero más autoritarios y centralistas y los segundos partidarios de una especie de teocracia, hábil y competentemente defendida por la Orden de los Jesuitas. La lucha se fue escenificando con la expulsión de los sacerdotes jesuitas de cada monarquía católica y luego la presión de todas sobre el Papado, hasta la disolución de la Orden en 1773.

El impacto de la Revolución Francesa sobre el Catolicismo fue muy grande, por lo que conviene ver más de cerca sus efectos.

1.- En Francia, se hicieron todas las reformas que había hecho Austria, pero con mayor profundidad y extensión en los aspectos educativo, jurídico y fiscal y con mayor extremismo en el eclesiástico, que llevó hasta el control civil del clero, de modo que mucha gente, sobre todo de clase media, ya nunca volvieron a la obediencia de la Iglesia. Protestantes y judíos adquirieron plenos derechos y dejó de estar penado el pertenecer a la masonería.

2.- En la Etapa Napoleónica, el dominio de Italia por los franceses estuvo a punto de terminar con la estructura Papal, pues en la propia Roma se proclamó una República en 1798 y el Papa Pío VI fue enviado al exilio, quien murió al cruzar los Alpes en 1799. Sin embargo, se reunió un Cónclave en Venecia, bajo la protección de Austria, y eligió al Papa Pío VII y Napoleón le permitió que regresara a Roma para firmar con él un Concordato en 1801, pues se había dado cuenta del arraigo del catolicismo en el campesinado francés, del cual dependía política y militarmente.

3.- En España y la América Española, desde el valimiento de Godoy en el ejercicio del poder real en 1792, se habían ido abriendo paso en círculos avanzados las ideas liberales de la Ilustración y de la Revolución, dando origen algunas veces a logias masónicas. Sin embargo, a partir del levantamiento de la población madrileña contra las tropas Napoleónicas del 2 de mayo de 1808, la cual pronto se extendió como "guerrillas" por toda la Península, incluyendo a Portugal, la mayor parte de los sublevados mantuvieron los valores tradicionales en las Juntas de gobierno que formaron, mientras sólo una minoría siguió adepta al liberalismo.

4.- En América Española, la mayoría de los propietarios agrarios y mineros se adhirieron a las Juntas de gobierno tradicionales y depusieron a los virreyes que eran hechura de Godoy. Sin embargo, al prolongarse esa situación anómala hasta 1810, se dio lugar a que grupos liberales que se habían ido formando se hicieran con el poder o iniciaran insurrecciones populares, como en México, pero siempre en pugna contra los conservadores, quienes, ayudados por tropas españolas enviadas en 1815, recuperaron el poder en todas partes, con una notable excepción: En el Virreinato del Río de la Plata los criollos, que ya habían derrotados a dos expediciones británicas en 1806 y 1807, se habían hecho con el poder en mayo e 1810 y proclamaron su independencia en julio de 1816. Al año siguiente cruzaron los Andes al mando de San Martín y liberaron a Chile, cuando Bolívar estaba ganando la adhesión de los Llaneros, con los que liberó Colombia, Venezuela y Ecuador. Desde 1820 los liberales de España habían impuesto la Constitución de Cádiz de 1812 a Fernando VII, lo que decidió a los conservadores mexicanos pactar la independencia con los insurgentes, cosa que lograron en 1821. El liberalismo español fue aplastado por tropas francesas conservadoras en 1823, por lo que las corrientes libertadoras de Bolívar y San Martín cooperaron para liberar a Perú y a Bolivia en 1824.

El Período de la Restauración en Europa de 1815 a 1830 hizo que la Iglesia Católica no reconociera entonces la Independencia de las Colonias españolas y portuguesas y el Papa Leon XII deplorase la situación en países "rebelados" y "contaminados de ideas heréticas".

Sin embargo, para 1830 el catolicismo se estaba extendiendo en los Estados Unidos y Gran Bretaña dando iguales derechos a sus ciudadanos católicos, y parecida situación de distensión se daba en Holanda y Suiza.

Así que para 1830 podemos decir que las relaciones entre el Cristianismo occidental y los gobiernos de los países que lo practicaban tenían alguna de las siguientes modalidades, o combinación de ellas:

1.- En los Países de mayoría Protestante Calvinista, como Gran Bretaña, Estados Unidos, Holanda y Suiza, la religión se había convertido en un asunto particular y se consideraba ilegítimo que en las argumentaciones políticas se pretendiera apelar a respaldos teológicos. Tanto católicos como judíos, empezaban a disfrutar de los mismos derechos y obligaciones que todos.

2.- Francia, a la que se pueden agregar la recién nacida Bélgica y el Reino de Cerdeña, a partir de 1830 van a respetar la "Gran Separación", con su mayoría católica muy erosionada por lo que se llamaba "indiferentismo religioso", y otorgando plenos derechos a sus ciudadanos Protestantes y a Judíos.

3.- En Prusia y demás Estados Luteranos de Alemania (los de la Península Escandinava tendieron a igualarse con los del grupo 1) la "Gran Separación" empezaba a ser desvirtuada por un protagonismo del Estado que pretendía dirigir políticamente tanto a la Iglesia como a la Masonería que la combatía. Los derechos de los católicos eran reconocidos, pero el Estado Prusiano quiso tener algún control sobre la Iglesia católica de sus Provincias Renanas, por lo que negoció con Roma el nombramiento de obispos.

4.- Austria-Hungría-Bohemia que entonces también regía el "reino" Lombardo-Véneto, y prácticamente también protegía los Estados de la Iglesia, se había rezagado mucho de Francia y todavía había una clara interacción entre Iglesia y Estado, aunque, como ya vimos, muy ilustrada y reformada.

5.- A los Reinos de España, Portugal y Nápoles todavía en 1830 una reacción conservadora los mantenía en el absolutismo y la Inquisición, pero estaban a punto de zafarse de esas viejas ataduras y la recientemente independizada Latinoamérica estaba en muy parecidas condiciones.

VIII.- El Fortalecimiento de Occidente de 1830 a 1914

8.1.- Eventos Políticos en Occidente de 1830 a 1848/1852

Gran Bretaña reconoció a sus obreros derechos a formar sindicatos en 1824, emancipó a los católicos en 1829, extendió el sufragio a toda la clase media en 1832, limitó la jornada de trabajo a 12 horas en 1833 y abolió la esclavitud en todas sus Colonias en 1834, por lo que siguió a la cabeza del liberalismo mundial. Pronto tuvo sus primeras huelgas y luego hubo hambrunas en Irlanda, pero su sistema ya tenía una capacidad evolutiva tan grande, que siempre fue atinando en tomar las medidas adecuadas para resolver sus problemas, que en estos casos fueron mejorar las condiciones del trabajo industrial y decretar la libre importación de cereales. Por todo ello fue el único país europeo "inmune" a los movimientos revolucionarios de 1848.

En Francia, este período de 18 años los cubre el gobierno del "rey burgués" Luís Felipe de Orleáns, cuando el país "se acostumbró a cultivar las artes de la paz", empezando a trabajar sus minas de carbón en forma moderna, en construir su red ferroviaria y a industrializarse. Las energías sobrantes de la nación se canalizaron en la colonización de Argelia. Pero la gente se aburría, y el 1848 iniciaron otra Revolución e implantaron una Segunda república.

Holanda, Bélgica, Luxemburgo, Suiza y el Reino de Cerdeña integraron una nueva "Lotaringia" pacífica en el corazón de Europa Occidental.

Prusia y los demás Estados de Alemania también iniciaron su industrialización y crearon una unión aduanera para avanzar hacia la unificación. No pudieron avanzar más en ese sentido por la enorme presencia de Austria-Bohemia-Hungría que además tenía el "reino" Lombardo-Véneto y la protección de los Ducados de Toscana, Parma y Módena y de los Estados Pontificios.

España, Portugal y el Reino de Nápoles por fin empezaron una lenta y difícil liberalización, punteada por represiones y retrocesos.

Los Estados Unidos de América que en 1783 habían adquirido el inmenso bosque entre los montes Apalaches y el río Mississippi lo habían ido poblando y fundando en él otros ocho Estados. En 1803 le compraron a Francia la Gran Pradera hasta los montañas Rocallosas, donde admitieron a Luisiana como Estado y fundaron Missouri, adquiriendo Florida de España, por lo que tuvieron frontera con México tan pronto como éste se independizó en 1821. Para el año de 1825, ya contaban con 11 millones de habitantes, 3 de ellos de esclavos negros. En esa época empezaron su industrialización y la construcción de su red ferroviaria, sobre todo en los Estados del norte, a donde hubo fuerte inmigración, mientras que en el sur prosperaba la exportación del algodón. La población total saltó a 17 millones en 1842. En los siguientes 10 años, peleó la Guerra con México, adquiriendo desde Texas hasta

California y negoció con Gran Bretaña su posesión del noroeste, llegando a su extensión territorial contigua actual y contando con 25 millones de habitantes en 1852.

El período inmediato al que lograron su independencia los países de Latinoamérica, de 1821/1824 hasta 1852, fue de reacciones negativas, al darse cuenta de que se habían librado de España y de Portugal sólo para verse en un mundo dominado por Gran Bretaña, Francia y los Estados Unidos, cuya superioridad socio-política se veía muy difícil de alcanzar por razones estructurales de los respectivos tipos de sociedades. Además, nuestros países tampoco tenían control sobre las enormes organizaciones eclesiásticas que heredaron, pues el Papado no les permitió ejercer el Patronato Real. Toda esta problemática hizo que todos los países recurrieran a cerrarse ante el exterior, en mayor o menor medida. Algunos, como México, fueron rudamente despertados por "el Destino Manifiesto" de sus pujantes vecinos, ante quienes perdimos los inmensos territorios, casi despoblados, del extremo norte.

8.2.- Eventos Políticos en Occidente de 1848/1852 a 1872.

En Europa Occidental estos 24 años marcan el período más importante de su fortalecimiento, por varias razones:

Primero, porque en Gran Bretaña y en Francia hubo un incremento en la proporción de votantes primero a un tercio y luego hasta más de la mitad de los hombres adultos, lo que aumentó su fuerza social, lo cual motivó a las demás naciones a tomar medidas similares.

Segundo, porque la industrialización pasó por su punto álgido, al completarse la construcción de una densa red ferroviaria en todo en sub-continente, pasar a primer término las grandes fábricas siderúrgicas y sustituirse la navegación a vela por naves equipadas con máquinas de vapor.

Tercero, porque las dos grandes naciones que hasta entonces no estaban estructuradas políticamente como Estados, Alemania e Italia, lograron ambas su reunificación. Si a ellas agregamos Gran Bretaña, Francia y España, tendremos las cinco grandes variantes o "formas de ser" de los europeos occidentales.

La mayor excepción a lo que podemos llamar "el gran estado-nación" lo constituía el Imperio de Austria-Hungría, que incluía a Bohemia o Chequia, a partes de Polonia, Rumanía y Servia y a lo que ahora son Eslovaquia, Eslovenia, Croacia y Bosnia, ya que tenía una estructura multinacional, cada vez más obsoleta mientras más crecían los nacionalismos. Además, había pequeños países no integrados en las grandes naciones de las que fueron parte, como Holanda, Bélgica, Luxemburgo y Suiza, a los que podemos agregar Portugal e Irlanda. Los Países Escandinavos eran más bien una periferia.

Estados Unidos inició su época de dominio continental enviando una escuadra a tratar de abrir a Japón al comercio y al trato con Occidente, lo cual logró, así como a participar del comercio con China. Pero en su propio país el aumento territorial provocó que hiciera crisis el gran problema de la esclavitud, lo que lo llevó a una prolongada y cruenta Guerra Civil de 1861 a 1865, de la que fue saliendo penosamente, pero ya reunido sobre bases más firmes.

Latinoamérica, con su segunda generación de dirigentes, salió de su aislamiento y se lanzó a reformar su estructura política, logrando la separación estado-iglesia o cuando menos un control sobre su actuación y adoptaron constituciones democrático-liberales, solo para que muchos países, los de sociedades muy estratificadas, encontraran que no era factible poner en práctica esos lineamientos, distanciándose la práctica de la teoría política.

8.3.- Eventos Políticos en Occidente de 1872 a 1914

En estos 42 años ya prácticamente no hubo cambios políticos en Europa Occidental, siendo la característica más notable de su actuación su impacto sobre el resto del mundo en lo que suele llamarse "imperialismo" o "colonialismo", así como el avanzar aceleradamente con la industrialización, en lo que suele dársele el nombre de segunda etapa, marcada por el auge de la industria química, el motor de combustión interna y la utilización de la electricidad y de las comunicaciones telegráficas.

Otra novedad, ésta muy desafortunada, fueron las alianzas militares opuestas. Una de las razones para ello fue que para lograr su unidad, Alemania tuvo que derrotar a Francia en la Guerra de 1870/1871, quitándole al final la provincia de Alsacia-Lorena, de habla alemana, pero de sentimiento nacional francés, por haber sido incorporada desde hacía dos siglos. Así que Francia, deseando "la Revancha" y no pudiendo sola contra el Segundo Imperio Alemán, que tenía una población 50% superior con casi igual nivel de vida, tuvo que recurrir a la alianza con el Imperio Ruso. Este inmenso país estaba amenazado por una revolución al irse dando cuenta su población del enorme atraso social que tenían con respecto a Occidente. Así que Alemania, para no quedar superada, ofreció su alianza a su vecina Austria-Hungría, la cual gustosamente aceptó, pues estaba amenazada por los nacionalismos, como ya vimos, sobre todo eslavos ortodoxos, a los cuales apoyaba Rusia.

Gran Bretaña e Italia quedaron al margen de dichas alianzas, pero eran factores muy importantes que las cuatro potencias comprometidas tenían que estar tomando en cuenta. Y lo mismo podía decirse del Imperio Otomano, ya en avanzado estado de descomposición, pero todavía tan grande y fuerte que había que tomarlo en cuenta. España y Portugal, en cambio, absortos en problemas coloniales y de modernización interna, se desinteresaron de los problemas europeos.

Después de su guerra civil, Estados Unidos había llevado a cabo su "Conquista del Oeste", que incluyó la conversión a la agricultura de la Gran Pradera y de California. También había acelerado su industrialización, recibiendo para ello la ola de inmigrantes trasatlánticos más grande de la historia, unos 30 millones en este período. Luego de imponer su hegemonía en el Mar Caribe, al arrebatar a España Cuba y Puerto Rico (y Filipinas en Asia), procedieron en 1904 a independizar Panamá de Colombia y a construir el Canal, enorme obra de ingeniería que quedó terminada en 1914.

Gran Bretaña tenía ya cuatro "Dominios Blancos", es decir colonias en las cuales los europeos predominaban tanto sobre los nativos, como Canadá, Australia o Nueva Zelanda, o habían impuesto sobre ellos un sistema de supremacía, como en Sudáfrica, que se les había reconocido el derecho al autogobierno.

Para Latinoamérica este fue, en general, el primer período pacífico y constructivo que tuvieron desde su insurgencia. Algunos países se iban acercando a la democracia, como Argentina, Chile, Uruguay y Costa Rica, o con dictaduras benevolentes, como México y Brasil, que, por fin, había abolido la esclavitud en 1888. También hubo algunas respuestas negativas.

8.4.- El Resto del Mundo de 1830 a 1914

La Rusia Zarista emergió de las Guerras Napoleónicas como una de las garantes de la Paz de Viena de 1815, por lo que se le asignó la mayor parte de Polonia, Finlandia y los Países Bálticos que ya tenía, por lo que una parte de su población era de cultura occidental. También, durante esas guerras muchos oficiales conocieron y apreciaron esa cultura por lo que en 1825 exigieron reformas, pero fueron aplastados. Lo mismo le ocurrió a Polonia cuando se sublevó en 1830. Sin embargo la vitalidad de ese Imperio todavía era grande, por lo que sus dirigentes la dirigieron hacia la expansión en el Extremo Oriente, en Asia Central y contra el Imperio Otomano en el Cáucaso y el Danubio, pero eso lo llevó a un enfrentamiento con Gran Bretaña que, aliada con Francia, la derrotaron en la Guerra de Crimea en 1854/565.

Después de eso tuvieron que hacer concesiones al pueblo, liberando de inmediato a los 20 millones de siervos de la Corona y en 1860 a los siervos de la nobleza, que eran la mayoría. Vinieron problemas de desempleo, que se remediaron con industrialización, pero entonces surgían problemas obreros, en una espiral inestable. Como incómoda vecina de la mayor potencia militar del mundo, el Segundo Imperio Alemán, buscó alianza con la República Francesa, cuyo sistema democrático sus dirigentes aborrecían, pero no había más opciones. En 1904/1905 se enzarzó en una guerra con Japón, en la que fue derrotada, estallando la revolución comunista en las grandes ciudades, que entonces pudo ser aplastada, pero que quedó como portento del por venir.

Aunque el Imperio Otomano casi no participó en las Guerras Napoleónicas, cuando éstas terminaron quedó expuesto a los nacionalismos de sus pueblos sometidos en la Península de los Balcanes, logrando Grecia su independencia en 1829. Luego, los sultanes tuvieron que competir con su virrey en Egipto, que prácticamente se independizó. A partir de la derrota que sufrió a manos de los rusos en 1878 tuvo que lidiar con nacionalismos rumanos, servios y búlgaros, ceder a Gran Bretaña el protectorado sobre Chipre y Egipto y a Austria-Hungría la provincia de Bosnia.

Para detener esa decadencia, un numeroso grupo de oficiales del ejército, apoyados por la naciente clase media, formaron el partido nacionalista de los Jóvenes Turcos, quienes se hicieron con el poder en 1908. Sin embargo, antes de que pudieran consolidarse, Italia les quitó Libia y las islas del Dodecaneso, lo que desató las dos guerras Balcánicas de 1912/1913, que dejaron a los turcos resentidos contra Gran Bretaña y Francia y dispuestos "a jugársela" con Alemania y Austria-Hungría.

Hacia el oeste del Imperio Otomano, Francia a partir de su colonia de Argelia había impuesto su protectorado a Túnez y a Marruecos. Hacia el este, su vecino Persia (o Irán) manejó las presiones rusas y británicas y mantuvo su independencia.

En la India, el Gobierno Británico había intervenido a la Compañía desde 1774 y actuado como potencia soberana ante los rajáes y sultanes y había implantado legislación moderna, consultada a Bentham, en las áreas de administración directa, pero le respetó a la Compañía sus privilegios comerciales hasta 1833. Después de esa fecha se implantó el libre comercio, pero se gravaron el azúcar y los tejidos hindúes.

La presión sobre los gobernantes indios para que mejoraran sus administraciones y las susceptibilidades religiosas de los soldados nativos provocaron el terrible Motín de los Cipayos de 1857 en la Gran Llanura Gangética, la cual pudo ser dominada por la fidelidad de las tropas nativas de las Presidencias de Bombay y Madrás y el rápido envío de varios ejércitos británicos. En 1857 se suprimió la Compañía y el gobierno de la India quedó a cargo de un ministro del Gabinete Británico, iniciándose las mejoras en comunicaciones, salubridad y educación. Luego se crearon un Consejo de Estado y un Alto Tribunal de Justicia y en 1866 se eligieron legislaturas nativas en las tres Presidencias. En 1885 se formó el Partido del Congreso Indio y en 1905 la Liga Musulmana. En 1911 se coronó a Jorge V como Kaiser-i-Hindi y el Imperio estaba próspero y en calma en 1914.

En el Sureste de Asia, la Península de Indochina se la repartieron entre británicos y franceses, dejando a Tailandia entre sus dominios, mientras que Holanda seguía rigiendo el Archipiélago Malayo, excepto Filipinas que en 1898 pasó de España a los Estados Unidos.

Al empezar el siglo XIX empezó a mermar el superávit que había mantenido la China de la Dinastía Manchú con Occidente durante todo el siglo XVIII. Una de las causas de ese descenso fue la introducción del comercio del opio que los británicos empezaron a llevar desde la India, donde se usaba para propósitos medicinales, pero en los puertos chinos se desarrolló una terrible drogadicción. Cuando el gobierno chino prohibió el consumo de opio y quemó las existencias, Gran Bretaña atacó el puerto de Cantón con sus nuevos barcos a vapor y con grandes cañones en 1839, forzando al gobierno chino a cederles la Isla de Hong-Kong y a permitir la libre entrada de opio y otras mercancías en sus puertos. Esa fue la primera de una serie de agresiones y humillaciones que iba a durar 80 años.

En la década de los años 1850's hubo un movimiento religioso seudo-Cristiano, llamado de los Tai-ping, que debilitó al gobierno Imperial y permitió que en las décadas siguientes se sumaran a sus atormentadores Francia, Holanda, Rusia y hasta Japón, que la derrotó en 1894/95 y luego se peleó con Rusia por Manchuria. En 1900 hubo la Rebelión de los Boxers, anticristiana y anti-occidental, que pudo ser aplastada. En 1911 una revolución liberal en el sur provocó la caída de la Dinastía Manchú, pero el norte permaneció en manos de un general que pretendió formar una nueva dinastía, pero murió en junio de 1916, en plena guerra mundial, y China se dividió en cacicazgos militares.

Japón, como vimos, se había mantenido herméticamente cerrado desde principios del siglo XVII y a principios del siglo XIX, aunque bien gobernado y en paz, empezó a sufrir crisis internas y le empezaron a llegar noticias de lo que le estaba pasando a China, y, en general, en el mundo exterior, por lo que la visita de la escuadra norteamericana al mando del Comodoro Perry en julio de 1853, que fue cordial y nada agresiva, causó la formación de un partido favorable a la apertura deliberada y controlada, que peleó sordamente contra los conservadores agrupados en torno al Shogún o jefe militar y administrativo hereditario, que fue derrocado y su trono suprimido, quedando sólo el trono del Tenno o emperador religioso, que cambió su residencia a Tokio, inaugurando así la Época Meiji en 1868.

Esta época es una de las acciones colectivas humanas más notables que ha habido. En forma deliberada el Japón fue "desmontando" cuidadosamente toda su estructura feudal y sustituyéndola por otra de tipo occidental, es decir saliendo del medioevo y pasando por el renacimiento, el método científico, la Ilustración y las revoluciones política e industrial, todo en breve lapso de 44 años. Los 200 Daimios o señores feudales "regresaron" al emperador sus señoríos, recibiendo un pago compensatorio que pronto invirtieron en industrias o bancos, los 4 millones de samurai o guerreros y administradores de los señoríos, renunciaron a su monopolio de la espada y a sus vestiduras y peinados especiales, a cambio de un estipendio, y aceptaron igualdad social con los chonín o comerciantes y artesanos, quienes tuvieron que pagar impuestos y, por último, los aparceros y campesinos tuvieron la oportunidad de adquirir las tierras con un plan de pagos o bien convertirse en obreros de las nuevas fábricas.

Se implantó un sistema de educación general tan eficaz que en 30 años ya no quedaba ningún analfabeto, se le dio preferencia primero a las industrias de exportación, como la seda, para obtener fondos y luego a la industria pesada, con lo que el ejército pudo ordenar localmente la fabricación de sus propias armas y navíos de guerra, con una eficiencia tal que para 1894/95 ya había derrotado a su maestra China, la había quitado Taiwán y arrebatado el protectorado sobre Corea. En 1901 Gran Bretaña se sintió tan aislada, luego de su guerra Boer en Sudáfrica, que buscando un aliado que no fuera europeo, le ofreció un tratado defensivo a Japón, que firmaron en 1902, apoyado en el cual pudo derrotar a Rusia en 1904/05. En 1912 renovó su Alianza con Gran Bretaña y en esa segura y respetada posición estaba en 1914.

África al sur del Sahara y al norte de las repúblicas de los boers, se había empezado a librar de la trata de esclavos desde que en 1807 Gran Bretaña la prohibió y la persiguió con un escuadrón naval con base en Sierra Leona, aunque no fue totalmente efectivo hasta alrededor de 1850. En la costa había algunas factorías francesas, británicas y portuguesas, pero el interior estaba organizado en tribus o pequeños "reinos".

Ese somnoliento estado de cosas se alteró irreversiblemente en 1879, cuando el rey de Bélgica, Leopoldo II, contrató exploradores para abrir la enorme cuenca del río Congo y empezó a dar concesiones de explotación a compañías comerciales. Eso abrió al apetito a todas las potencias europeas y para evitar una arrebatiña Bismarck convocó al 2º Congreso de Berlín en 1884, en el cual además de Gran Bretaña, Francia y Portugal resultaron beneficiadas Bélgica, Alemania e Italia. Todas enviaron primero exploradores y misioneros y luego funcionarios y militares que empezaron a sobreponer una administración territorial a la organización tribal existente.

Para cuando los tribeños se enteraron con asombro el año de 1914 que sus amos blancos se estaban peleando entre sí, la población del mundo puede estimarse como sigue.

PAÍS O REGIÓN	Millones de Habitantes
Gran Bretaña	44
Países Escandinavos	11
Francia	42
Países Bajos y Suiza	16.5
Alemania	56
Austria-Hungría	53
Italia	35
España y Portugal	22.5
EUROPA OCCIDENTAL	280

Imperio Ruso	158
Imperio Otomano (+Balcanes y Nor-África)	74
África Sub-Sahariana	105
Persia (Irán)	16
La India	326
Sureste de Asia y Oceanía	82
China	428
Japón y Corea	60
RESTO DEL ANTIGUO CONTINENTE	1249
América Sajona	105
América Latina	82
AMÉRICA	187
TOTAL DEL MUNDO	1716

En los 84 años desde 1830 hasta 1914 la población del mundo había aumentado en un 68%, lo que significa que a ese ritmo hubiera crecido un 86% en un siglo. Si lo comparamos con el aumento de población entre los años 1650 a 1830, cuando subió de 580 a 1020 millones, lo que también equivale a un aumento de 86% por siglo, vemos que el ritmo de crecimiento se mantuvo igual, a pesar que el índice de natalidad empezaba a descender en Europa, porque eso se compensó con el tremendo aumento de población en las áreas recién colonizadas. Y a todos los estadistas les pareció tan bien que uno de ellos, el argentino Bartolomé Mitre dijo "gobernar es poblar". Muy bien para esa época, pero ¿Entonces Malthus estuvo equivocado en su predicción de 1804? ¡Cuidado! Ocurrió precisamente que en el lapso que estamos viendo se agregaron a la agricultura tres de las regiones más ricas del Planeta: La Gran Pradera Americana, la Pradera Ucraniana y la Pampa Argentina. Ya no habrá una oportunidad tal en el futuro previsible y no lo hubo en el siglo XX, por lo que ahora estamos resintiendo los efectos de esa aceleración en el crecimiento demográfico, que apenas estaba "tomando vuelo" entonces.

Comparando en algún detalle la población de 1914 indicada en esta tabla con la de 1830 mostrada en el Inciso 7.10, vemos lo siguiente:
1.- El crecimiento del grupo que llamamos "Resto del Antiguo Continente" que incluye mucho de lo que hoy llamamos Segundo y Tercer Mundos, y que en ambos casos incluye a la gran mayoría de la población humana, creció de 822 a 1249 millones a un ritmo un poco más lento (52%) que el promedio (68%)
2.- En cambio, Europa Occidental creció un poco más rápido, al 77% en ese lapso (de 158 a 280 millones), pero "el premio" se lo lleva América, que creció al 467% de 40 a 187 millones) y dentro de ella América Sajona, es decir Estados Unidos y Canadá, que crecieron al 656% (de 16 a 105 millones), ayudados por la ola migratoria más grande de la historia, que vino de Europa.

8.5.- La Evolución de las Ideas Filosóficas de 1830 a 1914

Nuestra meta para este inciso será la de ver cuáles eran, al principio de este período, las posturas de los pensadores sobre el comportamiento humano debido, cómo evolucionaron y cómo llegaron para enfrentar la terrible prueba de la Primera Guerra Mundial. Para poder situarnos en la problemática que nos interesa, debemos limitarla y acotarla, lo que trataré de hacer como sigue.

¿Las posturas de quiénes? De quienes influyeron en la opinión pública hasta un grado tal que los políticos de las grandes naciones de Occidente tuvieron que tomarlos en cuenta, tácita o explícitamente.

¿Sobre cuáles asuntos éticos? Sobre lo que fuera correcto hacer con respecto a los pobres, proletarios o clases bajas de su propia nación y, en casos de guerra o colonización, el trato a la gente de los demás países, de la misma o de diferente cultura o de pueblos primitivos.

¿Sobre cuáles asuntos religiosos? Sobre quién o quiénes tenían autoridad para decir lo que era o no ético y si los descubrimientos científicos le restaban o no autoridad a las religiones.

Se da por sentado que se trata de países en los que la gran mayoría del pueblo profesaba la religión cristiana, protestante o católica, pero que dicha religión no estaba establecida, porque se habían adoptado sistemas socio-políticos capitalistas y liberales, que estaban en proceso de democratización y de ejercer cierta acción social en beneficio de los más débiles.

Como el aspecto religioso va a ser muy importante, podemos hacer tres grupos de países: Al primero, incluyendo a Gran Bretaña y los Estados Unidos, que podemos llamar "anglo-sajones", a los que podemos agregar Holanda y Suiza, y entonces los podemos llamar "Calvinistas". El segundo grupo incluye a Francia y a Bélgica y, en algunos casos, al norte de Italia, y lo podemos llamar "católicos avanzados". El tercer grupo incluye a Prusia y a otros Estados Luteranos de Alemania y lo podemos llamar "Luterano".

Primer problema ¿Qué hacer con los pobres y desprotegidos nacionales?

En el grupo de "Calvinista" los problemas de asistencia pública que se consideraba que se debían manejar en forma pública y obligatoria los decidían los legisladores. En general, este tipo de asistencia era restringido, pues no se quería fomentar la holgazanería ni el vicio. Por otra parte, había instituciones privadas, generalmente para asistencia especializada, sostenidas por personas o grupos con medios propios. Esta asistencia solía ser sustancial.

En el grupo de "Católicos avanzados" lo que había que hacer en forma pública y obligatoria también lo decidían los legisladores, pero parte de esta función pública se hacía por medio de antiguas instituciones de órdenes religiosas que habían sido estatizadas, pero que siguieron siendo operadas por personal religioso empleado del gobierno, mientras hubo suficientes "vocaciones", y cuando mermaban eran sustituidas por personal laico. Las caridades privadas tendían a canalizarse como patronatos de ayuda a las instituciones religiosas que seguían operando en forma privada.

En el grupo de "Luteranos" también los legisladores decidían los problemas de asistencia, y había asistencias privadas, pero el estado tendía a involucrarse más en el funcionamiento de ambos tipos de instituciones.

En cuanto a la intensidad y urgencia de este "Primer Problema", fue pasando por etapas crecientes conforme avanzaba la industrialización y se iban organizando los sindicatos y formando los partidos socialistas. De 1830 a 1848 sólo hubo intentos de socialismo "utópico". De 1848 a 1872 se empezaron a formar los partidos "marxistas", siendo su culminación la "Comuna" de París en plena guerra Franco-Prusiana, que terminó en terrible represión. De 1872 a 1902 fue el período formativo de los grandes partidos socialistas, que tuvieron éxito en las tres potencias europeas, pero no en los Estados Unidos, y aún en aquellas tuvieron que renunciar a su extremismo y aceptar las reglas del juego político de los sistemas democráticos liberales. De 1902 a 1914 empezaron ya a ganar regularmente una creciente proporción del voto popular, hasta llegar a cifras entre un cuarto y un tercio del total.

¿Por qué era tan importante este problema? Si nos retrotraemos hasta "Los Orígenes de la Moralidad" en el inciso 2.3, vimos que, según los estudiosos, el "deber ser" en los grupos primitivos de homínidos, esa disciplina social incluía:

1.- Desprestigio o condenación de ciertos actos que dañaran a otros.
2.- Establecimiento de valores de reciprocidad y equidad.
3.- Que el comportamiento de cada uno corresponda a su posición
    dentro del grupo.
4.- Regulación, con criterios de pureza, de ciertas funciones corporales…

Podemos ver que las cuatro componentes de la convivencia humana se veían afectados por la industrialización. Por tomar el más simple, el Nº 4, podemos decir que para que pudiera haber aglomeración de viviendas para obreros en distritos o barrios fabriles sin que perecieran por epidemias, hubo que desarrollar los siguientes inventos:
   a) Agua potable corriente y drenaje en cada lugar.
   b) Lejías y jabones baratos, con los que empezó la industria química.
   c) Ropa barata de algodón que pudiera lavarse con frecuencia.
   d) Loza barata y lavable, fabricada en hornos de enfriamiento lento, controlados con los nuevos pirómetros.

En cuanto a la componente N° 3, en 1830 ningún obrero tenía derechos políticos, por lo que tuvieron que pelear por ellos y no los adquirieron en plenitud sino hasta 1916, cuando se estaban matando unos a otros en las trincheras. En cuanto a la componente N° 2 ¿Cuántas horas de trabajo eran equitativas para ganarse un jornal? Empezaron con 16 horas, es decir todas menos las del sueño, luego 12 horas y al final 8 horas. En cuanto a la componente N° 1, que es lo que podemos llamar "el buen comportamiento", tanto público como privado, no cambió gran cosa.

Pasando al problema de la relación moralidad-religión en ese período y en esas naciones ¿Quién decidía lo que era bueno o malo? ¿Qué prestigio le quedaba a la religión y cómo le afectaron los descubrimientos científicos?

A las religiones monoteístas en general, en especial a la Cristiana, ya vimos que desde que empezó del método científico moderno, se había visto afectada por la no centralidad de la Tierra, por su forma redonda que se podía circunnavegar, por la no perfección de los cielos y por la aplicabilidad de las leyes físicas igual en el cielo que en la tierra. Así que "la casa" del hombre no era el centro del universo, y su propio cuerpo era una máquina biológica, muy parecida a la de los animales. ¡Ah, pero todavía quedaba una diferencia fundamental! : El alma inmortal, con su moralidad basada en su conciencia, que le había sido infundida por la Divinidad. El problema era que esa Divinidad había "revelado" algunas cosas sobre los orígenes del mundo, que cada vez parecían encajar menos bien con la realidad.

Aparte de las anteriores, entre mediados de los siglos XVIII al XIX se había desarrollado la ciencia de la geología, la cual iba despejando cualquier duda sobre la gran antigüedad que tenía la Tierra: unos lapsos inimaginablemente largos, de millones de años, y luego de decenas, centenas y hasta miles de millones de años, con faunas "antediluvianas" muy distintas a las actuales, sobre las cuales nada decía la Biblia. Sin embargo, se trataba de información relativamente especializada y no había contradicción directa con la Biblia, si se interpretaban los "días" del Génesis con suficiente amplitud y "criterio".

Pero una cosa muy distinta ocurrió con la publicación en 1859 de "El Origen de las Especies" de Charles Darwin. En esa obra fundamental no sólo se mostraba que unas especies descendían de otras, como ya lo habían insinuado los restos "antediluvianos", sino que se identificaba y demostraba el mecanismo de la selección natural como clave para la evolución de las especies.

Esto contradecía directamente tanto el nombramiento de cada especie por Adán como, sobre todo, la salvación de una pareja de cada una por Noé, por lo que se encendió la mecha de la polémica. En las agrias discusiones que siguieron el punto de conflicto fue derivando hacia el origen de la especie humana, punto que Darwin procedió a aclarar en una nueva obra en 1871, colocando a los primates, en especial a los grandes monos antropoides, en nuestra ascendencia biológica directa.

¿Cómo reaccionaron los países "avanzados" ante esta confrontación ciencia-religión? En la propia Gran Bretaña, podemos dividir las reacciones en dos grupos: Los grupos con alta motivación religiosa, como Puritanos, Metodistas y Presbiterianos, marcaron claramente sus campos con la ciencia: La religión se encarga de la moralidad, sobre todo de la privada y la ciencia del conocimiento, mientras que los problemas de comportamiento público que llegue a haber entre ambas se deciden en las legislaturas y ante la ley. Los pertenecientes a la Iglesia Anglicana tendieron a adoptar una moral liberal casi laica cuyo núcleo de valores incluía el universalismo moral, la tolerancia, el progresismo político y el patriotismo (1) y a reservar la religión para los aspectos ceremoniales.

En Francia, la reacción mayoritaria se pareció a la de los anglicanos, pero como había una proporción menor de gentes cuya religión "tradicional" no fuera la católica, la reacción más generalizada fue simplemente la de ir abandonando el aspecto religioso e ir tomando más en serio la moralidad laica.

Es en la Alemania de este período es donde Mark Lilla hace su magistral análisis de la evolución filosófica-religiosa de las ideas, no tanto como causa de la Primer Guerra Mundial, sino como descripción de la ideología que se hizo pedazos al sobrevenir esa horrible tragedia, por haber sido imposible explicarla en términos de sus propios supuestos. A continuación trato de resumir lo que Lilla dice en su capítulo 5° "La Casa Bien Ordenada":

Al adoptar las sugerencias de Rousseau y de Kant de estructurar una moralidad basada sólo en la experiencia humana y no en la revelación, los teólogos liberales alemanes hicieron que el hombre fuera la medida de la verdad teológica cristiana, en la cual tenían una fe inconmovible. Así que lo que terminaron haciendo fue divinizar los sentimientos religiosos de los hombres y divinizar la historia, que había llevado a Alemania a ser la mayor potencia del mundo y, por lo tanto, la principal protagonista de la historia, seguida por las demás grandes naciones "germánicas", como en Imperio Británico y los Estados Unidos. Así que la historia vino a ser "el escenario sagrado" donde el drama de la moralidad humana se desarrollaba y se hacía realidad.

Por esa pendiente, algunos pensadores alemanes, como Ernest Troeltsch, fueron considerando que el Cristianismo era sólo el producto contingente de una época, por lo que la moral en la que debían apoyarse era aquella que los hechos históricos iban justificando. Pero, se preguntó como ya lo había hecho Nietzche, ¿Resistirá ese apoyo? No: Cuando llegó el mes de Agosto de 1914 y luego la tragedia de la guerra prolongada, toda esta estructura teológica-política se derrumbó. Como trató de expresar después la tragedia el americano Niebuhr: "Un Dios sin ira condujo a hombres sin pecado a un Reino sin juicio en un sacrificio sin Cruz". (2)

IX.- Las Dos Guerras Mundiales.

9.1.- La Tragedia de la Primera Guerra Mundial

Necesitamos acercarnos lo necesario para comprender en qué consistió su aspecto trágico. Podemos adelantarnos y decir que consistió en que su costo excedió, por mucho, lo que todos los estadistas y dirigentes militares creyeron que iba a costar y, por tanto, de lo que estaban dispuestos a "pagar" o a "gastar", pero no tanto en dinero, sino en vidas humanas.

Entonces la siguiente pregunta sería ¿Porqué tanta gente de tantos países se equivocó tanto? Una respuesta provisional y parcial pude ser que en los últimos 100 años anteriores, es decir de 1814 a 1914, Europa Occidental se había fortalecido en un grado tal, como ya vimos, tanto en el aspecto social al democratizarse, como en el armamentista, al industrializarse. El haber convertido a toda la población masculina en ciudadanos, los hacía estar disponibles para pelear en caso necesario, por lo que los ejércitos pasaron de decenas, o a veces cientos, de miles a millones de hombres por bando. El armamento, sobre todo la artillería ligera y las ametralladoras, hacía que las operaciones defensivas fueran tremendamente eficaces. ¿Pero nadie se daba cuenta de esto? Todos, claro, pero sólo en teoría, no en la práctica, pues en esos 100 años no había habido ninguna guerra general europea. La Guerra Civil Americana podía haberlos alertado, por lo cruenta que fue, pero como en la inmediata posterior Guerra Franco-Prusiana las operaciones ofensivas fueron exitosas y, por tanto, no muy cruentas, olvidaron el caso americano.

Pero el malentendido más trágico no fue el de las tácticas militares sino el ideológico, y aquí tenemos que adentrarnos en ver cuáles eran las dos "concepciones" o ideas generales que habían sido desarrolladas y llevadas a la práctica en la historia humana, de por cuáles razones se debería pelear una guerra general o mundial: A un tipo de razones se les llama "Escatológicas" o "De los Últimos Fines" y al otro grupo simplemente "Instrumentales".

Todas las guerras generales peleadas por razones de tipo escatológico se auto-justifican más o menos de la siguiente manera: Muchos hombres morirán de ambos bandos y habrá muchos costos y destrucción, pero al triunfar nuestro propósito se acabarán ya todas las guerras, puesto que en el futuro sólo habrá paz. La razón básica, en estos casos, es siempre que quienes emprenden la guerra creen tener una ideología moralmente superior, misma que se les ofrece a los pueblos vencidos, con lo que, al final, saldrán ganando. Ejemplos de guerras con este tipo de justificación son las de fundación de imperios, como el Persa, los "Helenísticos" de Alejandro Magno y el Romano, en que se ofrecía una civilización superior. El ejemplo más típico de motivación religiosa fue el de la Expansión del Islam, pues los árabes creían estar llevando a todos los pueblos la única religión verdadera. También tuvo este tipo de justificación la reacción cristiana de las Cruzadas. En tiempos modernos el Comunismo se puede clasificar dentro de este tipo, si consideramos como guerra a su llamado a la revolución mundial.

Pero ese tipo de razones para pelear guerras se fue acabando desde la época en que Maquiavelo ya notó en Italia que se peleaban guerras por pura ganancia. Luego hubo un recrudecimiento de guerras de religión, que fue cediendo ante las guerras para ganancias, las cuales llegaron a su más pura forma en el siglo XVIII y en las Guerras Napoleónicas. De estas últimas sacó sus principales conceptos el teórico de este tipo de justificación, que fue Clausewitz (1), para quien la guerra de un gran estado soberano o "potencia" era simplemente la consecución de sus "sagrados" intereses por otros medios cuando la diplomacia no podía conseguirlos. Era "el estado protagonista de la historia" de Hegel analizado en su aspecto bélico por Clausewitz, quien dijo que una potencia tenía perfecto derecho a conseguir sus intereses por medio de las armas, si así le convenía, porque no había ningún principio moral por encima de sus intereses: La guerra era "un instrumento" que podía usar a voluntad.(2)

Hasta ahí todos los estadistas y jefes militares de Europa estaban muy de acuerdo con Clausewitz, pero pocos leyeron su prevención que ponía para el uso de la fuerza armada: Larga experiencia demostraba que era peligroso y podía costar caro desenvainar la espada, por lo que no convenía hacerlo más que cuando se tuvieran expectativas razonables de que las ganancias iban a exceder por mucho a los costos. Así que la guerra era un instrumento, sí, pero que había que manejar con prudencia. Esta última prevención parece que nadie la leyó, pues nadie pensó en ella, hasta que ya fue muy tarde.(3)

Al ir transcurriendo la Primera Guerra Mundial, empantanándose en las trincheras, muchos estadistas empezaron a pensar en una tercera teoría de las grandes guerras que el genial Tólstoi había escrito en 1865 en su gran libro "1812", llamada la Teoría Cataclísmica, la cual veremos más adelante.

Examinando el estallamiento de la guerra, muchos historiadores opinan que bien pudo nunca haber ocurrido, por las siguientes razones: La única potencia que, concebiblemente, podía iniciarla era sólo el Segundo Imperio Alemán, pues la alianza Francia-Rusia era puramente defensiva. Ahora bien, Alemania difícilmente podía haberla empezado por razones propias, pues en Europa tenía todas las tierras que ambicionaba y no era concebible que empezara una guerra general por cuestiones comerciales o coloniales. Así que la única posibilidad era que Austria-Hungría se sintiera tan amenazada en su existencia que exigiera el apoyo de Alemania. Pues eso fue precisamente lo que ocurrió, con el asesinato de su heredero al trono en Sarajevo, el 28 de junio de 1914.

Ahora bien, para la eventualidad de una guerra, Alemania tenía un único plan estratégico llamado, por su autor, el Plan Schlieffen. Alemania tenía tan bien entrenados a sus ciudadanos y contaba con tan buen sistema ferroviario que podía tener 1,500,000 hombres en el frente de guerra en el plazo perentorio de un mes. Sabía que Francia tenía igualmente buenas comunicaciones y bien entrenados ciudadanos, pero sólo podía disponer de 1,000,000 hombres en el mismo plazo, por ser menor su población total. Rusia, en cambio, tenía pocas comunicaciones, así que en plazos perentorios sólo podía disponer de sus tropas profesionales, que estaban muy repartidas territorialmente y tardaba más de tres meses en ir reclutando y adicionando nuevos ejércitos. Es por eso que el plan de von Schlieffen ordenaba la formación del millón y medio de hombres todos en el Frente Occidental, sabiendo que luego de derrotar a Francia en un mes y medio, habría tiempo para transportarlos a que pelearan en el Frente Ruso. Pero el plan no sólo lanzaba toda la fuerza contra Francia, sino que disponía su avance en una forma tal que sería imposible detenerlo: Suponían que Francia colocaría en su frontera común 800,000 hombres y dejaría sólo 200,000 en su frontera con Bélgica y Luxemburgo, cuyas neutralidades estaban garantizadas por todas las grandes potencias. Entonces, el Plan Schlieffen ordenaba colocar también 800,000 en la frontera común, pero mandar 700,000 a través de Bélgica y Luxemburgo, donde tendrían una superioridad de más del triple sobre los franceses, imposible de detener.

Claro que este Plan implicaba una brutal ruptura de solemnes compromisos internacionales, por lo que al ejecutarlo el gobierno alemán podría incurrir en una declaración de guerra de Gran Bretaña, pero como ésta tenía un ejército de sólo unos 150,000 hombres en su Isla, decidieron correr el riesgo.

A continuación pondré un breve resumen de los acontecimientos en cada año de calendario, concentrándonos en las pérdidas de soldados por todas las causas, es decir incluyendo no sólo muertes en batalla, sino también muertes posteriores en hospitales y en campos de concentración de prisioneros, pero en ningún caso incluyendo civiles, que fueron muy pocas en proporción.

AÑO DE 1914
Fue el único en que hubo guerra móvil. Alemania declaró la guerra a Rusia y a Francia el 1 y el 3 de agosto, y recibió el 4 la de Gran Bretaña. Austria-Hungría quedó también en guerra contra los tres "Aliados".

El Plan Schlieffen falló por las 4 razones siguientes: 1) Bélgica se defendió, lo que agregó 50,000 hombres a los Aliados; 2) Rusia atacó Prusia Oriental con sus Cosacos, por lo que Alemania tuvo que mandar 100,000 hombres de su "ala derecha"; 3) Gran Bretaña envió su pequeño pero profesional ejército con tal celeridad que 80,000 participaron en el choque inicial y otros 40,000 llegaron un mes después; y 4) Francia retiró 200,000 hombres de su frontera con Alemania y los formó en la región de París, con lo que empezó a detenerse el enorme ataque alemán, se detuvo por completo en el río Marne el 9 de septiembre, empezó a retroceder, y para el 31 de octubre el extremo norte del frente llegó hasta la costa de Bélgica y se extendía por 400 kms. hacia el sur, hasta la frontera con Suiza.

El 5 de noviembre el Imperio Otomano entró en la guerra del lado de Austria-Hungría y Alemania ("Los Imperios Centrales") y contra los tres Aliados.

Miles de muertos en 1914:

Gr. Bret.	Francia	Otros	Occid.	Rusia	Alemn.	Au-Hu	Otro	Centr.	TOTAL
25	300	10	335	310	320	140	0	460	1,105

Más de un millón de muertos, nadie había ganado y todos perdido ¿Por qué no se hizo la paz entonces? ¡Ah! Porque según la Teoría Instrumental ¿Cómo se iban a presentar los políticos ante su pueblo con puras pérdidas y nada de ganancias? No, las apuestas se habían ido ya demasiado arriba, ¡Había que seguir! Y se prepararon: Gran Bretaña impuso por primera vez en su historia el servicio militar, todavía no obligatorio, pero casi, por la presión social. Y ¿Alemania? Todavía tenía fundadas razones para creer en una victoria en 1915, porque aunque había fallado la primera parte del Plan Schlieffen, todavía faltaba la segunda, que era derrotar a Rusia, sin cuya ayuda Francia no podía sostenerse. Y eso decidieron hacer, mantener algo pasivo el Frente Occidental y volcar todo su poderío, y el de Austria-Hungría y el de los Otomanos, todos contra la Rusia Zarista.

AÑO DE 1915

El Plan de los Imperios Centrales falló en 1915, por las siguientes razones:

1) Gran Bretaña aumentó su ejército en el Frente Occidental de 150,000 a 650,000 hombres, por lo que Alemania dejó de enviar a 500,000 hombres al Frente Ruso.

2) Italia entró en mayo a la guerra del lado de los Aliados, así es que impidió que Austria-Hungría enviara otros 500,000 hombres contra Rusia

De todas maneras, Rusia recibió un tremendo golpe, que le quitó Polonia y parte de los Países Bálticos, y siguió debilitando su tejido social, cada vez más sufriente y con mayores conflictos. Gran Bretaña falló en la conquista de los Estrechos por lo que no pudo derrotar a los otomanos ni tomar Constantinopla, aunque abrió frentes de guerra en el Sinaí y en Mesopotamia.

Miles de Muertos en 1915;

Gr. Bret.	Francia	Otros	Occid.	Rusia	Alemn.	Au-Hu	Otro	Centr	TOTAL
125	200	110	435	1,070	525	580	150	1,255	2,760

Casi otros tres millones de muertos y no hubo victoria ¿Qué hacer? Tratemos de ponernos, por ejemplo, en el lugar del Kaiser ¿Cómo presentarse en el invierno 1915/1916 ante los representantes de su pueblo y decirles que después de 845,000 muertos propios y otros 720,000 de su principal aliado, iba a buscar una "paz blanca" ¿No temería que le dijeran "y entonces para qué la empezaste"? No, imposible presentarse sin la victoria. Fue con los jefes militares y les preguntó ¿Hay todavía alguna forma de ganar la guerra? Pidieron tiempo para reflexionar y luego le dijeron: No encontramos ninguna maniobra que pueda romper el Frente Occidental, pero si "desangramos" a Francia lo suficiente hasta que ya no pueda reponer sus bajas, y si nosotros aguantamos más, entonces sí podremos ganar. ¡Horrible solución! ¿No? ¡Cosa de locos! Pues esa fue precisamente la solución que se adoptó. Se les llamó "batallas de atrición" ("de castigo") ya que no tenían ningún objetivo estratégico, sino sólo matar enemigos al menor costo posible de muertos propios. Como había que terminar lo más pronto posible, no tenía caso detener la batalla, sino que debía rugir las 24 horas del día, los 7 días de la semana, por cuantos mese fuera necesario.

AÑO DE 1916

Se escogió el punto de inflexión más favorable del Frente, más amplio para el abastecimiento alemán y más estrecho y difícil para el francés: La ciudad de Verdún y sus múltiples fuertes defensivos. La Batalla comenzó el 21 de febrero y rugió casi 5 meses sin parar, hasta el 15 de julio. Pero, desafortunadamente para los alemanes, los Aliados, en vista de que Francia estaba desfalleciendo, decidieron ayudarla: La Rusia Zarista hizo lo que iba a ser el último esfuerzo de su historia y el 4 de Junio lanzó la Ofensiva Brusilov, que no tenía más objetivo que hacer sangrar a Alemania por otro costado, la cual duró más de 3 meses, hasta que hubo que detenerla el 20 de septiembre. Gran Bretaña participó con el 60% de los efectivos en una tercera batalla de atrición en el río Somme, donde junto con Francia lanzaron su ofensiva el 1º de julio, y que, con violencia sin igual, rugió por 4 y medio meses, hasta el 18 de noviembre.

Así que Alemania que empezó con este tipo de batallas, terminó sangrando por tres heridas.

Miles de Muertos en 1916

Gr. Br.	Francia	Otros	Occid.	Rusia	Alemn.	Au-Hu	Otros	Centr.	TOTAL
350	500	310	1,160	1,220	830	730	150	1,710	4,090

La locura planeada y eficientemente ejecutada costó más de cuatro millones de vidas, pero ¡No dio fin a la guerra! Pero sí al sistema de valores europeos, aunque entonces apenas se notó: Por ejemplo, ese terrible invierno 1916/1917 fue el último del Zarismo y también murió el viejo Emperador Francisco José de Austria-Hungría, por lo todos sus súbditos tuvieron la clara impresión de que el Imperio no le sobreviviría mucho. Cuando el Presidente de Francia fue a Verdún a entregar medallas, su automóvil oficial fue golpeado por los soldados, que empezaron a balar como ovejas llevadas al matadero.

¿Qué curso tomó el Alto Mando alemán? Ya no era posible repetir la locura de las batallas "de atrición", sino que se trató de ahorrar vidas, pasando, en lo posible, a la defensiva, pero siguió el plan de debilitar al enemigo hasta en su población civil, pues ya todas estaban resintiendo la escasez, hasta de alimentos. Uno de los métodos por los que se decidió fue la guerra submarina indiscriminada en el Atlántico del Norte, dirigida sobre todo al suministro norteamericano de bienes de consumo y de municiones a los Aliados.

¿Y qué pensaban los Estados Unidos de la Gran Guerra? Cuando empezó, todos los partidos políticos adoptaron la postura de neutralidad, entre otras razones porque casi no tenían ejército, de manera que cuando "Pancho" Villa asaltó Columbus, N.M. y las tropas americanas entraron a perseguirlo al Estado de Chihuahua, no lo pudieron apresar y tuvieron que retirarse. Sin embargo la locura de las batallas "de atrición" les impactaron en tal forma que creyeron que sus parientes del "old sod" (viejo suelo) habían enloquecido y había que ir a salvarlos, para que no pereciera la Civilización Occidental, sino que se siguiera extendiendo la democracia liberal.

AÑO DE 1917

El gobierno del Zar fue derrocado a mediados de marzo y sustituido por el de la mayoría burguesa de la Duma, encabezado por Kerenski, quienes se vieron inmediatamente encarados por el grave dilema de si Rusia debía continuar, o no, en la guerra. Algunos historiadores creen que si se hubieran salido, la democracia liberal pudiera haber arraigado en Rusia, pero entonces Alemania hubiera ganado la guerra. Tal como ocurrió, decidieron proseguir con el terrible esfuerzo de la guerra, ya en condiciones muy precarias. A partir del mes de abril, Lenin, Trotsky y Stalin fueron formando los "soviets" en el ejército, la marina y las fábricas, lo que fue debilitando aún más el esfuerzo bélico ruso.

Estados Unidos declaró la guerra el 7 de abril, pero le tomó todo ese año paya reclutar, entrenar y equipar su nuevo ejército. Sin embargo, su decisión y sus suministros levantaron mucho la moral de franceses y británicos.

En el ejército francés hubo "indisciplinas colectivas" que apenas pudieron ser sometidas y ocultadas a los alemanes, por lo que los británicos tuvieron que tomar más parte en la pelea del Frente.

Sin duda el acontecimiento más importante de ese año fue la toma del poder en Rusia por el grupo Bolchevique (el más extremista) del Partido Comunista el 7 de noviembre, cesando inmediatamente el esfuerzo bélico y dedicándose al revolucionario, aunque tuvieron que cederle a Alemania, además de Polonia y los Países Bálticos que ya ocupaban, Ucrania, Rusia Blanca y Finlandia.

Miles de Muertos en 1917

Gr. Br.	Francia	Otros	Occid.	Rusia	Alemn.	Au-Hu	Otros	Centr.	TOTAL
250	200	310	760	920	375	550	150	1,075	2,755

Por primera vez disminuye el número de muertos, al nivel que tuvo en 1915, pero más por escasez, cansancio e indisciplina que por decisión de los altos mandos.

¿Qué decidió hacer el Alto Mando alemán? Desde luego, entonces tenían una oportunidad de oro por la derrota de Rusia y había que volcar todo su poderío en el Frente Occidental para llevarse la decisión final.

AÑO DE 1918
Dos cosas impidieron que los alemanes se llevaran la victoria:
1) Se engolosinaron con sus ganancias territoriales en el Este y dejaron demasiadas tropas para ocuparlas.
2) El nuevo ejército norteamericano fue llegando, tuvo su bautizo de fuego en marzo y para fines del verano ya actuaba en forma autosuficiente y tuvo un papel destacado en la Ofensiva Final Aliada.

Los eventos se desarrollaron así: Del 21 de marzo al 17 de julio el Ejército Alemán lanzó 5 ofensivas, de las cuales la 1ª y la 3ª ganaron mucho territorio y estuvieron a punto de triunfar, pero fueron detenidas y ya habían gastado todas sus reservas. A partir del 18 de julio los Ejércitos Aliados, ya bajo el mando único del mariscal francés Foch, tomaron la iniciativa de esa fecha hasta el 16 de sept. "Redujeron los Salientes" de las ofensivas alemanas. Foch convenció a los gobiernos británico y francés de darle los medios necesarios para terminar la guerra ese mismo año, así lo hicieron, comenzó la Ofensiva Final el 26 de sept., siguió todo el mes de octubre y Alemania se rindió el 11 de noviembre.

Miles de Muertos en 1918

Gr, Br.	Francia	Otros	Occid.	Rusia	Alemn.	Au-Hu	Otros	Centr.	TOTAL
250	400	330	980	10	450	200	150	800	1,790

Miles de Muertos en la Primera Guerra Mundial

Gr. Br.	Francia	Otros	Occid.	Rusia	Alemn	Au-Hu	Otros	Centr.	TOTAL
1,000	1,600	1,070	3,670	3,530	2,500	2,200	600	5,300	12,500

Nota: En "Otros Occid." Italia 900, EUA 120 y Bélgica 50.
En "Rusia" se incluyen las bajas de Servia, Grecia y Rumanía (530).
En "Otros Centr." Imperio Otomano 500 y Bulgaria 100.

9.2.- Eventos Socio-Políticos de los Años 1920`s

Si queremos tener una idea realista de los cambios tan tremendos que se dieron entre el mundo de 1914 y el que se formó en la década de los años 1920's, debemos ver tanto aquellas trasformaciones causadas por la Primera Guerra Mundial, como aquellos desarrollos que de todas maneras se hubieran producidos por la inercia de los avances políticos, ideológicos, industriales y científicos que ya iban en plena marcha. Así que el resultado fue una extraña mezcla, como la de un tren que en parte hubiera descarrilado y en parte seguido a toda velocidad. Siguiendo con la metáfora, diremos que la parte colapsada fue la de los valores profundos, sobre todo aquellos relacionados con las certezas religiosas, mientras que la parte industrial y científica no solo siguió a su raudo paso, sino que la guerra la acicateó aún más.

Para ilustrar lo dicho, recordemos varios de los cambios más profundos que hubo y que afectaron a enormes cantidades de personas:

El Segundo Imperio Alemán, el de Austria-Hungría, el Ruso Zarista, el Otomano y el Manchú de China terminaron su vida, algunos deshaciéndose en pedazos y otros transformando su sociedad en grados y aspectos muy profundos. Hasta el Imperio Británico en la India, aunque perduró otro cuarto de siglo, desde 1919 perdió su voluntad de seguir en esa forma.

Si vemos, por ejemplo, el caso del Imperio Otomano, no sólo se trató de que perdió muchos territorios, sino que la nueva República Turca desapareció no solo al Sultanato, sino también al Califato, con lo que el nacionalismo laico turco dejó a toda la religión musulmana, por primera vez, sin cabeza visible.

Muchas de sus dependencias árabes, como Irak, Siria, Líbano y Palestina (abierta a la colonización judía), pasaron a ser colonias británicas o francesas, adicionándose a Egipto, Túnez, Argelia y Marruecos que ya lo eran, por lo que el sentimiento de devaluación de la Civilización Islámica fue tremendo.

A principios de 1919 China no fue invitada a la Conferencia de Paz de Versalles, aunque ahí se iban a decidir asuntos que la afectaban, con el argumento de que se hallaba dividida entre varios "señores de la guerra" prácticamente autónomos. Contra eso se manifestaron los estudiantes universitarios de las grandes ciudades, fundándose a continuación los núcleos de lo que serían los modernos Partidos Nacionalista y Comunista.

En esa misma primavera de 1919 uno de los primeros mítines pro- independencia fue brutalmente aplastado por un militar británico, lo que provocó una conmoción tal que catapultó la carrera política de Gandhi, quien predicaba una resistencia no violenta, que tuvo un éxito extraordinario.

Europa oriental, que en 1914 era parte de tres imperios, ahora alojaba a diez pequeños países que nunca o sólo mucho antes habían operado como tales: Finlandia, Estonia, Letonia, Lituania, Polonia, Checoslovaquia, Austria, Hungría, Yugoslavia y Albania, que se sumaron a otros tres que ya existían: Rumanía, Bulgaria y Grecia. Hay que imaginarse lo que sentían los ciudadanos de estos países al lado de gigantes en convulsiones como Alemania y Rusia.

Estados Unidos, en cambio, mostró una vitalidad desbordante, aunque con aspectos oscuros, como el racismo rampante contra todo negro "que se saliera de su lugar", restringiendo mucho la inmigración europea y prohibiendo groseramente la de "asiáticos" y proclamando una prohibición de bebidas alcohólicas, de corte puritano Calvinista, dirigida principalmente contra católicos y judíos. Pero sus aspectos brillantes lo convirtieron, por primera vez, en el líder mundial, por ejemplo en la producción industrial en masa o en serie, que puso al alcance de la mayoría de sus ciudadanos adelantos tales como el automóvil y los enseres domésticos, pero también en aspectos culturales, como la radio comercial, las películas de cine y la prensa masiva, completa con los "monitos", pronto imitados en todo el mundo.

México, que en la década de los años 1910's tuvo la revolución político-social con mayores alcances de toda Latinoamérica, en la década de los años 1920's entró en su "etapa constructiva" y de organización de sindicatos obreros y "centrales" campesinas, aunque, por otra parte, al tratar de ocultar su moderación en esos aspectos populares con un extremismo anticlerical, provocó la rebelión Cristera, la cual marcó un límite a las pretensiones totalitarias de Partido "oficial".

Los vaivenes en las demandas europeas de materias primas hicieron que algunas economías, como las de Argentina y Brasil, se salieran de control, auspiciando en la primera un movimiento populista que, desde entonces, ha sido una plaga para su sistema democrático, el cual, hasta entonces era el más avanzado de Latinoamérica.

En África tropical, mientras tanto, tanto las décadas de los años 1920's y 1930's fueron la "época de oro" del colonialismo europeo, pues ya entró en la etapa de firme implantación de la administración territorial, a la que se tuvo que ir adaptando el sistema tribal, pero los nativos todavía confiaban en sus tutores europeos, de quienes recibieron los rudimentos de los sistemas socio-políticos modernos, que se tradujeron en orden para la convivencia, en salubridad y en nuevas actividades económicas.

9.3.- Cambios de Ideología en la Década de los Años 1920`s

Las cuatro grandes naciones de Europa Occidental nos muestran en la evolución de sus sistemas socio-políticos tanto los traumas de la guerra como las inercias de los avances culturales. Gran Bretaña y Francia conservaron sus democracias liberales, pero el arribo del voto de los socialistas, que en ambos casos ya ascendía a un tercio del total, hizo que el tradicional bipartidismo se modificara temporalmente en una poco manejable tríada y que se agriaran las relaciones entre las diversas clases sociales y regiones (Irlanda se independizó), ya de por si tensionadas por la hecatombe de la guerra.

Si eso ocurrió en dos de la potencias vencedores ¿Qué sería en la derrotada Alemania que, además de todo eso, había tenido que librarse de regímenes comunistas en varias de sus regiones y su "República de Weimar" tenía que afrontar el pago de enormes reparaciones e indemnizaciones de guerra, que le provocaron devaluaciones "galopantes" de su moneda? Sin embargo, durante toda esa década el pueblo alemán trató bravamente de adoptar la nueva ideología liberal, y quizás lo hubieran logrado si "los Aliados", trastornados por su propio dolor, hubieran tenido la grandeza de alma de renunciar a esos absurdos pagos.

Italia, en cambio, que se había alineado con lado vencedor, pero que quedó decepcionada al no haber sido invitada a participar de los despojos, en 1922 le puso fin a su corta y accidentada etapa liberal, adoptando un autoritarismo que conservaba el capitalismo y la jerarquía social, pero que también establecía un socialismo supeditado al estado, con cuya combinación, bautizada como "fascismo", pretendían cerrar el camino al comunismo que estaba siendo implantado en la Unión Soviética y amenazaba a toda Europa.

¿Y el sentimiento religioso? En toda Europa Occidental, aunque no en Norte América, este sentimiento fue el que más se devaluó por la absurda hecatombe de la guerra (tan bien expresada por Niebuhr). También cooperaron a esa devaluación de la teología los avances científicos, tales como las teorías de la relatividad y la cuántica, que explicaban el comportamiento de la energía y de la materia desde el universo hasta el átomo y, por tanto dejaban pocos misterios por explicar, más aún cuando las leyes de la herencia biológica de Mendel estaban ayudando a explicar el mecanismo de la selección natural de la evolución darvinista. Quien mejor explicó toda esta serie de devaluaciones de la religión fue el filósofo británico Bertrand Russell.

De manera que las gentes de estas naciones europeas occidentales, fueron simplemente dejando a un lado sus creencias y prácticas religiosas, en muchos casos exceptuando los aspectos formales y ceremoniales, y empezaron a buscar sustitutos laicos para ellas.

En Alemania, Lilla señala que algunos escritos teológicos, sobre todo uno de Kart Barth, atacaron a los Cristianismos "domesticados", que, según él, habían llevado al mundo a la tragedia de la guerra, como el puramente benevolente de Rousseau, el moralizante de Kant y el desplegado en la historia de Hegel, predicando que había que volver a los Cristianismos estrictamente teológicos de San Pablo, San Agustín, Lutero y Calvino y, recientemente, de Kierkegaard. Pero también señala el peligro de que si estas teologías "de Redención" pueden llevar a un piadoso retiro del mundo, también pueden llevar a un apasionado curso de acción en seguimiento de un Mesías y que, si no aparece uno divino, puede ser sustituido por un ídolo profano.[3]

En el otro extremo del mundo, en Japón, se preparaba otra tragedia. Vimos que esta notable nación isleña se había cerrado herméticamente a la primera llegada de occidentales (portugueses y españoles) en el siglo XVI y así había permanecido hasta el siglo XIX, cuando los británicos empezaron a abrir a su "maestra" civilizadora China a cañonazos. Luego, estimulados por la pacífica visita del Comodoro americano Perry en 1853 y luego de una pugna interna, había tenido de 1868 a 1912 su gloriosa Época Meiji, que la ascendió a rango de gran potencia. En la 1ª G.M. había sido aliada de Gran Bretaña, aunque limitó su actuación a arrebatar a Alemania dos ciudades en China y las Islas Carolinas en Oceanía. Cuando China se partió en 1916 entre varios "señores de la guerra" Japón le hizo una serie de exigencias que en 1919 trató de hacer efectivas, pero los Estados Unidos, que ya eran una potencia del Océano Pacífico con las Islas Filipinas y Hawai, se opuso abiertamente a esa política abusiva de Japón, proponiendo la política de "China Libre" en foros internacionales, con la consiguiente "humillación" y odio de Japón. Ambos sentimientos crecieron más cuando Estados Unidos convenció a Gran Bretaña, en parte por el dinero que le debía, a no renovar su alianza con Japón en 1922 y luego puso una ley para prohibir tajantemente la inmigración de "asiáticos", de cuya denominación ofensiva no quiso excluir a los japoneses. Por todo lo anterior, Japón, en su deseo de venganza contra los anglosajones, empezó a imitar a Italia en su autoritarismo, aunque de un corte más militar, con lo que inició una lenta deriva que lo fue apartando del liberalismo.

Nos queda por ver el más radical de los cambios ideológicos: el del Comunismo Soviético. Este sistema dijo basarse en la ideología que Karl Marx y F. Engels predicaron en la segunda mitad del siglo XIX y que incluye una filosofía de un comportamiento supuestamente dialéctico de la materia, y de teorías, también dialécticas, de la historia, de la política y de la economía. Sin embargo, después de la muerte de Marx en 1883, sus principales seguidores en Alemania, Francia y Gran Bretaña formaron partidos socialistas que fueron dejando de lado los aspectos más extremistas de estas teorías, como lo inevitable de la destrucción del sistema capitalista, y fueron aceptando las reglas del juego de la democracia liberal, por lo que antes de la 1ª G.M. ya contaban con entre un 10% y un 20% de la votación en esos países y en la década de los años 1920's contaban con alrededor de un tercio de los votantes.

Por todo lo anterior, la variante rusa o soviética del socialismo, a la que llamaremos "comunismo" para diferenciarla de la otra, se forjó en unas circunstancias muy ajenas a las de Europa Occidental donde nació. En primer lugar la experiencia de democracia liberal de la Rusia Zarista era casi inexistente, y la poca que había perdió su oportunidad al decidir el Gobierno de Kerenski, en marzo de 1917, proseguir la guerra, pues aunque eso casi seguramente salvó a los Aliados, impidió que los demócratas de la pequeña clase media pudieran resistir a los "soviets" que Lenin, Trotsky y Stalin organizaron en el ejército, la marina, las fábricas y los transportes.

La guerra civil y periférica, en la que "los rojos" expulsaron a "los blancos", no pudieron recuperar Polonia, pero sí unos dos tercios de Ucrania y Rusia Blanca, el Cáucaso y Asia Central fue terrible, lo que aunado a la anarquía del primer reparto agrario, llevaron a unas condiciones de hambruna, que Lenin tuvo que paliar permitiendo al pequeño propietario agrícola o "kulak". Esto fue lo último que hizo porque enfermó y murió en 1924, prevaleciendo el astuto y duro Stalin con su política relista de "Comunismo primero en un solo país" sobre el brillante Trotsky, quien quería la revolución Mundial, pero que tuvo que huir al exilio en 1927.

Con eso, Stalin ya pudo implantar sus dos terribles pero eficaces Planes Quinquenales de 1928 a 1938, con los cuales la Unión Soviética construyó nuevos ferrocarriles, ciudades industriales, zonas mineras, plantas hidro- y termoeléctricas, siderúrgicas, cementeras y plantas químicas, deshaciendo en ese proceso como clase a los "kulaks", sustituyéndolos por koljoses o ejidos estatales mecanizados. La población vivía y trabajaba como sonámbulos, mientras el déspota mataba sin piedad a quienquiera que se le oponía en lo más mínimo, hasta que acabó con casi todos los revolucionarios originales. Pero con todo ese sufrimiento, la Unión Soviética se convirtió en una potencia industrial y militar, pero ¿Funcionaría en circunstancias críticas? Estaba por verse. Por lo pronto se "erradicaron" todas las religiones, fueran Cristianas Ortodoxas u otras, Musulmanas, Judías o Budistas y se implantó un ateismo militantes en el sistema de educación pública general que se creó.

Así que, resumiendo, a fines de 1929 se tenía "Un Mundo Roto"(4) en algunos de sus más profundos valores, tales como los religiosos, iniciando nuevos y terribles experimentos socio-políticos, y en un enfermizo e inestable auge económico que llegó a su fin en octubre de ese año con el desplome de la bolsa de valores de Nueva York, que va a provocar la depresión más grave de toda la historia del capitalismo.

9.4.- La Década Aislacionista y Agresiva de los Años 1930's

El país más representativo de esta década es Alemania: la quiebra financiera le pegó con especial fuerza y la hizo entrar en una espiral de quiebras de empresas que para el año de 1932 llegó a haber seis millones de desempleados. La clase media, que era la mayoritaria, estaba desesperada por la pérdida de sus ahorros y, por tanto de su *status* social, por el temor al comunismo, todo eso en adición a la culpabilidad que sentían por la guerra. Entonces se dieron cuenta de que había un grupo político, aunque algo rufianesco, que ofrecía el fin de todos esos males. Se agarraron de ello como de un clavo ardiendo y el 42% votó en noviembre por los "nacional-socialistas" o "Nazis", que pronto lograron los pocos aliados que necesitaban, por lo que el 30 de enero de 1933 el Presidente Hindenburg le dio el cargo de canciller a Hitler. Éste, ni corto ni perezoso, urdió con sus rufianes el incendio del *Reichstag* y culpó de ello a los comunistas, con lo que consiguió poderes especiales que necesitaba, y empezó a llevar a la práctica sus políticas que había prometido:

1.- Se negó en redondo a pagar un centavo más de indemnizaciones y reparaciones de guerra y el resultado de su audaz jugada fue que Gran Bretaña y Francia aceptaron entonces pasivamente lo que por largos 14 años habían negado a la república de Weimar. Eso inmediatamente saneó las finanzas alemanas y el capital estuvo listo para invertirse.

2.- Quedaba el problema de la agitación laboral dirigida sobre todo por los comunistas. Eso lo resolvió Hitler enviando a sus rufianes, bien armados y pertrechados, contra ellos, por lo que pronto se dio la paz laboral a garrotazos, cárcel o asesinatos, quedando los Nazis como árbitros entre el capital y el trabajo. Pero ¿Qué iban a fabricar las empresas si el comercio exterior se había restringido al máximo? Armamento de guerra, los aviones, barcos y tanques más modernos, con crédito del gobierno, que luego vería cómo pagarlo.

3.- Pero no fue todo, sino que también pudo Hitler borrar el sentimiento de culpa por la guerra que tenían los alemanes, diciéndoles que estuvo bien haber peleado y que debían de haber ganado si "los traidores judíos" no les hubieran dado "una puñalada por la espalda". Con eso dirigió los odios y frustraciones del pueblo contra la única minoría que, no siendo muy numerosa, sólo un 1%, era lo suficiente notoria para hacer creíble sus patrañas.

Estas acciones de los Nazis determinaron el rumbo del mundo, pues el pueblo alemán, al ver realizadas sus aspiraciones, aunque en formas autoritarias y, lo que era peor, totalitarias, fue apoyando cada vez más fanáticamente a ese régimen criminal, que iba empujando al mundo hacia la única política en que el armamento podía ser redituable: las guerras de agresión.

Y para poner a trabajar el armamento Hitler ordenó en 1936 la militarización de la rivera oeste del Rin, prohibida por el Tratado de Versalles. Ni Francia ni Gran Bretaña se movieron. El mundo empezó a ver que lo único que funcionaba era la audacia rufianesca, pues a imitar a Hitler: Mussolini ordenó la invasión de Etiopía y envió 30,000 soldados a ayudar a Franco en la Guerra Civil Española, en contra del Gobierno Republicano, al cual debieron de ayudar los Aliados, pero que sólo lo hizo, débilmente, la Unión Soviética.

Al otro lado del mundo, Japón, que ya había ocupado el Noreste de China en 1931, donde estableció el estado pelele de Manchuria, en 1937 atacó a China propiamente dicha, tomando la zona costera y media, donde cometió atrocidades, pero no pudo tomar el tercio occidental, donde se le opusieron en el sur los nacionalistas y en el norte los comunistas.

En marzo de 1938 Hitler anexó su nativa Austria de habla alemana, con "permiso" de Mussolini, y empezó a despotricar por una franja periférica de mayoría alemana de la democrática Checoslovaquia, aliada de Francia y ésta de Gran Bretaña, quienes terminaron "apaciguando" a Hitler y a Mussolini en septiembre en Munich, al permitirle anexar los Sudetes, proteger al resto de Chequia y separarle Eslovaquia. Tan pronto como Franco ganó la Guerra Civil Española en abril de 1939, Hitler empezó a despotricar contra Polonia, por lo que Francia y Gran Bretaña se dieron cuenta que habían negociado con un rufián. Pero ya era tarde y el mundo se enfiló irremisiblemente hacia la guerra.

Afortunadamente, al tiempo que los alemanes votaban por el nazi Hitler y le entregaban el poder, los norteamericanos lo hicieron con el demócrata Roosevelt, quien con sus políticas interior del "Nuevo Trato" y exterior del "Buen Vecino", abolió la prohibición alcohólica y combatió el gangsterismo que había provocado, abrió los créditos y empezó a sacar al país de la Depresión mediante la inversión gubernamental en grandes obras de riego y de electrificación rural, no tan rápido como Hitler en Alemania, pero tampoco llevándolos a un abismo de odio y de agresión.

¿Y el Cristianismo? La Iglesia Católica negoció la existencia del Estado del Vaticano con Mussolini y le dio todo su apoyo a Franco, aunque también emitió suaves regaños contra ciertos aspectos irreligiosos del fascismo y del nazismo, pero, en general, su actitud fue poco comprometida y acomodaticia. Las iglesias Luteranas no se opusieron a la persecución anti-judía y tendieron a marchar al paso que les marcaban los nazis. En Francia y en Gran Bretaña sus iglesias mayoritarias estaban tan debilitadas que prácticamente no figuraron. Sólo en Estados Unidos conservaron las iglesias algo de autoridad moral y en México Iglesia y Gobierno fueron encontrando un *modus vivendi.*

Stalin, viendo surgir frente a sus fronteras al nuevo coloso alemán, buscó primero ofrecer a los Aliados su ayuda en garantizar la integridad de Polonia, pero el régimen fascistoide polaco se negó rotundamente a la garantía soviética, y los Aliados aceptaron, aunque se quedaron sin ninguna forma práctica de ayudar a Polonia, por lo que Stalin creyó que todo era una trampa para que Hitler, luego de aplastar a Polonia atacara a los Soviéticos, como había anunciado que haría en su famoso libro "Mi Lucha" y en otros mil discursos, por lo que se produjo lo increíble: los dos déspotas pactaron no atacarse a fines de agosto de 1939, con lo que quedó servida la mesa para el inicio de la Segunda Guerra Mundial.

9.5.- La Segunda Guerra Mundial

El 1º de septiembre de 1939 Hitler ordenó a su ejército ocupar el Puerto Libre de Danzig, de habla alemana, y atacar a Polonia, a la cual aplastó en 27 días con su famosa "Guerra Relámpago" o *blitzkierg*, en la cual primero los aviones ametrallaban y bombardeaban a las formaciones militares enemigas y luego seguían las formaciones masivas de tanques, apoyadas por infantería transportada en vehículos de motor.

Francia había protegido su ejército en la Línea Maginot, modernización de las antiguas trincheras en la frontera común con Alemania, puesto que Holanda, Bélgica y Luxemburgo habían confirmado su neutralidad, así que en el invierno 1939-1940 no pasó nada en el Frente Occidental. En Europa oriental, la Unión Soviética, por el acuerdo con Hitler, había ocupado en septiembre las zonas de habla belorusa y ucraniana de Polonia, en octubre ocupó los tres Países Bálticos y en diciembre atacó a Finlandia, que no cedió a todas sus demandas. Lo increíble fue que ese pequeño país castigó en forma tan severa a los ejércitos invasores soviéticos que pretendieron entrar por la helada frontera común que se extiende hacia el Océano Ártico, que la URSS tuvo que detener su ofensiva. En febrero la reanudo sólo en el Istmo de Carelia, por lo que Finlandia pidió armisticio, que le fue concedido sólo a cambio de algunos territorios, pero quedando libre, gracias a su heroísmo. Stalin tomo nota del mal estado y la desmoralización de su ejército, por lo que suspendió todas sus "purgas" y se dedicó a reformarlo y reforzarlo.

En abril de 1940 Hitler tomó sorpresivamente Dinamarca y Noruega y el 10 de mayo lanzó su segunda "guerra relámpago" ¡Contra Holanda, Bélgica y Luxemburgo! , los cuales Gran Bretaña y Francia trataron de proteger, pero los alemanes cortaron en dos a los ejércitos Aliados, por lo que Churchill, que había tomado el mando británico, ordenó, ayudado por Francia, la evacuación del ejército británico. Luego, todo el ejército alemán se volvió contra Francia y en tras semanas de junio la derrotó. En el armisticio, Alemania se quedó ocupando dos tercios de Francia, incluyendo todo su litoral atlántico, dejándole solo un tercio de su territorio sin ocupar, con su capital en el balneario de Vichy, y con todo su litoral mediterráneo, para que pudiera seguir gobernando su imperio colonial. Italia aprovechó la caída de Francia para entrar a la guerra del lado de Alemania, lo que inmediatamente la enfrentó con Gran Bretaña en Etiopía, que pronto perdió y en Libia, que tenía frontera con el Egipto británico.

Hitler no tenía planes para invadir Gran Bretaña, y Churchill ordenó a su cancillería ni siquiera darse por enterados de las propuestas "de paz" alemanas, por lo que Göering improvisó un ataque aéreo contra la fuerza aérea británica, que no solo resistió sino que bombardeó algunas ciudades alemanas. Eso enfureció a Hitler, quien ordenó ataques masivos de bombarderos contra Londres y otras grandes ciudades, pero entonces Churchill ordenó concentrarse en derribar los aviones caza que escoltaban a los bombarderos alemanes, sin importar los daños causados por las bombas, hasta que disminuyó la fuerza de escolta y entonces los británicos pudieron derribar muchos bombarderos, hasta que sólo pudieron atacar de noche y en diciembre ni siquiera eso. Los británicos habían ganado la Batalla Aérea de Inglaterra.

En el invierno 1940-1941 Hitler ordenó preparar la invasión de la Unión Soviética con 2,400,000 soldados alemanes, más los ejércitos de Finlandia, Hungría y Rumanía. En la primavera tuvo que tomar Yugoslavia y luego Grecia, por lo que retrasó el ataque principal contra la URSS, que sólo pudo comenzar el 22 de junio de 1941. Este ataque tomó a Stalin por completo de sorpresa, por lo que se desmoralizó, pues no podía creer que hubiera alguien más malo que él; sólo se recuperó cuando sus ayudantes le explicaron que a pesar de la sorpresa, la falta de preparación y la enorme mecanización de los atacantes, las tropas soviéticas se estaban defendiendo bien.

Durante julio y agosto tres grupos de ejércitos nazis, norte, centro y sur, marcharon incontenibles, en septiembre el del norte fue detenido frente a Leningrado (San Petersburgo), el del sur tomó Kiev en octubre y el del centro se lanzó en noviembre contra Moscú, pero fue detenido el 5 de diciembre a sólo 30 kms. del Kremlin, ya bajo un frío brutal.

Dos días después, Japón atacó la base naval de Peral Harbor en las islas Hawai, por lo que Estados Unidos le declaró la guerra y Hitler se la declaró a Estados Unidos, con la esperanza de que Japón también atacara a la Unión Soviética, cosa que no ocurrió, por lo que sólo facilitó la estrategia americana.

En efecto EUA no estaba preparado para la guerra y calcularon que necesitaban construir 14 portaaviones y muchos otros barcos y aviones para poder competir con Japón, por lo que no pudieron salvar a sus tropas en las Islas Filipinas. En consejo de guerra con los británicos, concluyeron que el mejor uso que se podía dar a camiones otros vehículos y a equipo de comunicación que se podía fabricar y surtir de inmediato era enviarlos a la Unión Soviética, sus nuevos y no muy queridos aliados, pero que estaban matando muchos más alemanes que americanos y británicos podían. Pero ¿Por donde enviárselos si los mares Báltico y Negro y el Océano Pacífico norte estaban bloqueados? Sólo quedaba el Golfo Pérsico, por el que a través de Irán, el mar Caspio y el río Volga podían llegar los abastos hasta el corazón de Rusia; también por el Océano Ártico se podía llegar, pero con más riesgo.

Contra Japón sólo se habían salvado dos portaaviones, pero en una hazaña de desciframiento de códigos EUA pudo provocar a la escuadra imperial a que atacara la isla de Midway, al NE de Hawai, y en la batalla que siguió pudieron hundir cuatro portaaviones japoneses, por lo que ya no temieron ataque a sus costas del Pacífico y pudieron contener a los japoneses en las Islas Salomón y en Nueva Guinea, con ayuda de australianos y neozelandeses.

En 1942 Hitler concentró su ataque contra la Unión Soviética en el sur, teniendo como meta cortar la línea de abastecimiento del Volga en Stalingrado, a lo que luego le añadió los campos petroleros del Cáucaso. Durante en verano llegaron hasta el río Don, pero en su parte alta no pudieron cruzarlo frente a Voronezh, aunque en su desembocadura de Rostov sí, por donde se lanzaron hacia el Cáucaso. En septiembre cruzaron el Don donde más se acerca al Volga y ya en éste rodearon Stalingrado. Empezó la heroica batalla en la zona urbana que duró dos meses, mientras los soviéticos amasaban refuerzos.

El contraataque ruso comenzó cruzando el alto Don hacia el oeste el 20 de noviembre y luego volviéndolo a cruzar hacia el este frente al recodo del Volga, por lo que rodearon en Stalingrado a 300,000 alemanes y rumanos. Hitler les prohibió a los sitiados tratar de romper el cerco, pero ordenó a las tropas del Cáucaso regresar para tratar de abrirlo, cosa que no pudieron hacer, por lo que en enero de 1943 los soviéticos empezaron a apretar el cerco, rindiéndose el día 30, 10º aniversario del gobierno nazi, los 90,000 alemanes sobrevivientes. Esta fue la batalla psicológicamente decisiva de toda la guerra, aunque todavía no desde el punto de vista militar.

Mientras tanto, los británicos habían empujado a los italo-germanos desde las cercanías del Nilo, pasando por el inmenso desierto de Libia hasta el sur de Túnez. Por su parte, los norteamericanos habían desembarcado en Marruecos y Argelia franceses y habían logrado que se les unieran con todas sus tropas coloniales, entrando todos en combate con los alemanes en la frontera de Túnez, donde también se unieron a sus aliados británicos y entre ambos derrotaron a los italo-germanos en mayo de 1943. El 10 de julio desembarcaron en Sicilia, en agosto en el sur de Italia, la cual se rindió en septiembre, pero los alemanes formaron una fuerte línea defensiva entre Nápoles y Roma.

Mientras, durante el verano de 1943, en otros frentes se estaban peleando las batallas militarmente decisivas de toda la guerra: 1) En el Océano Atlántico del Norte se ganó la guerra antisubmarina, pudiendo a partir de entonces navegar inmensos convoyes de EUA a Gran Bretaña llevando tropas y equipo. 2) Sobre el cielo de Alemania se ganó la batalla aérea contra la Luftwaffe, pudiendo ya desde entonces bombardear masivamente centros industriales, portuarios y ferrocarrileros, por lo que fueron destrozando todas las grandes ciudades alemanes y forzaron a Hitler a distraer muchos aviones del Frente Ruso. 3) En dicho Frente se peleó del 5 de julio al 5 de agosto la Batalla de Kursk, la más grande que ha habido en términos de hombres y armamentos. Al terminarse y recuperarse las ciudades de Orel y Belgorod, todo el pueblo soviético supo que la guerra estaba decidida, aunque todavía harían falta muchos sacrificios para ganarla.

Roosevelt, cuyos infantes de marina ya iban brincando de isla en isla en el Pacífico y estaba ayudando a China desde Birmania, les propuso a Churchill y a Stalin juntarse en persona, cosa que hicieron a fines de noviembre de 1943 en Teherán, capital de Irán. Los soviéticos habían recuperado Kiev el día 7 y habían descubierto una enorme tumba para 50,000 judíos civiles asesinados por los alemanes. Esa muestra inédita de vesania inhumana ayudó a que se pusieran de acuerdo aliados tan distintos como los anglosajones y los soviéticos y acordaran, en primer lugar, que ninguna de las partes negociaría la paz por separado con Alemania hasta su rendición incondicional y, en segundo, que el año siguiente se haría un desembarco de tropas angloamericanas en el norte de Francia, para abrir un "Segundo Frente".

El año de 1944 vio al enorme y ya bien pertrechado ejército soviético avanzar lenta pero seguramente desde el río Dniéper hasta el Vístula, casi 1,000 kms., destrozando en ese proceso al ejército alemán.

También vio a los Aliados desembarcar 150,000 hombres el 6 de junio en Normandía y decuplicar ese número en el curso de mes y medio; luego, en agosto y la mitad de septiembre, liberar casi toda Francia, Luxemburgo, Bélgica y la mitad de Holanda.

En el Océano Pacífico ese año de 1944 se pelearon las dos más grandes batallas navales que ha habido, en junio la de las Islas Marianas y en noviembre la de las Filipinas, cuya liberación se logró a principios de 1945. Con estas derrotas la máquina militar japonesa ya estaba estrangulada, pues ya no podían transportar por barcos petróleo, caucho y otras materias primas del Sureste de Asia. Aún así, los militares japoneses no daban señales de estar dispuestos rendirse.

En febrero de 1945 los "Tres Grandes" volvieron a reunirse, esta vez en Yalta, en la Crimea soviética. Ya para entonces la situación era muy diferente: No cabía ninguna duda de que tanto Alemania como Japón estaban derrotados, por lo que sólo había que acordar cómo "repartirse" Europa. Todos sabían que un factor importantísimo sería el avance territorial que lograran los ejércitos de cada Frente, pero tampoco querían que todo se resolviera por locas acometidas que sólo beneficiarían a los nazis y los enemistarían a ellos, así que se pusieron a analizar caso por caso la situación de cada país. Finlandia ya había pedido la paz a los soviéticos y los occidentales estuvieron de acuerdo en sus pérdidas territoriales y en sus pagos a la URSS con tal de que quedara libre. Aceptaron *de facto* aunque no *de jure* que los tres Países Bálticos ingresaran a la URSS. Polonia fue el caso más arduo: los Aliados aceptaron los cambios territoriales, ceder a la URSS las grandes áreas pobladas por belorusos y ucranianos, pero ganar de Alemania las ricas Silesia y Pomerania, más partes de Prusia y de Brandenburgo; en lo que pelearon hasta el fin fue en tratar de conservar el capitalismo liberal, pero terminaron resignándose a que se hiciera comunista. Lo mismo tuvieron que aceptar para Checoslovaquia, Hungría, Yugoslavia, Rumanía, Bulgaria y Albania, pero recuperaron toda Grecia para Occidente. Los casos de Alemania y Austria también fueron complicados, pero se resolvieron con repartos de las zonas de ocupación. Se entendía que Italia, los Países Escandinavos y Bajos y Francia serían "occidentales". España franquista sería aislada y Turquía no se tocaba.

Las ofensivas finales contra Alemania se llevaron a cabo a fines de marzo y en abril, más o menos como se habían planeado, y en mayo se desplomó toda resistencia; los integrantes del gobierno sobreviviente fueron a dar a la cárcel y, por un tiempo, no hubo autoridades alemanas, ni como policías de tránsito.

Se volvieron a juntar los "Tres Grandes" en Postdam en las afueras del Berlín conquistado, pero en vez de Roosevelt, que había muerto en abril, acudió el nuevo

Presidente americano Truman, quien le comunicó a Churchill que los EUA ya tenían la bomba atómica ¿Se lo debía comunicar también a Stalin? Churchill opinó que sí y vio cuando Truman se lo dijo, por medio de intérpretes, y le sorprendió que no se haya sorprendido: Luego se supo que ya sus espías se lo habían informado. Stalin ofreció entrar en guerra contra Japón.

Para entonces, los americanos habían tomado la isla de Iwo Jima, que estorbaba para bombardear Japón. La guarnición de 20,000 se defendió casi hasta el último hombre. Las bombas incendiarias provocaron unas "tormentas de fuego" en las grandes ciudades japonesas, cuyas casas eran de madera, muriendo millones de civiles, pero los militares no se rendían. En abril, mayo y casi todo junio los americanos atacaron Okinawa, la mayor de las islas Ryu-Kyu, defendida por 100,000 soldados. El resto de la fuerza área japonesa atacó a la escuadra americana con aviones tripulados por pilotos suicidas, los famosos "kamikazes" y la batalla no concluyó hasta que sólo quedaron unos 9,000 soldados aislados en pequeños grupos, heridos, hambrientos, sedientos y casi enloquecidos. En julio, cuando la conferencia de Postdam, no sólo se siguieron bombardeando las ciudades sino que las marinas americana y británica cañoneaban a los puertos japoneses, hundiendo sus barcos y destruyendo sus instalaciones, pero los militares no se rendían.

Cuando se habla de los efectos de las bombas atómicas casi nadie menciona los más de un millón de civiles japoneses muertos de febrero a julio de 1945, ni la inhumanidad de los jefes militares, hasta con sus propios soldados, de seguir una guerra perdida, por lo que conviene asomarse un poco a su efecto psicológico. Luego del ataque con bomba atómica a Hiroshima el 6 de agosto, el Alto mando militar de Tokio perdió contacto con el cuartel militar de esa ciudad y trató de reestablecerlo con otras autoridades y hasta con empresas privadas, sin lograrlo; como no se les había reportado la llegada de ninguna gran escuadra de bombarderos, no sabían que pensar y enviaron en avión a uno de los altos jefes para que averiguara; como el aeropuerto estaba en los aledaños, había sobrevivido algún personal, pero el que acudió a recibir al alto jefe a su avión tenía un lado de la cara tan quemado, que se le caía en pedazos. Eso, más la desaparición de la ciudad, es lo que reportó a los altos jefes de Tokio.

Aun así los militares japoneses no se querían rendir, pero el 9 de agosto cayó la segunda bomba atómica en Nagasaki y, además la Unión Soviética, que les había declarado la guerra la noche anterior, empezó su avance incontenible en Manchuria contra el principal ejército japonés. Eso ya fue mucho y el *Premier* Suzuki le pidió al Emperador Hirohito que ordenara rendirse a los altos mandos militares: Los citó a las 11PM de ese día y les dijo "Ha llegado el momento de soportar lo insoportable: me bebo mis lágrimas y doy mi permiso para aceptar la proclamación de los Aliados". Todavía los militares contemplaron durante tres días la posibilidad de dar un golpe de estado, pero cuando se convencieron de que Hirohito no los apoyaría en eso, el alto mando de la marina se hizo el hara-kiri colectivo frente al palacio imperial, mientras que algunos jefes del ejército aceptaron entrar en contacto con sus tropas para que se rindieran al recibir el aviso. Este se dio en forma de una alocución radiofónica del propio Emperador a todo el pueblo el 15 de agosto. El ejército de Manchuria se rindió el día 19 a los soviéticos y la rendición formal del gobierno se firmó el 2 de septiembre de 1945 a bordo del acorazado Missouri, surto en la Bahía de Tokio.

9.6.- Nuevas Bases para la Moral Pública
y Ajustes de la Posguerra de 1945 a 1953

Había terminado el período bélico que en 31 años había conmovido no sólo los valores religiosos, sobre todo los de los cristianos, pero también los del resto de la humanidad, sino que esta vez también se habían conmovido las bases de la propia moralidad pública, quizás en la forma más profunda y significativa desde tiempos de los cazadores y recolectores. ¿Por decimos qué esto fue así?

Recordemos que desde los tiempos del hombre primitivo, la moral siempre ha sido la disciplina social que mejor permita convivir y desarrollarse a un grupo humano; pero recordemos también que esa moralidad primitiva era muy concéntrica, fortísima a niveles de familia y dentro del clan u horda, menor a nivel de tribu y muy débil fuera de ella. Ya vimos también la dirección en que esta característica concéntrica se fue modificando al ir ascendiendo de nivel cultural, en el sentido de ir ampliando la cobertura, aunque a costa, a veces, de disminuir la intensidad. Así la moralidad fue cubriendo a los miembros de toda una civilización, luego ya tampoco se podía exterminar a todo un pueblo enemigo, sino sólo reducirlo a la esclavitud, luego a cambiar ésta por la servidumbre feudal, luego vuelta a la esclavitud, pero sólo de negros paganos y luego ya ni eso, sino que había que ir civilizando a "los nativos".

Pero las guerras mundiales trastornaron y confundieron todo este avance: ¿Qué podía justificar el horrible crimen de haber enviado a la muerte a doce y medio millones de europeos, que representaban entre la cuarta y la tercera parte de todos los hombres en edad militar? Y este crimen de la Primera Guerra Mundial palidece ante los de la Segunda: Los más terribles crímenes se dieron en el ataque Nazi a la URSS, como el de dejar morir de hambre a un millón de prisioneros de guerra en el primer año y el trato brutal a la población civil, que al final iba a causar 24 millones de muertos. Y todavía ni siquiera hemos mencionado el asesinato "industrial" de seis millones de judíos, las atrocidades japonesas en China, los bombardeos "convencionales" Aliados sobre ciudades alemanas y japonesas y las bombas atómicas. A todo esto sólo se le puede dar un nombre, que ya usaba Hitler en discursos ante la oficialidad del ejército: "guerra total". Afortunadamente en este Planeta ya no ha vuelto a haber, desde 1945, ninguna otra guerra total, como luego veremos.

Pero ¿Aprendió la humanidad alguna lección moral de estas violentas convulsiones? Creo que sí aprendió, de corazón y con alcance universal, dos grandes principios, los cuales, si bien no son nuevos en cuanto al meollo de su contenido, nunca se habían expresado en la forma que les da su aplicabilidad moderna. Yo les llamo los principios del "no hay" y del "sí hay" y aparecen sobre todo en la carta fundadora de la ONU y en múltiples otras cartas, constituciones, tratados, etc., pero creo que lo importante no son sus redacciones formales, sino su esencia, la cual ha quedado grabada en los corazones de las gentes de todos los pueblos, y que ningún político se atrevería a contradecir. En esta forma "popular" los principios rezan así:

"No hay ninguna raza, pueblo o nación *inherentemente* superior a otros, como distinto de superioridades *circunstanciales*, por lo que estas últimas no confieren ningún derecho para dominar u oprimir a otros."

"Sí hay principios morales por encima de los *intereses* de cualquier potencia o superpotencia, aunque *cuáles* sean esos principios sea debatible."

Así que bajo estos dos antiguos principios *nuevamente expresados o acotados,* se basa todo el orden internacional moderno, y eso permitió que entidades tan distintas como el mundo occidental y la Unión Soviética, convivieran en una guerra solamente fría en este Planeta.

El primero de estos principios va en contra del grano de lo que pensaban nuestros ancestros de la época primitiva, pero se fue desarrollando a partir de la agricultura y al ir escalando los sucesivos niveles de civilización, fue prohijado por las religiones monoteístas como hermandad de todos los hombres y, aunque muchas veces hubo terribles regresiones, después de las dos guerras mundiales creo que ha quedado firmemente implantado.

El segundo de estos principios va en contra de lo que llamamos "teoría instrumental de las guerras", descrito más que inventado por Maquiavelo, practicado por varios "déspotas ilustrados", como Federico de Prusia y Catalina de Rusia, llevado a su perfección por Napoleón, analizado teóricamente por Clausewitz y adoptado por todas las potencias hasta que las guerras mundiales hicieron ver lo fácilmente que se podía llegar a un absurdo en costo de vidas.

Los problemas para la aplicación de estos dos principios morales públicos fundamentales son, principalmente, los siguientes: Del primero ¿Qué hacer con las diferencias *circunstanciales* que sí existen entre pueblos y naciones? Y del segundo ¿Cuáles son los principios morales que deben regir las relaciones internacionales?

Para ver un poco el funcionamiento de estos principios, podemos recordar los 8 años entre 1945 y 1953 que todavía vivió Stalin y que Truman fue Presidente de los

EUA, cómo acordaron marcar sus fronteras y sus "esferas de influencia" los dos grandes boques socio-políticos, en una sorda pugna, que si bien llegó al nivel de "guerrita", ésta siempre estuvo limitada en varias formas y muy lejos de una guerra total. Dividiremos los "Ajustes" en cuatro áreas: I) Europa, II) El Flanco sur de la URSS, III) La India y el Sureste de Asia y IV) China, Corea y Japón.

I) Para cumplir los acuerdos de Yalta y de Postdam los Aliados se retiraron de unas franjas territoriales en Sajonia, Turingia y Checoslovaquia que sus tropas habían conquistado, a cambio de lo cual los Soviéticos les cedieron la mitad occidental de Berlín, que quedó como una isla dentro de la zona rusa, comunicada con Alemania Occidental por canales, vías férreas y carreteras.

Europa quedó dividida por una "Cortina de Hierro" de 1450 kms, de longitud, que principiaba cerca del puerto de Lübeck en el mar Báltico y terminaba cerca del puerto de Trieste en el mar Adriático y separaba las zonas de ocupación en Alemania y en Austria y las fronteras de Checoslovaquia con Alemania Occidental y de Yugoslavia con Italia. Iba generalmente por tierras boscosas, por lo que era poco visitada; tenía unos 200 mts, de ancho con tierra barbechada sembrada de minas explosivas y cercada con malla y vigilada en torres de madera con reflectores y "nidos" de ametralladoras.

Dos cosas notables hay que señalar durante esos ocho años: Primero, la aprobación y puesta en efecto del Plan Marshall con el cual, a base de mantener los altos niveles impositivos del tiempo de guerra, el pueblo de EUA ayudó a la recuperación de toda Europa Occidental, tanto a ex -aliados como a ex –enemigos. Segundo, el bloqueo de los canales y ferrocarriles de acceso a Berlín occidental, ordenada por el déspota Stalin a mediados de 1948, en su afán de hacer desaparecer ese "escaparate" que hacía ver muy mal al comunismo en comparación con el capitalismo y la derrota del mismo a base de un "puente aéreo" y de un contrabloqueo comercial de todo el Segundo Mundo, que hizo al déspota renunciar a su empeño a mediados de 1949.

II) El Flanco Sur de la URSS y sus "Satélites" europeos estaba limitado por sus fronteras con sólo tres países: Grecia, Turquía e Irán, por lo que Stalin puso en práctica diversas estrategias de subversión y amenazas militares para apoderarse de ellas. Esto lo frustró EUA por medio de la Doctrina Truman, la cual oficialmente ayudaba a todo país amenazado por el comunismo, preparándolos para combatir la subversión y acordando con ellos alianzas militares. Un error que cometió EUA fue oponerse a la nacionalización del petróleo iraní, lo que a la larga le iba a costar el trono al Sha.

Otro problema que iba a complicar las relaciones con los países árabes en proceso de independizarse, fue la creación, en 1948, del nuevo Estado de Israel, el cual nació en guerra civil, comunitaria y extranjera contra los países árabes vecinos, la cual ganaron 500,000 israelíes contra 50 millones de árabes y provocó una emigración de refugiados palestinos que todavía existe.

III) Desde principios de la década de los años 1930's los gobiernos laboristas de la Gran Bretaña había ofrecido la independencia a la India, pero nunca se pudieron poner de acuerdo hinduistas y musulmanes, por lo que el Parlamento Británico, después de intensas consultas en todo el país, promulgó a principios de 1947 la ley sobre cómo se llevaría a cabo, cuyos disposiciones básicas fueron las siguientes:

1) Iban a nacer dos países uno de mayoría hinduista llamado la India y otro de mayoría musulmana llamado Pakistán. 2) Iba a haber elecciones y plebiscitos en las 20 Provincias de administración directa: aquellas en que más del 75% de los votantes optara por uno de los dos países, se integraría completa en él y aquellas cuya votación estuviera entre el 50% y el 75% por uno u otro, se partiría y cada parte se integraría a país distinto. 3) Los 500 Estados Principescos se integrarían al país que decidiera su soberano. 4) Los países de mayoría Budista, como Birmania, Nepal, Bután y Sri Lanka formarían países independientes separados.

Se llevaron a cabo las elecciones, votando 17 provincias por integrarse completas a la India, una sola (Sind) a Pakistán y dos (Punjab y Bengala) se partieron entre ambos países. En los 500 estados principescos casi no hubo problemas, porque la vecindad y la religión mayoritaria lo decidieron, pero en los dos más grandes; Haiderabad y Cachemira, sí hubo problemas, llegándose a la intervención militar. Pero lo más terrible de todo fueron las inmensas migraciones de millones de aldeanos que quedaron como minorías religiosas y fueron atacados por sus vecinos, por lo que huyeron, en medio de matanzas y hambrunas y ambos ejércitos empezaron a pelear entre ellos. En su última intervención Gandhi logró que ambos ejércitos dejaran de pelear entre sí y aseguraran que las grandes migraciones siguieran avanzando con una semblanza de orden. Pero aún así las víctimas llegaran a varios millones.

En el Sureste de Asia hubo dos sublevaciones comunistas, una en Vietnam, que luego va a provocar una guerra mayor y otra en Malaysia, que a final de cuentas va a obligar a la creación del Estado de Singapur.

IV) China había resistido en su tercio interior occidental la invasión japonesa de 1937 a 1945, gobernando los Nacionalistas en el sur y los Comunistas en el norte. Tan pronto como acabó la guerra Estados Unidos trató de mediar entre las dos facciones, pero fue demasiado parcial hacia la primera, por lo que en 1947 se rompieron las hostilidades y los comunistas, ayudados por la Unión Soviética, derrotaron decisivamente a los nacionalistas, que tuvieron que huir de todo el territorio continental y refugiarse en la isla de Taiwán, al amparo de la escuadra americana. La Unión Soviética devolvió Manchuria a los chinos, quienes en octubre de 1949 proclamaron su República Popular y empezaron a implantar el sistema comunista en toda China.

Los soviéticos, quienes en agosto de 1945 habían derrotado al principal ejército japonés en Manchuria, cruzaron también la frontera norte de Corea, acordando con los americanos detenerse a la mitad del país, marcada por el paralelo 38° N. Desde ahí hacia el sur ocuparon la península de Corea tropas americanas desembarcadas para ese efecto. Ambas potencias prohijaron regímenes parecidos al suyo en sus respectivas zonas de ocupación y ambas se retiraron en 1948, dejando a Corea dividida en dos países rivales.

Los soviéticos habían invadido en agosto de 1945 la parte sur de la isla Sajalina y la cadena de islas Kuriles y estuvieron a punto de desembarcar en la gran isla de Hokaido, pero un duro rechazo americano se los impidió, de manera que sólo tropas norteamericanas ocuparon el Japón metropolitano.

Stalin, que había perdido sus apuestas estratégicas en las otras tres áreas que hemos visto, creyó que podía ganar en la cuarta, por lo que había dejado muy bien armado, con aviones a reacción y tanques al régimen comunista de Corea del Norte, y en la primavera de 1950 lo instó a que atacara el sur, que aunque tenía el doble de población, casi no tenía ejército. La invasión comunista del sur, que se llevó a efecto a fines de junio de ese año, empezó siendo un éxito, pues tomaron Seúl y siguieron avanzando.

Sin embargo, aunque tomado por sorpresa, Estados Unidos reaccionó bien, primero logrando que la ONU condenara la invasión y solicitando a todos sus miembros que mandaran tropas, y muchos países respondieron. Segundo, rápidamente mandó tropas de ocupación de Japón al extremo sur de Corea y formó el Perímetro Defensivo de Pusán que no pudo ser atravesado por los coreanos del norte.

Vino luego en septiembre un sorpresivo desembarco americano en las playas cercanas a la capital de Seúl, que pronto fue tomada, por lo que los norcoreanos tuvieron que retirarse casi en desbandada y fueron perseguidos dentro de su propio territorio, cayendo su capital y avanzando las tropas de la ONU hacia la frontera norte de Corea con China.

Stalin entonces se dio cuenta que en vez de "ganar" un país iba a "perder" otro, por lo que desesperado le pidió al líder chino, Mao Tse Tung que interviniera, no declarando la guerra sino disfrazando a sus soldados de "voluntarios" norcoreanos. Así se hizo y en el frío mes de noviembre de 1950 medio millón de soldados regulares chinos se abalanzaron contra los americanos y sus aliados y los hicieron retroceder, aunque sin desorganizarlos.

En este momento el comandante americano, MacArthur, declaró que, en caso necesario emplearía la bomba atómica contra China, cosa que Truman le había prohibido hacer, por lo que fue destituido por el Presidente. Su sucesor, Taylor, detuvo la acometida china al sur de Seúl, recuperó la capital y para el mes de julio de 1951 había estabilizado el frente en una línea que cruzaba en diagonal el paralelo 38° N, la frontera original.

La guerra siguió dos años más, pero a un ritmo bajo, hasta que Truman terminó su período en enero de 1953 y Stalin murió en marzo de ese año, por lo que en julio los sucesores de ambos negociaron el armisticio que todavía está en vigor.

Así que las guerras de Palestina, India, China y Corea en muchos sentidos fueron limitadas, muy lejos de ser "totales", por lo que puede decirse que la humanidad había aprendido lecciones muy importantes.

9.7.- Panorama del Mundo en 1950

El mundo tenía ya la siguiente población en el año de 1950.

R e g i ó n	millones de habitantes
Norte América	165
Europa Occidental	350
Oceanía	14
PRIMER MUNDO	529
SEGUNDO MUNDO	197
ASIA (menos Siberia y Asia Central)	1,405
ÁFRICA	234
LATINOAMÉRICA	161
TOTAL	2,526

Desde 1914 la población había aumentado de 1,716 a 2,526 un 47%, pero a diferente ritmo según la región:

1.- En Norte América la población, que en el lapso de 1830 a 1914 había crecido seis y media veces, de 16 a 105 millones, de 1914 a 1950 ya sólo aumentó un 57%, hasta 165 millones, producto de su nuevo aislacionismo.

2.- Europa Occidental creció de 280 a 350 millones, es decir sólo un 25%, en parte como consecuencia de los muertos en las guerras y en parte por la baja del índice de natalidad.

3.-. El Segundo Mundo creció de 170 a 197 millones, sólo un 16%, producto allí más de guerras y revoluciones.

4.- Asia (no soviética) creció de 1,094 a 1,405, un 28%, todavía menos que el promedio mundial.

5.- África que antes del colonialismo o de que éste funcionara en escala significativa, es decir de 1830 a 1914 creció de 67 a 135 millones en 84 años, equivalente a 0.8375% por año, de 1914 a 1950 creció de 135 a 234 millones en 36 años, equivalente a un 1.54% por año, duplicando su ritmo de crecimiento y mostrando claramente los grandes beneficios de la nueva administración territorial, pacífica y progresista, de las potencias coloniales.

6.- Latinoamérica, que en el lapso de 1830 a 1914 había crecido de 24 a 82 millones en 84 años, equivalente a un 1.47% por año, de 1914 a 1950 creció de 82 a 161 millones en 36 años, equivalentes a un 1.89% por año, sólo moderadamente superior, de manera que puede decirse que apenas estaba comenzando su explosión demográfica.

X.- La Guerra Fría, la Revolución Informática y la Globalización

10.1.- El Clímax de la Guerra Ideológica de 1953 a 1968

Se puede decir que este fue el primer período "normal" desde hacía casi 40 años, pues ya estaban funcionando bien las potencias derrotadas de Alemania, Italia y Japón, los "Mundos" Primero y Segundo habían delimitado sus respectivas esferas y todo el mundo estaba más o menos en paz. Así que la principal incógnita era cuál de los dos sistemas, el capitalismo o el comunismo, iba a funcionar mejor, es decir a dar mejores resultados. Los más interesados en saberlo eran los líderes de los países del Tercer Mundo, tanto del que ya tenía más de un siglo independiente en Latinoamérica, como el que estaba naciendo en el sur de Asia y norte de África y el que pronto iba a nacer en África tropical.

Si examinamos primero a la Unión Soviética, veremos que esa fue la época en la cual el pueblo, la mayoría de los cuales descendía de siervos de la época zarista, le dio el mayor apoyo a su gobierno comunista, por las siguientes razones:
- Sentían que por primera vez estaban bien comidos, vestidos y alojados, que disponían de servicio médico, educación primaria y secundaria y en muchos casos hasta profesional, y muchos deportes y diversiones.
- Aunque les faltaban muchas libertades individuales, los compensaba el hecho de que la economía comunista crecía, en promedio, un 6% anual, en comparación del 3% que crecía la economía capitalista, por lo que parecía que terminarían por alcanzarlos y entonces, quizás, vendrían las libertades.
- Además, los llenaba de legítimo orgullo su triunfo en "La Gran Guerra Patriótica", como llamaban a la 2ª G.M., contra la Alemania Nazi, así como también poseer las bombas atómicas (1949) y de hidrógeno (1954) y el haber inaugurado la Era Espacial con el satélite "Sputnik" (1957).

La razón del más rápido avance de las economías comunistas en esa época era que la industria "pesada", como la minería de carbón y hierro, las plantas siderúrgicas y de cemento, las centrales hidro- y termoeléctricas, los ferrocarriles, etc., que eran los fundamentos de la economía de esa época, se benefician mucho de una planeación central, como hacía la URSS no sólo con su propia economía, sino también con la de sus satélites, pues así se minimizan costos y se maximiza la producción.

Esto fue precisamente lo que decidió a los países europeos occidentales el iniciar su cooperación económica, pues su primera asociación se llamó precisamente "del Carbón y del Acero" e incluía también electricidad y cemento, para poder competir con las enormes economías de URSS y EUA.

Los Estados Unidos pasaron por su época de anticomunismo casi histérico, pues el menor crecimiento de su economía los preocupaba, por lo que tuvieron su "cacería de brujas" senatorial y se enzarzaron en la guerra de Vietnam.

Otros eventos importantes de esta época incluyen también la nacionalización del Canal de Suez y su frustrada recuperación, la descolonización de África tropical, la renuncia de los franceses a conservar Argelia por la fuerza, convenciéndolos De Gaulle de repatriar a 500,000 colonos y a formar el Mercado Común Europeo con Alemania, Italia y los tres Países Bajos.

Lo más sorpresivo fue el triunfo del comunismo en Cuba con Fidel Castro, lo que llevó a un desembarco fallido de cubanos demócratas y a la crisis de los misiles soviéticos en 1962, lo más cerca que estuvo el mundo de una guerra nuclear. Los ejércitos árabes fueron otra vez vencidos por Israel en 1967 y a principios del año siguiente la Ofensiva Tet de los vietnamitas del norte convenció a los EUA que debían terminar esa guerra.

Hasta ese momento la guerra ideológica la parecían estar ganando los comunistas entre aquellos grupos que se denominan las *intelligentsias* del Tercer Mundo, líderes obreros y campesinos, intelectuales y funcionarios de izquierda, pues al crecer más rápido las economías con planeación central sugería a los países atrasados que podía ser un atajo para salir de su pobreza. Lo único que les preocupaba era el autoritarismo y la falta de libertades, que no daba señales de desaparecer. Pero ocurrió que a principios de 1968 el líder comunista checoslovaco, Dubchek, empezó a liberalizar el Partido, a recibir quejas del público y a transparentar la actividad del gobierno, a todo lo cual se le llamó "La Primavera de Praga", que todas las *intelligentsias* corearon como el advenimiento de un comunismo humanizado y responsivo ante el pueblo.

Esa primavera y verano de 1968 prendió entre las juventudes de todo el mundo, pero especialmente en las de Francia y Alemania, como una liberación política, mientras que en Estados Unidos tomó un cariz de liberalización de las costumbres sexuales. En México también prendió un movimiento entre los estudiantes universitarios y los intelectuales de izquierda. Sobre todos ellos echó un balde de agua helada Brezhnev, el nuevo dirigente de la URSS, al ordenar no sólo a las tropas soviéticas, sino también a las de los vecinos comunistas de Checoslovaquia que la invadieran, depusieran al gobierno y aplastaran toda apertura liberal y de transparencia. Y no sólo hizo eso sino que lo justificó con la doctrina que lleva su nombre y que afirmó, cínicamente, que el conjunto de los países comunistas tenía la obligación de aplastar a aquel país traidor "al proletariado" que pretendiera zafarse de la férula soviética. Ese fue el final del ascenso del comunismo, porque también en China estaba terminando su época más extremista, la de la Revolución Cultural.

Además, otro cambio más profundo y, a la larga, más importante, estaba teniendo lugar: Las computadoras se estaban introduciendo en el manejo y el procesamiento matemático de todo tipo de información, al ir disminuyendo el tamaño y el costo de sus componentes electrónicos. Esto causó una verdadera "revolución" en la economía, al automatizar muchos procesos de la industria pesada, lo que reducía considerablemente el número de personal necesario para las maniobras físicas, aunque requería de personal especializado en programar y controlar los procesos.

¿Y con la religión y la moralidad qué estaba pasando? La religión siguió su rápido descenso en las prácticas de la gente del Primer Mundo, pero el peligro del comunismo la reanimó un poco, pues mucha gente se hacía el siguiente *non sequitur:* "el comunismo es malo, el comunismo es ateo, entonces el ateismo es malo y, si eso es así, entonces la religión tiene que ser buena".

Por otra parte la ciencia seguía resolviendo los misterios del mundo, por lo que cada vez estaba quedando más claro que una de las más extrañas características del universo es que no era nada extraño, que se dejaba estudiar por completo, por lo menos en lo que se refiere a la energía-materia y a la vida. Por este tiempo los físicos estaban llegando a la conclusión de que el universo había comenzado en una explosión primigenia, a la cual un grupo de científicos opositores de esa teoría se refería burlonamente como el *big bang*, nombre con el que al final vino a ser conocida por el gran público. La vida también dejó conocer su más profundo misterio al descubrirse las escaleras helicoidales del ARN y del ADN, mientras que la evolución humana se fue completando con los hallazgos en África del australopiteco y varias especies intermediad de *homos.*

Las disciplinas humanistas también hicieron grandes avances, como la antropología, la historia, la política y el derecho, así como la filosofía y la lógica que las abarcaba a todas, pero esos avances eran más controvertidos, tentativos y provisionales, lo cual se hacía más notorio en los casos de la ética y la teleología o cuestiones sobre el propósito de la existencia, por lo que eran otras áreas en que la religión seguía jugando un papel significativo.

En la moralidad, en cambio, había una convergencia entre los dos grandes sistemas ideológicos antagónicos, como arriba vimos: Ambos afirmaban buscar el bien para toda la gente, sin distinción de raza, etnia o género, y sin que ningunos intereses nacionales justificaran apartarse de ese principio moral, por lo que sólo diferían en cuál era el mejor o más rápido medio para lograrlo.

10.2.- Inamovilidad Política y Cambio Socio-económico de 1968 a 1982.

En esa situación llegó el mundo a fines del año 1968, con la Unión Soviética en un inmovilismo político cuya rigidez no aflojaría hasta la muerte de Brezhnev 14 años después, con los Estados Unidos decididos a salir "honorablemente" de Vietnam, para lo cual eligieron presidente a Nixon, y con China dejando atrás a su Revolución Cultural y entrando en una época de recuperación.

Pero aunque eso ocurría en las cúpulas del poder mundial, la verdadera historia se estaba haciendo en los gabinetes de ingeniería, en los laboratorios, en los medios informáticos y en las aulas universitarias, que empezaron a formar una proporción cada vez mayor de las economías del Primer Mundo, al emplear a mucho personal especializado, mientras que la industria pesada se mantenía y crecía con cada vez menos personal, sólo un 30% de la fuerza de trabajo, así como la agricultura requería ya menos del 10% de esa fuerza. Y ya en estas nuevas condiciones el sistema capitalista, liberal, democrático y con conciencia social del Primer Mundo demostró su indiscutible superioridad sobre "la planeación central" del Segundo, que tanto había impresionado en tiempos en que la industria pesada requería de la mayor parte de la fuerza de trabajo.

Además de este hecho escueto e innegable que poco a poco iba entrando en la conciencia de los dirigentes de los tres mundos y de los observadores y comunicadores, hubo también ciertos eventos que, sin haber sido planeados como propaganda para el Primer Mundo, o quizás por ello mismo, impresionaron a las gentes de los otros "mundos" con las características de justicia, fortaleza y sabiduría que evidenciaban.

Uno de ellos fue el escándalo de *Watergate* que terminó con la amenaza de juicio político que forzó la renuncia de Nixon y la no reelección del Presidente Ford que lo sustituyó por haberle otorgado el perdón. Ese caso y otros que hubo en Francia y en Gran Bretaña, aunque no tan sonados, convencieron al resto del mundo que, en el Primero, nadie estaba por encima de la ley.

Otro caso empezó siendo muy favorable para el Tercer Mundo, porque se dio uno de esos raros casos que ocurren: que ascienda un líder bueno y valiente, y eso ocurrió en Egipto con Anwar el-Sadat, quién planeó y ejecutó la única guerra parcialmente favorable a los árabes. La lanzó en la fiesta judía del Yom-Kippur, en octubre de 1973 y estuvo a punto de triunfar en toda la línea, si no hubiera sido por el heroísmo de una guarnición del norte israelí y la cobarde irresponsabilidad y tontería del comandante una formación de 250 tanques sirios, que iba a dar la puntilla por el norte, mientras que en el Sinaí estaban trabados en arduo combate egipcios e israelíes, y que retrocedió ante el ataque de sólo 5 tanques israelíes contra sus tanques en "la nariz" de su columna.

Fue tan increíble esa cobardía y torpeza irresponsable de los sirios, que cuando el Rey Faisal de Arabia Saudita preguntó qué había pasado, se tragó la mentira que le dijo el Presidente sirio "que los EUA habían intervenido", por lo que hizo un berrinche tal que decidió promover un embargo petrolero contra todo el Primer Mundo. Tuvo éxito en convencer al Sha de Irán, cuya amistad con Occidente ya se había enfriado, con los emires vecinos y hasta con Venezuela, por lo que todos los países de la OPEP empezaron a cerrar las válvulas de sus pozos petroleros.

Ese invierno 1973 / 1974 el embargo tuvo un éxito mayúsculo, porque había tomado por sorpresa a todo el Primer Mundo, pero muy pronto se repusieron y algunos, como Japón, que no tenía otras alternativas de abastecimiento, pero sí mucho dinero, pues simplemente pagaba lo que costara el petróleo disponible y los que se iban quedando sin él y sin dinero con qué pagar el aumento, eran los países tercermundistas grandes que eran importadores de petróleo, como la India, Brasil y ¡México! en ese tiempo. Otros países primer mundistas, como EUA, GB y Francia, invirtieron mucho en exploración de nuevos yacimientos petroleros, y pronto empezaron a aparecer: en la vertiente ártica de Alaska, en la sonda de Campeche, en el mar del Norte y en Nigeria.

Así que para el verano de 1974 el Rey Faisal llegó a la conclusión de que, queriendo pegarle al Primer Mundo, realmente le estaba pegando más duro al Tercero, y probablemente ya para entonces se había dado cuenta de la mentira que le habían contado los sirios, por lo que negoció el fin del embargo.

Para entonces el *Premier* Chou En Lai negoció con Kissinger el mutuo reconocimiento de China Comunista y EUA, lo que permitió poner fin a la guerra de Vietnam. La clase alta huyó, quedando el resto de la población del sur sometida a los comunistas del norte. Pero no todos: hubo aldeas católicas que tenían o compraron juncos en los cuales se embarcaron con la vana esperanza de llegar a Francia o a los EUA y lo mismo hicieron muchos locatarios chinos del mercado de Saigón que habían estudiado en escuelas liberales francesas. Aunque ambas hazañas terminaron en tragedias, el mundo quedó sorprendido que para aquellas comunidades que tuvieran algo de cultura occidental, fuera una alternativa insoportable el aceptar vivir bajo el comunismo autoritario.

En el Sub-Continente Indio se dio el caso de que EUA puso sus sentimientos humanitarios por encima de sus intereses diplomáticos. Resulta que entonces el país llamado Pakistán constaba de dos partes separadas por 1,600 kms. de territorio de la India, la parte Occidental, que es la que conserva ese nombre hasta hoy, localizada el NW, en la cuenca del río Indo, que entonces tenía una población de unos 40 millones, y la mitad de Bengala, en el NE, mucho más chica, pero tan densamente poblada que entonces ya tenía 60 millones.

En 1970 un líder bengalí llamado Mujibur Ramán ganó casi todos los votos de la parte oriental y le correspondía ser jefe de gobierno, cosa inaceptable para los occidentales. Así que, mediante engaños, lo citaron en la capital y lo aprehendieron y mandaron a prisión en cuanto llegó, acusado de "alta traición". Previsiblemente, el pueblo bengalí se manifestó contra el gobierno, pero éste ordenó a sus 250,000 soldados, todos punjabíes o sindis, es decir occidentales, que reprimieran con extrema dureza a la población bengalí y ¡que expulsaran del país a los 6 millones de bengalíes de religión hinduista que ahí vivían! , los cuales, claro, entraron a la India.

Hasta ahí la India se había divertido con los problemas regionales de su vecino musulmán, pero el caerle 6 millones de refugiados ya le pareció cosa muy seria, por lo que mandó a su canciller a Washington. Kissinger trató de convencer a sus dobles aliados pakistaníes que recibieran de regreso a los refugiados, pero groseramente se negaron a recibir a esos "idólatras". Entonces le dijo al canciller indio: Si ustedes planean y ejecutan una guerra "rápida y limpia" contra Pakistán, EUA cerrará los ojos de lo que le pase a su aliado por unas cuantas semanas. El canciller entendió y aceptó.

La guerra, de mediados de diciembre de 1971 a mediados de enero de 1972, fue puramente defensiva en la frontera occidental, así que los indios no entraron a Pakistán, y mandaron sus tropas mecanizadas de elite a la parte oriental, donde entraron como cuchillos y pronto derrotaron e hicieron prisioneros a los 250,000 soldados pakistaníes occidentales. Siguió la liberación de Mujibur Ramán, el intercambio de prisioneros y el tratado tripartita de 1974 que le dio nacimiento al nuevo país de Bangla Desh.

En China murieron en 1976 Chou En Lai y Mao Tse Tung, subiendo al poder Deng Xiao Ping, que tomaría unos 5 años en consolidarse. En Europa Occidental, en 1973 entraron al Mercado Común Gran Bretaña, Irlanda y Dinamarca, y a partir de 1976 España y Portugal se prepararon para hacerlo.

En Polonia ocurrieron en 1978 dos eventos que tuvieron una importancia enorme en romper "el cristal de la estima" del Sistema Comunista. En marzo se formaron sindicatos independientes en las minas de carbón de Silesia y en abril en los astilleros del puerto de Gdansk, y empezó a liderar ambos Lech Walesa y ¡el gobierno polaco aceptó negociar con él! En septiembre, sorpresivamente, un polaco fue electo como el Papa Juan Pablo II e inmediatamente clamó todo el país por que se le invitara a visitarlo.

Fueran o no muy católicos, lo cierto es que la visita papal del verano de 1979 fue una verdadera apoteosis y fue cubierta por los medios ce comunicación occidentales, por lo que tuvo resonancia mundial. Además, la visita le dio un rango tal a los líderes sindicales independientes, que Walesa pudo formar en agosto de 1980 una confederación de todos los sindicatos del país, llamada Solidaridad, que ya pasó a ser un factor político importante y operó por más de un año. Eso ya fue mucho para Brezhnev, quien "destituyó" al *Premier* polaco y puso el general en jefe en su lugar, ordenándole la disolución de todos los sindicatos independientes y el encarcelamiento de los líderes en dic. de1981. Casi un año después, en nov, de 1982, murió Brezhnev y empieza lo que puede llamarse el final del comunismo.

10.3.- El Derrumbe del Sistema Comunista de 1982 a 1991

Yuri Andropov sustituyó a Brezhnev en el mando supremo de la URSS. Era un creyente sincero en el comunismo, pero convencido de que funcionaba mal porque los altos funcionarios se habían hecho viejos y corruptos. Por ello en su corto mandato hizo un cambio casi total de personal en los altos puestos, lo cual le dio un resultado magnífico, pues las cosas empezaron a funcionar mejor y el pueblo lo notó. Murió en febrero de 1984 y el líder de los nuevos funcionarios, Mijail Gorbachev, trató de tomar el mando supremo para seguir con las reformas, pero le faltó "padrino" en el Politburó, y eligieron, en vez, a un viejo comunista, que no hizo nada y el pueblo notó la vuelta a la rutina y no le gustó. Afortunadamente para el pueblo soviético esta situación regresiva no duró mucho, pues el jefe supremo murió en marzo de 1985, y entonces sí Andrei Gromyko apadrinó a Gorbachev y éste fue electo como jefe supremo.

Para entonces Ronald Reagan, que era el Presidente de Estados Unidos desde 1981 y repitió en 1985, llevaba muy adelantado un sistema de armamento, tanto convencional como nuclear, que los periodistas llamaron "la guerra de las galaxias" y le preocupaban dos "guerritas" que estaban en proceso, la de Irak contra Irán y la intervención soviética en Afganistán.

Gorbachev fue tomando las riendas del mando, "jubiló" a su padrino Gromyko y puso a Shevernadze en Relaciones Exteriores, quien negoció con el gobierno de Reagan nada menos que el fin de "la Guerra Fría". Lo que siempre había impedido un acuerdo para salir de la peligrosa situación de que ambas superpotencias podían aniquilarse mutuamente con sólo que el jefe de una apretara botones, y se llevaran de paso a toda la humanidad, era que la URSS jamás había permitido inspecciones mutuas. Ahora Gorbachev encaró a sus altos jefes militares, quienes aceptaron el trato, convencidos de que era muy difícil que la URSS pudiera mantenerse al paso de "la guerra de las galaxias", al menos sin sacrificar la producción para la población civil. Y se acordó el desarme de los sistemas de disparo automático basados en rigurosas inspecciones mutuas, con lo que inmediatamente se distendieron las relaciones internacionales, sin importar que siguieran las dos "guerritas".

Ya resuelto el problema externo, Gorbachev se concentro en el problema socio-económico interno adoptando sus famosas políticas de la Perestroika y el *Glasnost*. La primera consistía en reformar la economía y tenía dos niveles: En el nivel directo, pequeño o familiar era un retorno a "la iniciativa privada" sin muchos cambios jurídicos de propiedad, sino simplemente en las áreas urbanas cualquiera podía poner su taller de carpintería, eléctrico, mecánico, sastrería o lo que fuera, con la única limitante de no podía contratar a extraños, sino operar sólo con su propia "familia", aunque lo que esto abarcara podía ser elástico. En las áreas rurales, los Koljoses simplemente se repartieron en parcelas para cada una de las familias, compartiendo algunos servicios y maquinarias centrales, pero cada quien sembraba, cultivaba y cosechaba lo que quería y podía y lo vendía en el mercado más cercano.

Haciendo un paréntesis, debemos decir que en China Deng Xiao Ping estaba haciendo, desde 1981, un experimento a escala mucho mayor, pues ahí sí se "arrendaba" la tierra por 25 años a las familias campesinas, que virtualmente era lo mismo que dárselos en propiedad, porque los contratos eran renovables en la misma familia. Así fue como, hasta 1987, fue creciendo enormemente la agricultura china, jalando hacia arriba con ella a millones de pequeños negocios subsidiarios, lo cual fue creando toda una nueva industria pequeña y esta, a su vez, a hacer que creciera la industria pesada.

En la URSS las cosas fueron más despacio desde el punto de vista económico, porque en el nivel grande, indirecto o gerencial de la *Perestroika* sólo se trataba de imitar al mercado libre, es decir que la actuación de los gerentes de las medianas y grandes empresas era valorado según decidieran y fueran eficientes en producir lo que el mercado necesitara.

En otro aspecto muy importante la URSS superó a China, y fue en la implantación del *Glasnost* o política de transparencia en el manejo de los asuntos públicos y la responsabilización de los funcionarios por su desempeño, como lo había hecho Dubchek en "la Primavera de Praga", lo que prácticamente equivale a adoptar una forma de liberalismo, el cual China se ha rehusado a permitir hasta la fecha.

El resultado de la aplicación de estas dos políticas durante 1986, 1987 y 1988 fue un cambio profundo no sólo en los mecanismos de la producción sino también un profundo convencimiento en el pueblo de la URSS de que la libertad en las decisiones sobre en qué, cómo y dónde trabajar ellos y la responsabilización de los funcionarios en el manejo de lo mucho que todavía quedaba como de propiedad estatal, pública o comunitaria, era mucho mejor que el sistema comunista, que ya conocían muy bien y que sabían que llevaba a hacer "colas" interminables, a hacer lo que ordenaban burócratas autoritarios y a que nada funcionara en los edificios multifamiliares, hasta que parecía que habían vuelto a la edad de piedra.

Por todo ello, el escenario estaba ya preparado para el derrumbe del comunismo, porque ya ni los líderes políticos, ni los altos jefes militares, ni el pueblo mismo creían que era el sistema que les convenía. Ya sólo faltaba que un hombre bueno y valiente tomara una serie de difíciles decisiones, y eso fue precisamente lo que fue y lo que hizo Mijail Gorbachev. (1)

El derrumbe empezó en el mes de febrero de 1989 con una decisión que se caía de madura, pero que nadie se había atrevido a tomar: El retiro de las tropas soviéticas de Afganistán. También reanudó relaciones con China comunista. En marzo hubo elecciones libres para diputados, pero todavía nada más dentro del Partido Comunista.

Esto ya causó notoriedad en los Satélites, Polonia pidió la libertad de acción política para Solidaridad y se la concedió en abril y para agosto eligieron el primer gobierno no comunista en el Segundo Mundo. También les avisó a Vietnam y a Cuba que se atuvieran a sus propios medios. En julio la URSS tolera su primera huelga independiente entre los mineros de carbón y también manifestaciones pro-independencia en los Países Bálticos.

En septiembre Hungría reclama las mismas libertades que Polonia y les dice: adelante. Los húngaros eligen de inmediato un gobierno no comunista y desmantelan el tramo de la Cortina de Hierro en su frontera con Austria. Al enterarse de ello miles de jóvenes alemanes orientales viajan para por allí seguir hasta Alemania Occidental, que tenía obligación de recibirlos. Hoenecker le reclama a Gorbachev por esa huída de jóvenes y éste le contesta públicamente el 25 de octubre que la Doctrina Brezhnev está muerta y que cada país puede hacer lo que quiera. Hoenecker renuncia y su sucesor ordena quitar la vigilancia del Muro de Berlín, ocurriendo el 9 de noviembre su desmantelamiento informal por jóvenes de ambos lados, que es el evento que todo el mundo recuerda como representativo del derrumbe del comunismo.

Los intelectuales de oposición de Checoslovaquia viendo que todo se derrumba, eligen al escritor Vaclav como jefe en un café de la Plaza principal de Praga, luego, sabiendo que al enterarse de ello huyeron sin más protocolo los gobernantes comunistas, cruzan simplemente la Plaza, entran al Palacio de Gobierno y proclaman el nuevo régimen, escenificando así "la Revolución de Terciopelo".

Para entonces quien estaba más nervioso era el nuevo Presidente Bush (padre) de los Estados Unidos, temiendo que la URSS pensara que el derrumbe era cosa maquinada por EUA, y pide a Gorbachev entrevistarse, lo que el acepta y se reúnen en Malta, ratificando su amistad y confianza. Gorbachev aprovecha para visitar al Papa, eslavo como él, y le anuncia que habrá plena libertad religiosa en la URSS.

Hasta entonces no había corrido nada de sangre en el derrumbe del comunismo, pero en Rumanía el déspota Ceaucescu no había entendido la inevitabilidad del proceso, por lo que cuando el jefe de policía de la ciudad de Timisoara de informó que había una manifestación, ordenó disparar contra ellos. Fue tal la indignación que surgió en todo el país, que los sindicatos de mineros inmediatamente organizaron una marcha multitudinaria hacia la capital de Bucarest. Ceaucescu huyó, fue detenido en la frontera, regresado a Bucarest y juzgados y fusilados él ¡y su esposa!, delante de las cámaras de televisión. Con esto, sus segundos aseguraron congraciarse con los marchistas, quienes ya estaban llegando.

En enero de 1990 ya aparecieron fisuras en la propia URSS, con Lituania y Georgia exigiendo su independencia y Armenia y Azerbaiján peleando entre sí. En febrero hubo nuevas elecciones en la URSS, ya sin monopolio comunista Ese mismo mes se retiraron las tropas soviéticas de Hungría y de Bulgaria, eligiéndose en ésta gobierno no comunista. En marzo las 15 Repúblicas de la Unión Soviética eligieron a sus funcionarios, Rusia al no comunista Boris Yeltsin. A partir de entonces toda la recaudación de impuestos quedó a cargo de cada República y ya no de la URSS, como había sido hasta entonces.

En toda Europa Oriental ya nada más quedaba el problema de cómo resolver el caso de Alemania Oriental, pues si se unificaba con la Occidental ingresaba en la OTAN y podía verse como traición. Gorbachev y Kohl se juntaron y acordaron que si Alemania y sus Aliados reconocían por Tratado formal la prohibición indefinida de que fabricara, poseyera o tuviera a su cargo armas nucleares, químicas o biológicas de destrucción masiva y que reconocieran como definitivas sus fronteras con

Polonia, entonces la URSS no objetaría que toda Alemania quedara en la OTAN. Así se hizo, lo aprobaron y firmaron Estados Unidos, Gran Bretaña y Francia y, desde luego, Alemania y la URSS, por lo que el 3 de octubre de 1990 se llevó a cabo la reunificación.

La situación mundial se había complicado desde agosto de ese año, cuando Irak invadió el rico emirato de Kuwait y hubo que desalojarlo con una expedición militar en enero de 1991. Aprovechando esa distracción los altos funcionarios comunistas que habían perdido su antiguo autoritarismo y, por tanto, sus privilegios, llamados por el pueblo *apparatchiks,* tramaron destituir a Gorbachev en marzo, pero vino en su auxilio Yeltsin con manifestaciones en su apoyo. A partir de entonces tramaron con el ejército y en agosto, aprovechado las vacaciones de Gorbachev, los convencieron de dar un golpe de estado. Pero fue tal la resistencia cívica que Yeltsin inspiró en los moscovitas, que el ejército detuvo el golpe, entregó en prisión a los *apparatchiks* y devolvió el poder de la URSS a Gorbachev, pero el verdadero poder ya lo tenía Yeltsin de Rusia.

En septiembre de 1991 Yeltsin le exigió a Gorbachev la disolución del enorme Partido Comunista Soviético, que tenía unos 18 millones de miembros, 9 millones de ellos comisarios y un millón de funcionarios del propio Partido, por lo que era como el sistema nervioso de la URSS. Pues Gorbachev, aunque a regañadientes, aceptó, lo cortó de un solo tajo, con pasmosa facilidad, sin violencia y sin siquiera manifestaciones en contra de tan importante medida.

Ya sólo faltaba deshacer la propia Unión Soviética y algunos, como el escritor Solshenitsin, querían conservar el núcleo eslavo: Rusia, Ucrania y Belarus. Pero el Presidente Kravchuk de Ucrania llamó a plebiscito el 1º de dic. y el 85% del electorado escogió la plena independencia, por lo que de acuerdo con Yeltsin y el Presidente de Belarus, formaron la Comunidad de Estados Independientes como una especie de "cámara de compensación" para repartir las fuerzas armadas, las reservas monetarias, etc. y fijaron fecha para que la Unión de Repúblicas Socialistas Soviéticas dejara de ser sujeto de responsabilidades nacionales e internacionales, heredándolas las 3 Repúblicas del Núcleo Eslavo y, además, los tres Países Bálticos, Moldavia, los tres países del Cáucaso y las cinco Repúblicas de Asia Central. Así se hizo, y el 25 de diciembre de 1991 Mijail Gorbachev pasó a ser un ciudadano particular jubilado.

XI.- El Presente Histórico y el Futuro Proyectado

11.1.- ¿Qué Bases para la Moralidad de la Globalización?

En algunos aspectos, como bien dijo Francis Fukuyama [1], aquí termina la historia, cuando menos en el sentido de que los que integramos ese coloso que se llama "la humanidad" ya no debemos esperar sólo a "que ocurran" acontecimientos, sino que debemos tomar una parte más activa en decidir las cosas "que deben ocurrir" y en ponernos a trabajar duramente para que sucedan.

Pero para actuar en general, y en los aspectos socio-políticos en particular, debe uno saber o, cuando menos, decidir, cuál es la forma "correcta" de actuar, es decir ¿Cuál "debe ser" nuestra conducta?

Esto nos lleva otra vez a los orígenes de la moralidad: Recordemos que ha sido, desde los tiempos más remotos de los homínidos, la disciplina que asegura la supervivencia y fomenta el desarrollo de los grupos en que socializan los individuos. Pero también recordemos que sólo está basada en "eso" y no en toda la realidad, por lo que nada garantiza que "eso" sea lo más conveniente para conservar nuestro ambiente planetario, ahora que somos un coloso con tanta capacidad para destruir como para crear y conservar, ni que hayamos entendido que "el grupo" significa precisamente la totalidad de la humanidad.

¿Cómo nos anclamos en "toda la realidad" y cómo tomamos medidas para "toda la humanidad"? Podemos empezar con algunas respuestas tentativas: Para tomar en cuenta toda la realidad primero hay que conocerla y luego tratar de ver cómo actuar sobre ella. Para que las medidas se apliquen a toda la humanidad debe haber un mecanismo político que la incluya totalmente.

En cuanto al conocimiento de toda la realidad, creo que sabemos lo suficiente de la energía-materia y de los seres vivientes como para poder actuar en la dirección que decidamos en esas áreas, por lo que sólo nos haría falta un acuerdo general sobre las bases éticas en las que debe anclarse nuestra moralidad pública.

En cuanto a que las medidas que se decida que deben aplicarse a toda la humanidad realmente lo hagan, la única manera que me parece factible sería que transformáramos la ONU en un "gobierno para asuntos globales" que tuviera las siguientes dos características: A) Que fuera aceptado y controlado por todos los países en razón a que las decisiones se tomaran con un mecanismo de votación basado en algún parámetro que se considerara justo para todos; y B) Que se limitara sólo a aquellos aspectos que tienen o pueden tener efectos planetarios.

Así que requerimos: Unas bases éticas con vigencia universal y un "gobierno para asuntos globales" cuyo mecanismo decisorio sea justo para todos los países y se limite a asuntos globales. Tratemos de avanzar en las primeras:

¿Cómo proponer el camino para encontrar esas bases? Dijimos que nuestra moralidad "instintiva" esta basada sólo en la convivencia y desarrollo de los grupos humanos, pero no necesariamente en la protección y conservación del ambiente. También vemos claramente que el impacto ecológico de toda la humanidad puede ir creciendo a un ritmo tal que deje de ser sustentable el ambiente planetario (abajo lo veremos en más detalle). Dadas estas realidades, creo que la manera de encontrar y acordar las bases éticas podría ser la siguiente:

Proyectar hacia el futuro, en la forma más realista que se pueda, los posibles escenarios a los que podría llegar la humanidad en lapsos determinados, e ir escogiendo el más deseable al final de cada lapso. Las disciplinas sociales que se consideren necesarias para mejor asegurar el ir arribando a cada escenario escogido, conformarían nuestra moralidad pública. Este procedimiento para encontrar la normatividad adecuada estaría basado en el siguiente principio filosófico: El saber que los humanos somos depositarios y custodios del nivel más alto de organización de la materia que conocemos, que es la clase de inteligencia que nos permitió ascender a la plena conciencia, nos hace sentir que debemos adecuar nuestra conducta asumiendo la responsabilidad de proteger y desarrollar ese don heredado.

La disciplina intelectual más importante, aunque no la única ni mucho menos, que nos puede guiar en determinar estas proyecciones es la bioética, de la cual se derivarían las siguientes normas o prácticas sociales:

Creo que la más importante de todas las disciplinas sociales sería la del control de la natalidad, pues siendo ya el tamaño numérico y el poderío de la humanidad los factores decisivos de todo impacto ecológico futuro, este debería ser "el mandamiento" más importante para todos los individuos, comunidades, pueblos, naciones y religiones.

El segundo más importante "mandamiento" debería ser alguna forma de austeridad basada en el respeto al ecosistema que pudiera contrabalancear el desbocado consumismo" que tiende a generar la economía de mercado. Sin embargo, estoy convencido de que ésta debe continuar siendo la forma preferente de actividad productiva, por ser, de entre las que conocemos, la que mejor desarrolla y canaliza la capacidad creativa del hombre y promueve sus libertades y sus virtudes de perseverancia y prudencia.

Como ambos "mandamientos", control natal y austeridad, no son precisamente instintivos, tendrían que estar basados en una educación de gran calidad, para arraigar profundamente estas disciplinas no instintivas.

Así que con esta base bioética tratemos de figurar, en el siguiente inciso, las bases de autoridad delegada bajo las cuales podría funcionar un "gobierno para asuntos globales" adecuado y efectivo.

11.2.- Bases y Funciones de un "Gobierno para Asuntos Globales"

Para irnos anclando en la realidad de nuestro mundo y para concluir la serie de tablas demográficas que hemos visto, a continuación pondré la del año 2008, pero ahora acompañada del "Producto Interno Bruto en Paridad de poder de Compra" o PCP, total y *per capita* y del Índice de Crecimiento Demográfico, referenciado a los porcentajes de aumento desde el año 1950.

REGIÓN	Datos para el año 2008			
	Millones Habit.	% Aum. de 1950	PCP Dls. *per cap.*	PCP MM Dls.
Europa Occid. (+Grecia e Israel)	495	37.5	32,022	15,838
Norte América y Oceanía (+A.I.)	372	106.6	45,686	16,997
Japón y 4 "Tigres"	210	66.6	32,994	6,945
PRIMER MUNDO	1,077	61.7	39,931	39,780
Ex-URSS+Ortodoxos+Turquía+Irán	472	98.3	11,858	5,502
China + 2 Vecinos Comunistas	1,340	136.7	5,877	7,875
SEGUNDO MUNDO	1,812	125.4	7,381	13,377
Latinoamérica	564	250.3	10,987	6,202
Sureste de Asia y Pacífico	579	216.4	4,533	2,637
Indostán	1,571	237.8	3,646	4,158
Países Árabes	276	324.6	8,975	2,474
Sudáfrica+Islas Océano Índico	59	181.0	9,993	589
TERCER MUNDO	3,049	240.7	5,267	16,060
CUARTO MUNDO (África Tropical)	741	360.2	1,554	1,151
TOTAL MUNDIAL	6,679	164.4	10,536	70,368

Esta Tabla nos puede decir varias cosas:

A) Que en los 58 años que transcurrieron de 1950 a 2008, la población del Primer Mundo apenas aumentó un 62%, o sea a un ritmo de sólo 0.8% por año; la del Segundo más que se duplicó (1.41% por año), la del Tercero más que se triplicó (2.1% por año) y la del Cuarto casi se cuadruplicó, a un ritmo sostenido de 2.66% por año. Así que es claro que el crecimiento demográfico ocurrió en proporción estrictamente inversa al nivel de vida de cada región del mundo, nivel que podemos ver en la columna de PCP *per capita*.

B) Que el Primer Mundo, con menos de la sexta parte de la población, produce más de la mitad de la riqueza mundial (y también de la contaminación por emisiones de dióxido de carbono, como veremos en la tabla siguiente).

C) Que los Mundos Segundo y Tercero, que en conjunto tienen las tres cuartas partes de la población mundial, conforme aumenten su nivel de vida también irán aumentando rápidamente su "aportación" a la contaminación ambiental.

A continuación veremos la tabulación de los porcentajes de población, del PCP, y de "contribución" a la emisión de gases de bióxido de carbono por las Regiones y los "Mundos":

REGIÓN:	Datos para el año 2008		
	% de Población	% de PCP	% de (2) Emisión Gases
Europa Occid. (+Grecia+Israel)	7.41	22.51	25.0
Norte América y Australia, NZ, (AI)	5.57	24.15	33.7
Japón y 4 "Tigres" Asiáticos	3.15	9.87	5.7
PRIMER MUNDO	16.13	56.53	64.4
Ex-URSS+Ortodoxos+Turquía+Irán	7.07	7.82	15.8
China y 2 vecinos com.	20.06	11.19	7.0
SEGUNDO MUNDO	27.13	19.01	22.8
Latinoamérica	8.44	8.83	3.8
Sur Este de Asia	8.67	3.72	1.2
Indostán	23.53	5.91	4.0
Países Árabes	4.13	3.52	2.3
Sudáfrica	0.88	0.84	0.5
TERCER MUNDO	45.65	22.82	11.8
CUARTO MUNDO	11.09	1.64	1.0
TOTAL MUNDIAL	100.00	100.00	100.0

Sugiero que estas dos tablas también nos pueden señalar el parámetro que sería aceptado por todos los países para el establecimiento y el control de un "gobierno para asuntos globales", encargado sólo de aquellas funciones que fueran clasificadas como tales.

Ese parámetro, para propósitos de votación, podría ser el tamaño de la economía de cada país medido por principios de contabilidad que se aceptaran a nivel mundial. Probablemente la estructura más aceptable de parámetro sería la del PCP que cada región o país produzca, cuyo valor en dólares se señala en la última columna de la primera tabla y su porcentaje del total mundial en la columna de en medio de la segunda tabla. Este parámetro podría también afectarse por índices de calidad de vida o de control ecológico que pudieran ser justamente evaluados. Lo que trato de señalar es que parece justo y conveniente que cada país tenga una autoridad y una responsabilidad que sean proporcionales a su capacidad para actuar en el escenario mundial y que esa capacidad la señala, en alguna forma, su producción de riqueza, porque dicha capacidad es a su vez proporcional a su número de habitantes y al nivel de vida de éstos. Otra manera de ver la justicia de esta forma de votar es que la autoridad adjudicada sería proporcional a la contribución que cada país aportara para el funcionamiento del "gobierno para asuntos globales", porque los daños hechos al ecosistema son más que proporcionales al nivel de vida y de consumo de cada sociedad, como se muestra en la tercera columna de la segunda tabla.

¿Cuáles funciones deben clasificarse como mundiales o globales? Propondré las cuatro áreas que considero básicas y que, en una forma u otra, ya maneja la Organización de las Naciones Unidas, aunque no con la eficiencia y autoridad que fuera deseable.

I)   Control de armas de destrucción masiva y uso de fuerza militar en acciones de policía internacional;

II)   Conservación del medio ambiente y control de energéticos;

III)   Control de tratados multinacionales para el comercio globalizado y reglamentación del flujo de capitales y de migración de trabajadores;

IV)   Comunicación satelital y Exploración espacial.

I.- Primero, habría que ejercer un control sobre el uso disuasivo y coercitivo de las fuerzas armadas. Un aspecto sería el control de las armas de destrucción masiva, ya sean nucleares, químicas o biológicas. De hecho ya ejercen ese control las potencias, limitando su posesión a los vencedores de la 2ª Guerra Mundial, EUA, Rusia, Gran Bretaña, Francia y China, las cuales "han permitido" que se agreguen la India, Pakistán e Israel, pero se oponen a que se agreguen Irán y Corea del Norte. Este control implica asistencia y licencias para los usos pacíficos de la energía atómica a los países que formalmente renuncian a su derecho a tener este tipo de armas y firman el Tratado de No Proliferación, como en los casos de Japón, Alemania, Italia, Brasil y México.

Lo que habría que agregar en este aspecto es que el control de armas nucleares tuviera como meta la eliminación, a base de rigurosas inspecciones mutuas, de todas aquellas que sólo tuvieran aplicación para usarse en este Planeta y conservar sólo aquellas que pudieran tener alguna función de defensa planetaria, como podría ser la destrucción de aerolitos en trayectoria peligrosa u otros usos espaciales. Por lo que se refiere a las armas químicas y biológicas, la principal función sería la vigilancia y las acciones policiales necesarias para que grupos criminales o extremistas no dispusieran de ellas.

Otro aspecto de esta función del "gobierno para asuntos globales" debería ser el control y uso de fuerzas armadas convencionales, como las que intervinieron en la violenta disolución de la antigua Yugoslavia y que debieron haber intervenido en los genocidios de Ruanda, la actual intervención antiterrorista en Afganistán y en Irak y la que nunca se ha llevado a cabo para evitar genocidios en Sudán y otras partes de África. Es decir contra toda acción de gobiernos rufianescos o de asociaciones delictuosas que excediera la capacidad local para combatirla y que fuera clasificada de criminal por el mecanismo de votación mundial que fuera aceptado como obligatorio. Es impensable que, entre humanos, exista un orden sin policía, por lo que es mejor integrarla en conjunto y hacerla operar legalmente, que dejar a cada país defenderse como lo estime necesario.

II.- Segundo, habría que proteger, conservar y controlar el eco-sistema o entorno a nivel planetario y controlar la producción, el transporte y el uso masivo de los energéticos fósiles. Hay muchas formas de perjudicarlo, por lo que a continuación utilizaré, con algunos cambios, la clasificación que hace Jared Diamond. (3)

Primero, distingue tres grandes grupos: A) Destrucción del Ecosistema Natural; B) Energéticos, agua y fotosíntesis; y C) Emisión de gases y de líquidos tóxicos.

En el grupo "A" él clasifica 4 formas de dañar el ambiente y yo agrego otra que él clasifica en "C": A1: Deforestación; A2: Recursos marítimos: A3: Extinción de especies; A4: Erosión de la tierra laborable; A5: Introducción de especies no nativas.

A1) y A4) Deforestación y Erosión de la tierra laborable son parecidas en sus dañinos efectos de empobrecer rápidamente la flora y la fauna del Planeta, pero están sujetos a diferentes presiones: Más fuertes los de la deforestación, sobre todo de las selvas tropicales, pues la demanda de madera de los países ricos, para construcción y papel, las está saqueando y los propios habitantes también las destruyen para utilizar, ineficientemente, su suelo para agricultura extensiva, siendo Brasil el caso más notorio. En México es especialmente severa la erosión de tierras laborables, sobre todo en el centro y sur del país, por su terreno montañoso y la costumbre de sembrar en laderas sin protegerlas con terrazas (Se estima que en la Mixteca Alta se han erosionado 5 metros de tierra vegetal en los últimos 500 años (4)) . Pero aún en las mejores tierras del Planeta, como en las grandes praderas, los suelos dedicados a la agricultura se están erosionando lentamente, pues la naturaleza no puede formar suelos fértiles al ritmo creciente con el que el hombre los utiliza. Propuesta concreta tentativa: Sustituir el uso de papel para periódicos por información electrónica.

En A2) Incluí la pesca excesiva que no permite la adecuada reproducción de especies, como en el caso de las ballenas, de las sardinas y de las tortugas marinas; o que con enormes redes jaladas por barcos para pescar atunes matan también a muchos delfines que los persiguen y la destrucción, a veces con dinamita, de arrecifes coralíferos. Actualmente se calcula que unos dos mil millones de personas se alimentan con productos marinos, pero como nadie controla la pesca en mar abierto el saqueo sigue en grande y esa fuente de alimentación barata está en riesgo de declinar. Propuesta: Estricto control global de la pesca marina.

Aquí podemos agregar el desecho de sustancias tóxicas y de basura y aguas negras de las ciudades vertidas en los grandes ríos o en las costas, para entender por qué en muchos mares cercanos a los continentes y que no son "lavados" por corrientes marinas, la fauna de pescados, crustáceos y moluscos está desapareciendo, siendo sustituida por otra en la que sólo abundan las antiguas medusas, como en el Mar Amarillo. Propuesta: Que cada nación conserve limpia sus aguas costeras según estándares globales obligatorios.

A3) y A5) La extinción de especies de animales terrestres grandes por su cacería inmoderada, así como por la introducción, deliberada o accidental, de especies animales o vegetales en áreas en que no son nativas y en donde no tienen enemigos naturales, significa que estamos abusando de la biota natural y destruyendo rápidamente la enorme diversidad de vida que evolucionó durante millones de años y que había manteniendo a la superficie terrestre en condiciones óptimas, hasta que aparecimos en cantidad, hace unos miles de años, ejerciendo presión creciente sobre el entorno con la agricultura, que en los últimos dos siglos se ha acelerado mucho por las revoluciones industriales y la explosión demográfica.

En el Grupo B Jared Diamond coloca los problemas en que se ha metido la humanidad para disponer de los recursos más básicos: B1) Energéticos; B2) Agua dulce; y B3) Energía solar aprovechable para efectuar el proceso de fotosíntesis, con el que las plantas de este Planeta inician la base de la pirámide alimenticia, al convertir los nutrientes y minerales disueltos en agua en tejido vegetal vivo.

B3) Es el problema a más largo plazo, por lo que sólo diremos que es la comparación que los científicos hacen entre la capacidad que tenía este Planeta hace, digamos, 10,500 años, antes de empezar la agricultura, para "fabricar" materia vegetal con energía solar en todos sus bosques, selvas y praderas y en el plancton marino, comparado con el que tiene ahora, con más de la mitad de sus bosques talados y muchas de sus praderas convertidas en ciudades, carreteras, tierras de labor o eriales. La mayoría de la gente ni siquiera sabe que existe este problema y se sorprendería al saber qua ya sólo dejamos al Planeta con la mitad de su antigua capacidad: Esto todavía no es un problema urgente, pero pronto llegará a serlo si sigue aumentando la población y el consumo a ritmos incontrolados, disminuyendo catastróficamente las áreas verdes y también el plancton marino por contaminación. Propuesta: Reforestación generalizada.

B2) El agua dulce es un problema mucho más conocido, por sufrirlo miles de millones de gentes, y por utilizarse en muchas partes del Planeta hasta la última gota en irrigación agrícola, usos industriales, navegación y consumo animal y humano. Es un problema de grandes proporciones, cuyas manifestaciones más dramáticas son el descenso y acabamiento de los mantos acuíferos subterráneos, la salinización de tierras labrantías y la desertificación.

B1) El de los energéticos, es el más peliagudo de todos, porque tiene dos aspectos o vertientes: Uno es que nos son absolutamente indispensables para mantener y avanzar en nuestra civilización tecnológica, en actividades tales como la industria, el transporte y la generación eléctrica, por lo que su demanda es enorme en el Primer Mundo y va en rápido aumento en el Segundo y el Tercero. Pero la disponibilidad de los más usados, el carbón y el petróleo, sobre todo de éste, son limitadas y están disminuyendo, razón por la cual es ya urgente desarrollar nuevas fuentes de energía. La más abundante es la de la energía nuclear, pero su gran problema, que todavía no se ha resuelto, es la de encontrar una forma segura y barata de disponer de sus desechos radiactivos.

C1) Pero la otra vertiente del problema nos lleva a caer en cuenta que más del 90% de todas necesidades energéticas del Planeta se satisfacen con combustibles fósiles, los cuales están emitiendo desde hace dos siglos unas grandes cantidades siempre crecientes de bióxido de carbono (CO_2) que están empezando a causar un calentamiento climático del Planeta por retener la atmósfera más calor de los rayos solares por el "efecto invernadero". Por ello, parece que una de las funciones principales del "gobierno para asuntos globales" sería la de reglamentar obligatoriamente la producción, el transporte y el uso masivo de los dos principales combustibles fósiles: El carbón que muy poco se transporta por ser sólido, pero cuyo uso masivo en regiones cercanas a donde se extrae representa una parte importante, del orden del 40%, del uso total de energéticos. El otro es, desde luego, el petróleo, mucho más importante estratégicamente porque, siendo líquido, su transporte por oleoductos o barco-tanques es barato. Me parece que una parte del control por ejercerse debería ser en forma de impuestos, parte de los cuáles podrían mantener las investigaciones necesarias para la utilización de formas de energía alternativas. Otra forma de evitar que el CO_2 se escape a la atmósfera es que aquel que se produce en las grandes plantas industriales o eléctricas se fuerce su bajada por pozos muy profundos que terminen en grandes vetas salinas, con las que reaccione químicamente y se convierta en carbonatos sólidos, que pueden durar ahí enterrados por mucho tiempo: Esto sólo sería aplicable en regiones donde haya dichas vetas.

C2) Los desechos tóxicos I, sobre todo de la minería, la industria química y los pesticidas agrícolas, afectan sobre todo a los problemas A2) Recursos marinos (y fluviales) y B2) Agua dulce, pues la contaminan en sus fuentes. Este es uno de los campos en que la supervisión gubernamental debe ejercerse con mayor rigor, pues genera mucha corrupción, sobre todo en el Tercer Mundo.

III.- La tercera y penúltima área que podría quedar a cargo de un "gobierno para asuntos globales" sería la reglamentación y control del comercio globalizado, que ya lo hace la ONU mediante la Organización Mundial del Comercio (WTO son sus siglas en inglés), como de los flujos tanto de capitales de inversión o de préstamos masivos, como de la migración tanto temporal como permanente de trabajadores.

A la Organización Mundial del Comercio (WTO) se le hacen, según Peter Singer (5), los siguientes cargos:

1) Que pone las consideraciones económicas antes que las de protección al medio ambiente, maltrato de animales y hasta de los derechos humanos;
2) Que erosiona las soberanías nacionales;
3) Que no es democrática; y
4) Que va en contra de igualar las diferencias de nivel de vida, pues que hace más ricos a los ricos y más pobres a los pobres.

Después de un bien argumentado análisis, Singer concluye lo siguiente:

Que el primer cargo es correcto, pero muy difícil de corregir, porque a las grandes empresas multinacionales les es fácil corromper a muchos dirigentes tercermundistas para que abandonen la protección del entorno de sus países, y casi a casi nadie le importa proteger los océanos y la atmósfera, por lo que en este aspecto es muy urgente la intervención de un gobierno de asuntos globales, para defender el ecosistema planetario. El único aspecto del cargo al que parece que está respondiendo la WTO es al de los derechos humanos, pidiendo a la ONU que intervenga la Organización Mundial del Trabajo para decidir los casos en que un país rechaza bienes producidos en países que explotan o maltratan a los trabajadores.

Al segundo cargo la WTO contesta diciendo que es libre la entrada de países, que tienen que ceder ciertos aspectos de su soberanía, o su salida de esta Organización, si así lo decide, pero Singer señala que sería muy difícil para cualquier país el quedar fuera del comercio global. Esto da un perfecto ejemplo nuestra propuesta: Que todos los países queden sujetos a las mismas reglas, cuya legislación y aplicación se debe votar según la porcentaje del PCP con que se cuente cada bloque de países que se unan para votar. Esta también sería la solución del tercer cargo, de no ser democrática, pues pienso que el votar en proporción al PCP sería la forma más democrática de tomar decisiones que tiene alguna probabilidad de ser aceptada como obligatoria por todas las naciones, ricas o pobres, superpotencias o muy pequeñas.

En cuanto al cuarto cargo, que el comercio global hace más ricos a los ricos y más pobres a los pobres, concluye luego de un prolijo análisis que no hay elementos suficiente ni para aceptarlo ni para rechazarlo, pero cree que un manejo responsable, inteligente y equitativo tenderá, si no a la igualación, sí, cuando menos, a que los más pobres lo sean menos y tengan acceso a los más esenciales satisfactores de comida, alojamiento, medicina y educación.

¿Qué se reglamentaría en el caso de flujo de capitales? En primer lugar que su origen sea legal y no haya forma de "esconderlos" en países que protejan "el secreto", y, en segundo, las reglas del juego según los niveles de vida del país del aportador y el del receptor, las tasas de intereses permitidos y las condiciones para retirarlos o no.

¿Qué se reglamentaría en el caso de la migración de trabajadores? Eso es un caso muy difícil, pues actualmente todos los países conciben su soberanía como siendo ejercida sólo por sus nacionales, por lo que todos se sienten con derecho a normar la inmigración a su país en la forma que les parezca más conveniente. Pero, en cambio, a la emigración, desde el derrumbe del bloque comunista, ya casi ningún país le pone trabas, sino que, prácticamente, dejan libres a sus nacionales para que vayan a donde quieran o puedan.

Será una labor difícil convencer a los países ricos de que la aceptación de cierta cantidad de inmigrantes debe ser como una contrapartida a la inversión foránea de sus capitales y a los países pobres a que deben controlar su emigración y, sobre todo, a examinar sus causas de raíz, tales como el crecimiento demográfico, y a tratar de remediarlas. Si algún país tiene este problema es el nuestro, por ser el único que tiene una larga frontera terrestre con un país primer-mundista.

IV) En cuanto al manejo global de las comunicaciones satelitales y de la exploración espacial, es el aspecto que menos problemas daría, pues ya se han hecho muchos acuerdos y cooperaciones, por lo que podría servir como modelo de los demás aspectos más problemáticos y difíciles, por lo que sólo estaría pendiente el formalizar su carácter global internacional.

11.3.- Visualización Práctica de la Propuesta y Conclusión

La propuesta es lograr tener un mundo en el que todos los seres humanos acepten corresponder al don de su plena conciencia asumiendo la responsabilidad de proteger y desarrollar dicho don. Para ello creo que el mundo que forjen debe tener las siguientes dos características:

1ª) Que acepte tener una moralidad pública laica, basada en aquellas normas de disciplina social que sean las conducentes a que la humanidad sobreviva y se desarrolle en armonía con su medio ambiente, según las proyecciones de situaciones futuras deseables que se hagan. Parece que los dos principales "mandamientos" tendrían que ser el control de la natalidad y la austeridad en el consumo, al menos por el tiempo necesario para que la situación global se estabilice.

2ª) Que instruya a sus gobiernos nacionales a que cedan parte de su soberanía en un "gobierno para asuntos globales", al cual controlarán por votos, solos o en grupos geo-culturales, y mantendrán con fondos proporcionalmente a la capacidad de sus países para producir riqueza, lo que a su vez depende del número de sus habitantes y de su nivel de vida.

¿Cual sería la relación de esa nueva moralidad y orden jurídico internacional tanto con los estados-naciones como con las religiones existentes?

Tratemos de ver esa relación a través de los ojos de los políticos más encumbrados: Para toda la clase política del mundo su máxima aspiración ya no sería encabezar el gobierno de su país, ni aún el de la única "superpotencia", sino el de asuntos globales, por lo que tendría que ser muy prudente en su nacionalismo, en sus políticas para el uso de energéticos y muy aplicado en su conservadurismo ambiental.

Desde luego que un comportamiento responsable en estos términos sólo sería posible si la gran mayoría de las poblaciones de todos los países está genuinamente convencida de la insoslayable necesidad de adoptar estas políticas generales que tanto les afectarían en sus vidas privadas, principalmente el cumplimiento de los dos "mandamientos", el de control de la natalidad para los habitantes de los "Mundos" Tercero y Cuarto y el de la austeridad en el consumismo a los de los "Mundos" Primero y Segundo.

Aquí es donde podrían ayudar las religiones si deciden restringirse al ámbito privado, como ya lo hace el Cristianismo, sobre todo su variante Protestante, en el Primer Mundo. El Catolicismo tendría que modificar radicalmente su postura con respecto a los métodos anticonceptivos o enfrentarse al desprestigio que le acarrearía persistir en su actual posición doctrinal.

Pero eso sería relativamente fácil en comparación con la inmensa transformación que tendría que hacer el Islam, de aceptar lo que Lilla llama "La Gran Separación" entre política y religión, que al Cristianismo le costó una pugna que ya dura cinco siglos. Claro que tienen el ejemplo de la República de Turquía, pero también tienen, desafortunadamente, ejemplos contrarios, de países que han exacerbado su fundamentalismo religioso por conflictos internacionales, como Pakistán, Afganistán y Sudán y los que se consideran como "cabezas de la fe", como Arabia Saudita e Irán.

Parecen cosas muy difíciles de lograr, y lo son, pero no imposibles: Hay que tomar en cuenta lo que dice Chris Brazier refiriéndose al inesperado y completo derrumbe del Sistema Comunista, que parecía que iba a durar siglos: "(el derrumbe ocurrió)...en cuanto se acabó el consentimiento público y la obediencia servil a su gobierno, se derritieron tan de prisa como la nieve primaveral al sol, a pesar de los tanques y la policía secreta."[6]

Conclusión

Así que, podemos optar por no hacer nada y dejar que la humanidad se siga polarizando entre pobres y ricos y dañando su ambiente ecológico planetario por sobrepoblación y consumismo, hasta que la misma naturaleza nos haga "ver" nuestra locura con la severidad que acostumbra. O bien podemos lanzarnos a intentar soluciones que pueden funcionar, si nos empeñamos en ello con la determinación nacida de nuestro sentimiento de responsabilidad, que consolidaron y sacralizaron nuestros ancestros al ascender a la plena conciencia y que nosotros heredamos.

Nos hemos ido haciendo poderosos por nuestra inteligencia y nuestra sociabilidad, basada en una moralidad: Esta fue al principio muy concéntrica, pero a través de la historia se ha ido ampliando en grandes religiones e imperios. Ahora hemos llegado a tener un poderío y un peso poblacional tales, que no debemos ser tan ciegos como para comportarnos en una forma egoísta y rijosa, sino adoptar una postura moral plenamente responsable.

El reto ya lo tenemos enfrente: ¡Somos nosotros mismos! Por lo cual nos es imposible soslayarlo. Encarémoslo: Fijemos las reglas de una moral con nuevas bases para la globalización y establezcamos el orden jurídico adecuado para convertir esa moralidad en buenas leyes para una convivencia justa y en armonía con nuestro ambiente planetario, que nos permita seguir ascendiendo con seguridad por la interminable escalera del conocimiento, siempre supeditado a utilizarse para el bien de todos.

NOTAS

Introducción

1.- Así la llama Lilla (2007)
2.- En su libro "The Stillborn God".

Capítulo I.- La Evolución Biológica hasta la Especie Humana

1.1.- La Primera Vida
1.- Knoll, Andrew H. (2003), para los eventos de hace entre 4,500 a 600 m.a.

1.2.- La Formación de Individuos y la Expansión de la Vida.
2.- Para eventos de hace entre 600 y 7 m.a., en general sigo a Wells, Huxley y Wells (1958), Fritz Kahn (1957), Carl Zimmer (2001), Richard Dawkins (1996 y 1998) y Colin Tudge (1996), quien también cubre el siguiente inciso.

1.3.- La Evolución de los Homínidos
3.- Para los eventos de hace entre 7,000,000 y 57,000 años en general sigo a David Pilbeam (1971), Stringer y McKie (1996) y Gibson e Ingold (1993).
4.- Reichholf (1990), Capítulos 13 y 14.

1.4.- Las Condiciones para el Ascenso a la Plena Conciencia
5.- Para la descripción del Paleolítico Superior, del Mesolítico y las técnicas de cacería sigo a los mismos autores del inciso 1.3. Para las grandes migraciones sigo a Cavalli-Sforza (1993) y Steve Olson (2002) y para el poblamiento de las Américas a Brian M. Fagan.
6.- De Balbín Behrmann, Rodrigo (2006), en su artículo en el dossier "El Arte Rupestre" en la revista "La Aventura de la Historia", Madrid, Junio de 2008.

Capítulo II .- El Ascenso a la Plena Conciencia

2.1.- La Presión Evolutiva de la Convivencia en Grupo
1.- Cartwright (1953), pág. 176, con adiciones mías.
2.- Arsuaga (2001), Cap. 3.
3.- Cartwright (1953), fig. 7.1, pág. 196.
4.- Ibid., págs. 207-209.
5.- Joyce (1996), pág. 90.

2.2.- La Adquisición del Lenguaje
6.- Cartwright (1953), Fig. 7.3, pág. 208.
7.- Ibid., pág.
8.- Ibid. pág. 206.
9.- Deutscher(2005), Cap. 7: "The Unfolding of Language".
10.- Smith (1985), págs. 60, 61.
11.- Dowling (1998), Capítulo 6

12.- Gibson and Ingold (1993), págs. 259, 260.
13.- Smith (1995), págs. 143, 144.

2.3.- Los Orígenes de la Moralidad
14.- Joyce (1996), págs. 90 y 104.
15.- Ibid., pág. 65.
16.- Ibid., pág. 110.
17.- Ibid., págs. 116, 117 y 118.

2.4.- El Significado a la Plena Conciencia.
18.- O'Manique (2003), pág. 16.
19.- Ibid., págs. 17 y 18.
20.- Ibid., pág. 43.
21.- Ibid., pág. 51.
22.- Frondizi (1977).
23.- O'Manique (2003), Capítulo 6.
24.- Ibid., Capítulo 7.

2.5.- Los Orígenes de la Religión
25.- Como libros de consulta general sigo a Mircea Eliade (1964), Claude-Levy-Strauss (1962) y Marcel Mauss (1939, 1947).
26.- Marquard (2000) cita a Hans Blumenberg en pág. 114.
27.- En la imaginación del mito sigo a Lewis-Williams y Pearce (2005).
28.- Se subrayan las tres "dimensiones" que Lewis-Williams y Pearce consideran que son los elementos básicos de la religión.
29.- James (1902), págs. 50, 51.
30.- Trías (2000), pág. 51
31.- López Quintás (1977), cita a Miguel Ángel Virasoro en págs. 253 a 261.
32.- Frondizi (1972).

2.6.- Panorama de la Humanidad hace 10,500 Años
33.- Cavalli-Sforza (1993), pág. 30.

Cáp. III.- La Revolución Neolítica y las Primeras Civilizaciones.

3.1.- Primer Impacto Poblacional y Ecológico Humano
1.- Olson (2002), pág. 86 (mi traducción).
2.- Diamond (1999), en su libro Guns, Germs, and Steel.

3.2.- El Aspecto Social de la Revolución Neolítica
3.- Childe (1936, 1951).
4.- Hawkes (1976), capítulo 8,000 - 5000 A.C.
5.- Lewis-Williams y Pearce (2005), págs. 140, 141.
6.- Dowling (1998), fig. 63, pág. 180.

7.- Lewis-Williams y Pearce (2005), fig. 8, pág. 48.

8.- Lewis-Williams (2002).

3.3.- La Segunda Expansión del Neolítico.

9.- Childe (1936, 1951).

10.- Lewis-Williams y Pearce (2005), Capítulos 7 y 8.

11.- Tibón (1984)

3.4.- El Ascenso a Civilizaciones de Primera Generación

12.- Childe (1936, 1951).

13.- Schmand-Besserat (1992, 1996), relatando el origen de la escritura cuneiforme a partir de las "fichas" de barro con las cuales los agricultores neolíticos recibían su constancia de entrega de trigo o aceite a los silos o toneles aldeanos, o por su trabajo comunal.

14.- Margueron (1991, 1996), págs. 347-392.

15.- Edwards (1947, 1979).

16.- González Torres (1985).

17.- Armstrong (2006), pág. 18.

3.5.- Panorama del Mundo hacia el Año 1550 a.E.C.

18.- Childe (1936, 1951).

Cap. IV.- El Arribo a Civilizaciones de Segunda Generación

4.1.- La Crisis del Politeísmo Propiciatorio durante la Edad del Bronce

1.- National Geographic Magazine, Abril, 2001.

4.2.- El Nacimiento de Dos Pueblos "Axiales"

2.- Armstrong (2006, 2007), Así les llama Karen Armstrong a los pueblos (arios, chinos, israelíes y griegos) que van a efectuar "la gran transformación ética" en los siglos IX a IV a.C.

3.- Childe (1936, 1951).

4.- Bright (1966, 1970), Segunda Parte, "El Período Formativo".

4.3.- Período de Gestación en la Edad Oscura de 1150 a 750 aEC

5.- Finkelstein and Silberman (2001), Chapter 5 "Memories of a Golden Age"

6.- Ibid., Capítulos 6 and 7.

7.- Armstrong (2006, 2007), pág. 95.

4.4.- El Período Axial entre los años 750 y 500 aEC

8.- Armstrong (2006, 2007), Prefacio y secciones dedicadas a cada pueblo.

9.- Holland (2005, 2007), Capítulo I y mapas.

10.- Toynbee (1946, 1970)

4.5.- La Forja del Monoteísmo de Israel

11.- Podhoretz (2002), Capítulo 6 "Amos: The Lion Roars".
12.- Finkelstein and Silberman (2001), pág. 216.
13.- Armstrong (2006, 2007), pág. 138.
14.- Podhoretz (2002), Capítulo 8 "Micah: Pax Israelitica"
15.- Armstrong (2006, 2007), págs. 230-233.
16.- Childe (1936, 1951).
17.- Armstrong (2006, 2007), pág. 339.

4.6.- La Democratización de Grecia de 776 a 506 aEC

18.- Armstrong (2006, 2007), pág. 211.
19.- Ibid., pág. 205.

4.7.- Las Guerras Médicas

20.- Childe (1936, 1951).
21.- Holland (2005, 2007), págs. 255, 256.

4.8.- El Siglo de Oro y la Guerra del Peloponeso

22.- Toynbee (1946, 1970), Cap. IV "Los Colapsos de las Civilizaciones".
23.- Armstrong (2006, 2007), págs. 316-322 y 351-365.

4.9.- La Filosofía Griega

24.- Armstrong (2006, 2007), págs. 346-350, 355-360 y 428-450.

Cap. V.- El Helenismo y el Cristianismo hasta las Invasiones Bárbaras y el Surgimiento del Islam.

5.3.- Las Componentes Culturales del Mundo Helenístico

1.- Las ideas principales las tomé de "The Harvest of Hellenism" de F.E. Peters y de "El Mundo Helenístico" de Pierre Lévèque.

5.5.- Evolución Cultural y Religiosa en los Siglos III, II y I a.E.C.

2.- Lévèque (1992, 2005), págs. 153, 154.

5.6.- El Alto Imperio Romano

3.- Peters (1970, 1996), pág. 446

5.10.- Occidente se Hunde, Oriente Perdura

4.- Para todos los comentarios sobre la peste bubónica, véase "Catastrophe" de David Keys (1999)

Cap. VI.- La Infancia y Juventud de la Civilización Occidental

6.1.- El Nacimiento de la Civilización Occidental

1.- Toynbee (1946, 1970), T.I, págs. 39, 184.

6.3.- El Caos Feudal

2.- En muchas ideas me guié por Cantor (1963), Cap. VII, inc. II

6.5.- Las Cruzadas y el Nacimiento de la Burguesía
3.- Lopez (1960, 1965), Pág. 132.
6.11.- Confrontación Eventos Históricos de 667 a 1560 con la Hipótesis de Trabajo
4.- Sobre la conversión de los bárbaros me guié por el magnífico libro de Fletcher (1997), sobre todo los capítulos IV y V.

Cap. VII.- La Edad Moderna de 1560 a 1830

7.2.- Panorama de Europa Occidental en 1560
1.- Weber (1919, 1994)
2.- Toynbee (1946, 1970), T I, págs, 252-292.
7.3.- La Ciencia a partir del Renacimiento.
3.- Debus (1978, 1985), extracté de este libro las principales ideas de los cuatro primeros párrafos.
4.- Koyré (1973, 1977), en lo que sigue de este inciso seguiré este libro, sobre todo su conferencia "Galileo y la revolución científica del siglo XVII".

7.6.- La Revolución Comercial y la Ilustración de 1715 a 1763.
5.- Fukuyama, Francis (1995).- Capítulos 4 y 5-

7.7.- Los Inicios de la Revolución Industrial de 1763 a 1795.
6.- Derry and Williams (1960, 1977), T.2, pág. 401.
7.- Ibid., T.3, págs. 814-418.
8.- Ibid., T.2, págs. 464-466.
9.- Ibid., T.2, págs. 467, 468.

7.9.- Evolución de las Ideas Filosóficas y Religiosas hasta 1830
10.- Lilla (2007) En este inciso seguiré la Parte II de su libro.
11.- Ibid. pág. 103.
12.- Ibid. pág. 110.
13.- Ibid. pág. 113.
14.- Ibid. pág. 128. Cita Lilla, en francés, la exclamación del Vicario, la cual pretendo traducir como sigue:
"Conciencia, conciencia, instinto divino e inmortal, celeste voz, Guía segura para un ser ignorante y limitado, pero inteligente y libre; Juez infalible del bien y del mal, que haces al hombre parecerse a Dios, Tu haces que sea excelente su naturaleza y la moralidad de sus acciones."
15.- Lilla (2007) págs. 118-120.
16.- Ibid. pág. 132.
17.- Ibid. págs. 140-146.
18.- Ibid. págs. 157-162.
19.- Ibid. (2007) pág. 171.
20.- Ibid. (2007) pág. 213.

Cap. VIII.- El Fortalecimiento de Occidente de 1830 a 1914

8.5.- La Evolución de las Ideas Filosóficas de 1830 a 1914

1.- Lilla (2007) pág. 248. Se refiere a los teólogos liberales alemanes, pero igualmente se puede aplicar a otros liberales europeos.
2.- Ibid. Cap. 5º, págs. 217-250.

Cap. IX.- Las Dos Guerras Mundiales

9.1.- La Tragedia de la Primera Guerra Mundial

1.- Clausewitz (1832, 1968), Libro Primero "Sobre la Naturaleza de las Guerras"
2.- Ibid., Bosquejo del Libro Octavo, Capítulo 3, inciso b.
3.- Lilla (2007), Capítulo 6 "The Redeeming God".
9.3.- Cambios de Ideología en la Década de los Años 1920's
4.- Sontag (1971) su libro "A Broken World".

Cap. X.- La Guerra Fría, la Revolución Informática y la Globalización.

10.3.- El Derrumbe del Sistema Comunista de 1982 a 1991.

1.- Maidanik (1992), En lo que sigue hasta el final del inciso utilicé mucha de la Información contenida en este trabajo.

Cap. XI.- El Presente Histórico y el Futuro Proyectado

11.1.- ¿Qué Moralidad necesitamos en la Globalización?

1.- Fukuyama (1992).

11.2.- Bases y Funciones de un "Gobierno para Asuntos Mundiales"

2.- González Valenzuela (2008), en la aportación "Una Visión Ecológica sobre Ética Ambiental" de José Sarukhan, tabla p. 345.
3.- Diamond (2005).
4.- Información proporcionada por Jesús León Santos, mexicano de etnia mixteca, ganador del Premio Goldman de Ecología en 2008, en su conferencia del 13 de junio del 2009, en Monterrey.
5.- Singer (2002), Capítulo 3.

11.3.- Visualización Práctica de la Propuesta.

6.- Brazier (2006), p. 187.

Bibliografía

Clasificada por las siguientes materias o temas básicos: **Número de obras**

1.- Origen y Significado del Universo	7
2.- Evolución Biológica (para el Capítulo I)	6
3.- Evolución Humana (para los Capítulos I y II)	10
4.- Antropología (para los Capítulos I y II)	4
5.- Evolución Cultural (para el Capítulo II)	6
6.- Funcionamiento de la Mente Humana (para el Capítulo II)	4
7.- Prehistoria y Civilizaciones de 1ª Generación (para Capítulos II y III)	11
8.- Historia Universal	3
9.- Atlas de Historia	5
10.- Historia de las Religiones	9
11.- Historia del Judaísmo	5
12.- Arribo a las Civilizaciones de 2ª Generación (para el Capítulo IV)	3
13.- El Helenismo	8
14.- Historia del Cristianismo	12
15.- Infancia y Juventud de la Civilización Occidental (para el capítulo VI)	11
16.- La Edad Moderna de 1560 a 1830 (para el Capítulo VII)	9
17.- El Fortalecimiento de Occidente de 1830 a 1914 (para el Capítulo VIII)	5
18.- Filosofía de la Religión	15
19.- Antropología Filosófica	8
20.- Ética	12
21.- El Arte Militar	4
22.- Historia de Países	6
23.- Las Dos Guerras Mundiales (para el Capítulo IX)	16
24.- El Sistema Socio-Político del Primer Mundo	10
25.- Filosofía de la Historia	9
26.- La Guerra Fría, la Revolución Informática y la Globalización (Cap. X)	10
27.- Ecología y Bioética	3
TOTAL	211

Las publicaciones citadas en las Notas van precedidas por asterisco *
(Los títulos de los libros se dan en el idioma de la edición)

I.- Origen y Significado del Universo
Davies, Paul, (1983), Dios y la Nueva Física, traducido del inglés en Salvat, Barcelona, 1986.

Davies, Paul, (1984), Super-Fuerza, traducido del inglés en Salvat, Barcelona, 1985.

Davies, Paul, (1999), The Fifth Miracle, Simon & Schuster, NY, 1999.

Dilfurth, Hoimar von, (1981), No somos sólo de este mundo, traducido del alemán en Ed. Planeta, Barcelona, 1983.

Monod, Jacques, (1970), Le hasard et la nécessité, France Loisirs, Paris.

Rodríguez Delgado, Rafael, (1997), Del Universo al Ser Humano, McGraw-Hill, Madrid.

Russell, Bertrand, (1935), Religión y Ciencia, traducido del inglés en FCE, México, 1951, ed. 1992.

II.- Evolución Biológica (Cap. I)

*Dawkins, Richard, (1996), Escalando el Monte Improbable, traducido del inglés en Tusquets Ed., Barcelona, 1998.

*Dawkins, Richard, (1998), Destejiendo el Arco Iris, traducido del inglés en Tusquets Ed., Barcelona, 2002.

*Kahn, Fritz, ¿1953?, El Libro de la Naturaleza, traducido del alemán en Ed. Aguilar, México, 1957.

*Knoll, Andrew H., (2003), La Vida en un joven Planeta, traducido del inglés en Ed. Crítica, Barcelona, 2004.

*Wells, H.G., Huxley, Julian, Wells, G.P., (1950), La Ciencia de la Vida, traducido del inglés en ed. Aguilar, México, 1958.

*Zimmer, Carl, (2001), Evolution, WGBH and Clear Blue Sky Prod. EUA.

III.- Evolución Humana (Cap. I y II)

Ardrey, Robert, (1961), African Genesis, Dell, N.Y.

*Arsuaga, José Luís, (2001), The Neanderthal's Necklace, traducido del castellano al inglés en Fourth Walls Eight Windows, N.Y.

*Cartwright, John, (1953), Evolution and Human Behavior, Aardvark Ed. Mendham, Suffolk, Gran Bretaña, 2000.

*Cavalli-Sforza, Luca y Francesco, (1993), ¿Quienes Somos?, traducido del italiano en Editorial Crítica, S.L., Barcelona, 1999.

*Gibson, Kathleen R. and Ingold, Tim, editors, (1993), Tools, Language, and Cognition in Human Evolution, Cambridge Univ. Press.

National Geographic Magazine, series The Dawn of Humans, 1995-1997.

*Pilbeam, David, (1971), El Ascenso del Hombre, traducido del inglés en Ed. Diana, México, 1981.

*Reichholf, Joseph. H., (1990), La Aparición del Hombre, traducido del alemán en Ed. Crítica, Barcelona, 2001.

*Stringer, Christopher y McKie, R., (1996), African Exodus, H. Holt & Co. N.Y.

*Tudge, Colin, (1996), The Time Before History, Touchstone, N.Y.

IV.- Antropología (Cap. I y II)

Durkheim, Emile, (1898), Las Reglas del Método Sociológico, traducido del francés en Ed, Premiá, Puebla, 1991.

Herkovits, Melville J., (1948), El Hombre y sus Obras, traducido del inglés en FCE, México, 1952.

*Levy-Strauss, Claude, (1962), El Pensamiento Salvaje, traducido del francés en FCE, México, 1998.

*Mauss, Marcel, (1947), Introducción a la Etnografía, traducido del francés en Ed. Istmo, Madrid, 1974.

V.- Evolución Cultural (Cap. II)

*Deutscher, Guy, (2005), The Unfolding of Language, Holt paperback, N.Y.
De Waal, Frans, (2006), Primates y Filósofos, traducido del inglés en Ed. Paidós Ibérica, Barcelona, 2007.
*Joyce, Richard, (1996), The Evolution of Morality, MIT, Boston, EUA, 2007.
Midgley, Mary, (1978), Bestia y Hombre, trad. del inglés en FCE, México, 1989
*O'Manique, John, (2003), The Origins of Justice, Univ. of Pennsylvania Press.
*Smith, Curtis G., (1985), Ancestral Voices, Prentice-Hall, New Jersey, EUA:

VI.- Funcionamiento de la Mente Humana (Cap. II)

*Dowling, John E. (1998), Creating Mind, Norton, N.Y.
Edelman, Gerald M., (2004), Wider then the Sky, Yale Univ. Press, EUA.
Pinker, Steven, (2002), The Blank Slate, Viking, Penguin Group, N.Y.
Searle, John R., (1984), Minds, Brains and Science, Harvard Univ. Press, EUA

VII.- Prehistoria y Civilizaciones de 1ª Generación (Cap. II y III)

Bottéro, Jean y Otros, Introducción al Antiguo Oriente, traducido del francés en Ed. Grijalbo, Barcelona, 1992.
*Childe, V. Gordon, (1935-1951), Man Makes Himself, Mentor Bks. N.Y., 1955
*De Balbín Berhmann, Rodrigo, Signos para entenderse, Revista "La Aventura de la Historia", num. 116, Madrid, junio del 2008.
*Edwards, I.E.S., (1947-1949), The Pyramids of Egypt, Pelican Books, Gr. Br.
*Fagan, Brian M., (1987), The Great Journey, Thames and Hudson, Londres.
*Hawkes, Jacquetta, (1976), The Atlas of Early Man, St. Martin Press, N.Y.
*Lewis-Williams, J. David, (2002), A Cosmos in Stone, Alta Mira Press, Gr. Br.
*Lewis-Williams, L. David y Pearce, David, (2005), Inside the Neolithic Mind, Thames and Hudson, Londres.
*Margueron, Jean-Claude, (1991, 1996), Los Mesopotámicos, traducido del francés en Ed. Cátedra, Madrid, 1996.
*Olson, Steve, (2002), Mapping Human History, Mariner Books, N.Y.
*Schmand-Besserat, Denise, (1992-1996), How Writing Came About, Univ. of Texas Press, Austin, EUA.

VIII.- Historia Universal

Duché, Jean, (1963), Historia de la Humanidad (5 vol.), traducido del francés en Ed. Guadarrama, Madrid, 1964.
Pirenne, Jacques, (1947-1953), Las Grandes Corrientes de la Historia Universal (8 vol.), traducido del francés en Ed. Éxito, Barcelona, 1961.
Varios autores, Historia Universal (36 vol.), Siglo XXI, México, 1972 a 1984.

IX.- Atlas Históricos

Barraclough, G., The Times Concise Atlas of World History, 1972.
Darby and Fullard, The New Cambridge Modern History Atlas, 1970.
McEvedy, Colin, The Penguin Atlases of Ancient, Medieval, Modern, Recent, and African History, (5 vol.), Gran Bretaña, 1979 a 1983.

Putzger, F. W., Historischer Weltatlas, Berlin, 1969.
Vicens Vives, Atlas de Historia Universal, ed. Teide, Barcelona, 1980.

X.- Historia de las Religiones

Armstrong, Karen, (1993), A History of God, Ballantine Books, N.Y., 1994.
Armstrong, Karen, (1996), In the Beginning, Ballantine Books, N.Y., 1997.
*Armstrong, Karen, (2006), La Gran Transformación, traducido del inglés en Ed.
   Paidós, Barcelona, 2007.
Cid, C. y Riu M., (1965), Historia de las Religiones, SOPENA, Barcelona.
Couliano, I.P, (1991), Más Allá de este Mundo, traducido del inglés en Ed.
   Paidós, Barcelona, 1993.
*Eliade, Mircea, (1964), Tratado de Historia de las Religiones, traducido del
   francés en Ed. Era, México, 4ª ed., 1981.
*González Torres, Yólotl, (1985), El Sacrificio Humano entre los Aztecas, FCE,
   México.
Larraya, J.G., (1968), Religiones y Creencias, DANAE, Barcelona.
*Tibón, Gutierre, (1984), Aventuras de los Aztecas en el Más Allá, Ed.
   Universo, México.

XI.- Historia del Judaísmo

*Bright, John, (1966, 1970), La Historia de Israel, traducido del inglés en
   Desclée de Brouwer, Bilbao.
*Finkelstein, Israel, y Silberman, Neil Asher, (2001), The Bible Unearthed, The
   Free Press, N.Y.,
Freud, Sigmund, (1937), Moisés y la Religión Monoteísta, traducido del
   alemán en Ed. Alianza, Madrid, 1986.
*National Geographic Magazine, "Pharaohs of the Sun, Abril, 2001.
*Podhoretz, Norman, (2002), The Prophets, Freed Press, N.Y.

XII.- Arribo a Civilizaciones de 2ª Generación (Cap. IV)

*Holland, Tom, (2005), Fuego Persa, traducido del inglés en Ed. Planeta,
   México, 2007.
Nack, Emil y Wagner, Wilhelm, ¿1957?, Grecia, traducido del alemán en Ed.
   Labor, Barcelona, 1960.
Paretti, Luigi y otros, El Mundo Antiguo de 1200 a.C. a 500 d.C., Historia de la
   Humanidad, UNESCO, Buenos Aires, 1965.

XIII.- El Helenismo (Cap. V)

Cummings, L.V., (1939), Alejandro el Grande, traducido del inglés en Ed.
   Peuser, Buenos Aires, 1946.
Gibbon, Edward, (1788), The Decline and Fall of the Roman Empire
   (compendio), Dell, N.Y., 1963, 12th edición 1980.
Goldsworthy, Adrian, (2000), The Punic Wars, Wellington House, Londres.
*Keys, David, (1999), Catastrophe, Ballantine, N.Y.
*Lévèsque, Pierre, 1992, El Mundo Helenístico, traducido del francés en Ed.

Paidós, Barcelona, 2005.

Momigliano, Arnaldo, (1975), La Sabiduría de los Bárbaros, traducido del inglés en FCE, México, 1988,

*Peters, F.E., (1970), The Harvest of Hellenism, Barnes & Noble, 1996.

Wolfram, Herwig, (1990), The Roman Empire and its Germanic Peoples, traducido del alemán al ingles en Univ. of California Press, 1997.

XIV.- Historia del Cristianismo

Bruckhardt, Jacob, (1852), Del Paganismo al Cristianismo, traducido del alemán en FCE, México, 1945, reimpresión 1982.

Chélini, J., (1991) Histoire Religieuse de L'Occident Medieval, Hachette, Paris.

Dawson, Ch., (1950), Historia de la Cultura Cristiana, traducido del inglés en FCE, México, 1997.

*Fletcher, R., (1997), The Barbarians Conversion, Henry Holt, 1998, EUA.

Freeman, Charles, (2002), The Closing of the Western Mind, Vintage Books N.Y., 2005.

Guignebert, Ch., (1921), El Cristianismo Antiguo, traducido del francés en FCE, México, 1994.

Jaeger, Werner, (1961), Cristianismo Primitivo y Paideia Griega, traducido del inglés en FCE, 1965, 5ª reimpresión, 1985.

Johnson, Paul, (1976), La Historia del Cristianismo, traducido del inglés en Javier Vergara Ed., Buenos Aires, 1989.

Labal, Paul, (1982), Los Cátaros, traducido del francés en Ed. Crítica, Barcelona,1984.

Mac Mullen, Ramsay, (1928), Christianity and Paganism in the Fourth to Eight Centuries, Yale Univ. Press, 1997.

Montserrat Torrens, José, (1992), El Desafío Cristiano, Grupo Anaya y Mario Muchnik, Madrid.

Moynahan, Brian, (2002), The Faith, Doubleday, EUA.

XV.- Infancia y Juventud de la Civilización Occidental (Cap. VI)

Arnold, Th. F., (2001), The Renaissance at War, Wellington House, Londres.

Burckhardt, Jacob, (1867), La Cultura del Renacimiento en Italia, traducido del alemán en Ed. Porrúa, México, 1984.

*Cantor, Norman F., (1963), Civilization of the Middle Ages, Harper Collins, N.Y.

*Debus, Allen G., El Hombre y la Naturaleza en el Renacimiento, traducido del inglés en FCE, México, 1985.

Huizinga, Johan, (1924), The Waning of the Middle Ages, Penguin, G.B., 1972

*Lopez, Robert S., (1960), El Nacimiento de Europa, traducido del francés por Ed. Labor, Barcelona, 1965.

Manchester, Wm. R., (1992), A World Lit only by Fire, Back Bay Books, EUA.

Plumb, J.H., (1965), The Italian Renaissance, Harper, N.Y.

Salvat Manuel, (1967), La Era de los Descubrimientos, Ed. Salvat, Pamplona.

The Fontana History of Europe, G. Holmes, Jerarquía y Revuelta 1320-1450, J.R. Hale, Renaissance 1480-1520, G.R. Elton Reformation 1517-1559.

Tuchman, Barbara, (1978), A Distant Mirror, Ballantine, N.Y.

XVI.- La Edad Moderna de 1560 a 1830 (Cap. VII)
Ashton, T.S., (1948), La Revolución Industrial, tr. del inglés FCE, México 1950.
Chaunu, Pierre, (1964), L'Amerique et les Ameriques, Armand Colin, París.
*Derry T.K. y Williams, T.I., (1960), Historia de la Tecnología (4 vol.), traducido
    del inglés en Ed. Siglo XXI., Madrid, 1977.
Friederici, Georg, (1925-1936), El Carácter del Descubrimiento y de la
    Conquista de América (3 vol.), traducido del alemán en FCE, México, 1987.
*Koyré, Alexandre, (1973 póstumo), Estudios de Historia del Pensamiento
    Científico, traducido del francés en Ed. Siglo XXI, México, 1977.
Parry, J.H., (1949), Europa y la Expansión del Mundo, traducido del inglés en
    FCE, México, 1975.
Tarle, Evgeni V. (1939), Napoleón, traducido ¿del ruso o de una versión
    francesa? en Biografías Gandesa, México, 1963.
The Fontana History of Europe, J.H. Elliot, Europe Divided 1559-1598, G.
    Parker Europa en Crisis, 1598-1648, John Stoye Europe Unfolding
    1648-1688, David Ogg, The Ancien Régime, 1715, 1783.
*Weber, Max, (1919), La Ética Protestante y el Espíritu del Capitalismo,
    traducido del alemán en CINAR Ed., México, 1984.

XVII.- El Fortalecimiento de Occidente 1830-1914 (Cap. VIII)
Herring, Hubert, (1968), Evolución Histórica de América Latina (2 vol.),
    traducido del inglés en Ed. Univ. de Buenos Aires, 1972.
Morazé, Charles, (1956), El Apogeo de la Burguesía, traducido del francés en
    Ed. Labor, Barcelona, 1965.
Morison, Samuel Eliot, (1965-1972), The Oxford History of the American
    People (3 vol.), A Mentor Book, EUA:
Morris, James, (1968), Pax Britannica, A Harvest/HBJ Book, EUA.
The Fontana History of Europe, Jacques Droz, Restauración y Revolución
    1815-1848, J.A.S. Grenville, La Europa Remodelada 1848-1878,
    Norman Stone, La Europa Transformada 1878-1919.

XVIII.- Filosofía de la Religión
Becker, Ernest, (1972), La Lucha Contra el Mal, trad. del inglés en FCE, Mx.
Becker, Ernest, (1973), El Eclipse de la Muerte, trad. del inglés en FCE, Mx.
Bloch, Ernst, (1968), El Ateísmo en el Cristianismo, traducido del alemán en
    Ed. Taurus, Madrid, 1983.
Buber, Martin, (1952), El eclipse de Dios, traducido del alemán en 1970 en
    FCE, 2ª edición, México, 1993.
Comte-Sponville, Andre, (2006), El Alma del Ateísmo, traducido del francés en
    Paidós Ed., Barcelona.
Dubos, Rene, ¿1983?, Un Dios Interior, traducido del inglés en Salvat,
    Barcelona, 1986.
Fierro, Alfredo, (1979), Sobre la Religión, Taurus, Madrid.

*James, William, (1902), The Varieties of Religious Experience, Penguin
     Putnam, 1958, EUA.
*Lilla, Mark, (2007), The Stillborn God, Alfred A. Kopf, N.Y.
 Onfray, Michel, (2005), Atheist Manifesto, traducido del francés al inglés en
     Arcade Publishing, N.Y., 2008.
 Saramago, José, (2001), El Evangelio según Jesucristo, Alfaguara, Madrid.
 Savater, Fernando, (2007), La Vida Eterna, Ed. Ariel, Barcelona.
 Sújov, A.D., (1967), Las Raíces de la Religión, traducido del ruso en Ed.
     Grijalbo, México, 1968.
 Trías, Eugenio, (1995), La Edad del Espíritu, Random House-Mondadori,
     Barcelona, 2006.
*Trías, Eugenio, (2000), ¿Por qué Necesitamos Religión?, Plaza Janés, Madrid.

XIX.-Antropología Filosófica

 Bohler, Eugen, (1966), El Futuro, problema del Hombre Moderno, traducido
     del alemán en Alianza Ed., Madrid, 1967.
 Buber, Martin, (1942), ¿Qué es el Hombre?, traducido del hebreo al inglés y
     de éste al español en FCE en 1949, 13ª reimpresión, México, 1985.
 Cassirer, Ernst, (1944), Antropología Filosófica, traducido del inglés en FCE
     en 1945, 9ª reimpresión, México, 1979.
 Fromm, Eric, (1964), El Corazón del Hombre, traducido del inglés en FCE,
     1966, 5ª reimpresión, México, 1977.
 Landmann, Michael, ¿1957?, Antropología Filosófica, traducida del alemán en
     UTEHA, México, 1965.
*López Quintás, Alfonso, (1977), Cinco Grandes Tareas de la Filosofía Actual,
     Ed. Gredos, Madrid.
*Marquard, Odo, (2000), Filosofía de la Compensación, traducido del alemán
     en Ed. Paidós Ibérica, 2001.
 Miró Quesada, Francisco, (1965-1992), Escritos sobre Ser Humano,
     Naturaleza, Historia, Ed. Paidós y UNAM, México, 2003.

XX.- Ética

 Dewey, John, (1922), Naturaleza Humana y Conducta, traducido del inglés en
     FCE, México, 1968.
 Escobar Valenzuela, Gustavo, (1968), Ética, McGraw-Hill, México.
*Frondizi, Risieri, (1958), ¿Qué Son los Valores?, FCE, México, 1987.
 González Valenzuela, Juliana, (1996), El Ethos: Destino del Hombre, FCE, Mx.
 Habermas, Jürgen, (1984-1987), Escritos sobre Moralidad y Eticidad,
     traducidos del alemán en Ed. Paidós / ICE-UAB, Barcelona, 1991.
 López Gil, Marta, (1998), Obsesiones Filosóficas de Fin de Siglo, Biblos,
     Buenos Aires.
 Oppenheim, Felix E., (1968), Ética y Filosofía Política, traducido del inglés en
     FCE, México, 1976.
 Rawls, John, (1971), Teoría de la Justicia, trad. del inglés en FCE, Mex. 1997.
 Sánchez Vázquez, Adolfo, (1999), Ética, Ed. Crítica, Barcelona.

Savater, Fernando, (1998), El Arte de Vivir, Ed. Planeta, México.

Selsam, Howard, (1965), Ética y Progreso, traducido del inglés en Ed.
Grijalbo, México, 1968.

Todorov, Tzvetan, (1991), Frente al Límite, traducido del francés en Siglo XXI
Ed., México, 1993.

XXI.- El Arte Militar

Clausewitz, Carl von, (1832 póstumo), On War, traducido del alemán al inglés
en Rutledge and Keegan en 1908, editado en Penguin Books en
1968, reimpreso en Gran Bretaña en 1976.

Caillois, Roger, (1963), La Cuesta de la Guerra, traducido del francés en FCE,
México, 1973.

Lidell Hart, B.H., (1974), Strategy, A Signet Book, N.Y., 1974.

Sun-Tzu (aprox. 350 AEC), The Art of War, traducido del chino al inglés por
S.B. Griffith, Oxford Univ. Press, N.Y., 1963.

XXII.- Historia de Países

Botton Beja, Flora, (1984), China, su historia y cultura hasta 1800, El Colegio
de México, México.

FitzGerald, C,P., (1966), A Concise History of East Asia, Penguin Books, 1974

Gowen, H.H., (1939), Historia del Japón, traducido del inglés en Ed. Ercilla,
Santiago de Chile, 1943.

Mansfield, Peter, (1976), The Arabs, Penguin Books, 1990.

Tinker, Hugh, (1966), South Asia: A Short History, Praeger, N.Y., 1967.

Wallace, Robert, (1968), Orígenes de Rusia, traducido del inglés por Time-Life

XXIII.- Las Dos Guerras Mundiales

Balfour, M., (1972), The Kaiser and His times, Penguin, Londres, 1975.

Brown, A.C. y Mac Donald, C.B., (1977), The Secret History of the Atomic
Bomb, A Delta Book, N.Y.

Churchill, Winston, (1951), The Second World War (6 vol.), Mifflin, Boston.

Esposito, V.J., (1964), Breve Historia de la Primera Guerra Mundial, traducida
en Ed. Diana, 1966, 4ª impresión 1975.

Elleinstein, Jean, (1975), El Fenómeno Estaliniano, traducido del francés en
Ed. Laia, Barcelona, 1977.

Hamilton, Allistair, (1971), The Appeal of Fascism, Avon Books, N.Y., 1973.

Hitler, Adolfo, (1924), Mi Lucha, trad. del alemán en Ed. Arroyo, México, s/f.

Home, Alistair, (1962), The Price of Glory, Penguin Books, 1978.

Jackson, Gabriel, (1965), La República Española y la Guerra Civil, traducida
del inglés en Ed. Grijalbo, México, 1966.

Reader's Digest, Gran Crónica de la 2ª Guerra Mundial (3 vol.), Madrid, 1966.

Schirer, W.L., (1959), The Rise and Fall of the Third Reich, Simon&Schuster,
N.Y., 1960.

Sontag, R.J., (1971), A Broken World 1919-1939, Harper & Row, N.Y.

Toland, John, (1965), The Last 100 Days, Random House, N.Y., 1966.

Tuchman, Barbara, (1962), The Guns of August, A Dell Book, 1973.
Tuchman, Barbara, (1966), The Proud Tower, Bantam Books 1981.
Werth, Alexander, ((1965), Russia at War 1941-1945, An Avon Book, N.Y.

XXIV.- El Sistema Socio-Político del Primer Mundo

Arendt, Hannah, (1959) ¿Qué es la Política?, traducido del alemán en Ed.
        Paidós, Barcelona, 1987.
Bobbio, Norberto, (1977), Igualdad y Libertad, traducido del italiano en Ed.
        Paidós, Barcelona, 1993.
Bobbio, Norberto, (1985), Estado, Gobierno y Sociedad, traducido del italiano
        FCE, México, 1989.
Habermas, Jürgen y John Rawls, (1996), Debate sobre Liberalismo Político,
        traducido del alemán y del inglés en Ed. Paidós, Barcelona, 1998.
Hayek, F.A., (1988), La Fatal Arrogancia, traducido del inglés en Unión
        Editorial, Madrid, 1990.
Laski, Harold, (1936) El Liberalismo Europeo, traducido del inglés en FCE,
        México, 1939, 11ª reimpresión en 1989.
Mill, John Stuart, (1859), Sobre la Libertad, traducido del inglés en Alianza
        Editorial, Madrid 1970, México 1989.
Sartori, Giovanni, (1962), Aspectos de la Democracia, traducido del inglés en
        Ed. Limusa-Wiley, México, 1965.
Varios, (2003), The Fight is for Democracy, Harper Collins, N.Y..
Weber, Max, (1922 póstuma), Economía y Sociedad, traducida del alemán en
        FCE, México, 1944, reimpresión 1984.

XXV.- Filosofía de la Historia

Brazier, Chris, (2006), Historia del Mundo, traducido del inglés en Intermón
        Oxfam, 2ª edición, Barcelona, 2008.
Darlington, C.D., (1968), Evolución del Hombre y de la Sociedad, traducido del
        inglés en Aguilar Ed., Madrid, 1974.
Dilthey, W. (1911), Teoría de las Concepciones del Mundo, traducido del
        alemán en Alianza Ed., México, 1990.
Durant, Will & Ariel, (1968), The Lessons of History, Simon & Schuster, N.Y.
Habermas, Jurgen, (1963), Teoría y Praxis, traducido del alemán en Alianza
        Ed., Madrid, 1988, editada en México en 1993.
Habermas, Jürgen, (1971-1997), Israel o Atenas, traducido del alemán en Ed.
        Trotta, Madrid, 2001.
Spengler, Oswald, (1917), La Decadencia de Occidente, traducido del alemán
        en Ed. Espasa-Calpe, Madrid, 1923, 11ª Edición 1966.
Toynbee, Arnold J., (1946), Estudio de la Historia (compendio en 3 vol.)
        traducido del inglés en Alianza Ed. Madrid, 1970.
Tuchman, Barbara, (1984), The March of Folly, Ballantine, N.Y.

XXVI.- La Guerra Fría, la Revolución Informática y la Globalización

*Fukuyama, Francis, (1992), The End of History and Last Man, Avon, N.Y.

*Fukuyama, Francis, (1995), Trust, Free Press Paperback, N.Y., 1996.

Kennan, George F., (1982-1995), At A Century's End, W. W. Norton, N.Y.

*Maidanik, Kiva, (1992), De la Perestroika al Golpe de Estado, Ed. Nuestro Tiempo en coedición con el Inst. Invest. Económicas de la UNAM, México.

Nye, Jr., J.S., (2002), The Paradox of American Power, Oxford U. Press, N.Y.

*Singer, Peter, (2002), One World, Yale Nota Bene, 2ª Ed., 2004, New Haven.

Soros, George, (1998), La Crisis del Capitalismo Mundial, traducido del inglés en Plaza-Janés, Ed., México, 1999.

Talbott, Strobe, (2008), The Great Experiment, Simon & Schuster, N.Y.

Toffler, Alvin and Heidi, (1995), Creating a New Civilization,

Zakaria, Fareed, (2008), The Post-American World,

XXVII.- Ecología y Bioética

*Diamond, Jared, (1999), Guns, Germs, and Steel, W.W. Norton, N.Y. `

Diamond, Jared, (2005), Collapse, Penguin Books, N.Y.

*González Valenzuela, Juliana, coordinadora, (2008), Perspectivas de Bioética, UNAM y FCE, México.

ÍNDICE ANALÍTICO